suhrkamp taschenbuch
wissenschaft 1398

Wie kommen Ärzte und Ärztinnen zu ihren Diagnosen und therapeutischen Entscheidungen? Wie konstituiert sich ärztliche Praxis? Diese Frage wurde brisant durch Versuche, ärztliche Entscheidungsstrukturen in technische Systeme zu übertragen. Die Versuche machten deutlich, daß wir wenig darüber wissen, wie ärztliche Praxis entsteht. Dieses Wissensdefizit ist der Ausgangspunkt der vorliegenden Studie. Ihr liegt eine empirische Untersuchung zugrunde, in die niedergelassene Ärzte und Ärztinnen einbezogen waren. Das Ergebnis: Ärztliche Praxis generiert sich auf der Basis von Metaphern. Ob es sich um den ersten Blick handelt, den ein Arzt auf einen Patienten wirft, um eine Vermutungsdiagnose, um die Auswahl diagnostischer Verfahren und therapeutischer Instrumente oder um die Gestaltung der Arzt-Patient-Beziehung – all dies erklärt sich aus den Implikationen metaphorischer Konzepte, die der jeweiligen Praxis zugrunde liegen. Die Einsicht in die gestaltende Kraft von Metaphern im praktischen Handeln von Ärzten und Ärztinnen ist neu. Sie hat Bedeutung für die Möglichkeiten der technischen Reproduzierbarkeit ärztlichen Handelns, für die aktuelle gesundheitswissenschaftliche Diskussion sowie für die Möglichkeiten und Grenzen von Rationalisierungskonzepten im Rahmen der Kostendämpfung im Gesundheitswesen. Sie kann dazu beitragen, Defizite und Mängel bei der Krankheitsbearbeitung, Störungen in der Arzt-Patient-Beziehung und spezifische Belastungen im Ärzteberuf zu erklären. Ihre Erklärungskraft reicht über die ärztliche Tätigkeit hinaus, denn sie thematisiert grundsätzlich menschliches Denken und Handeln. Die Studie ist insofern auch ein Beitrag zur neueren Handlungsforschung.

Christina Schachtner, Professorin am Institut für Erziehungswissenschaft der Universität Marburg, hat in der stw veröffentlicht: *Geistmaschine. Faszination und Provokation am Computer* (stw 1072); (Hg.), *Technik und Subjektivität. Das Wechselverhältnis zwischen Mensch und Computer aus interdisziplinärer Sicht* (stw 1307).

Christina Schachtner
Ärztliche Praxis

Die gestaltende Kraft der Metapher

Suhrkamp

Die Deutsche Bibliothek – CIP-Einheitsaufnahme
Schachtner, Christel:
Ärztliche Praxis : die gestaltende Kraft der Metapher /
Christina Schachtner. –
1. Aufl. – Frankfurt am Main : Suhrkamp, 1999
(Suhrkamp-Taschenbuch Wissenschaft ; 1398)
ISBN 3-518-28998-5

suhrkamp taschenbuch wissenschaft 1398
Erste Auflage 1999
© Suhrkamp Verlag Frankfurt am Main 1999
Suhrkamp Taschenbuch Verlag
Druck: Wagner GmbH, Nördlingen
Printed in Germany
Umschlag nach Entwürfen von
Willy Fleckhaus und Rolf Staudt

1 2 3 4 5 6 – 04 03 02 01 00 99

Inhalt

Ich bedanke mich bei den Ärzten und Ärztinnen, mit denen ich ein Interview führen durfte. Für ihre Unterstützung bei der Auswertung des empirischen Materials und bei der Herstellung des Textes danke ich Anselm Strauss, Bruno Hildenbrand, Thomas Ködelpeter, Christine Grösch, Therese Terhart und Annette Allendorf. Schließlich gehört mein Dank der Stiftung Kartause Ittingen/Schweiz, die mir für die Konzeption dieser Untersuchung eine Kartause zur Verfügung gestellt hat.

Die finanzielle Förderung der Untersuchung erfolgte durch die Hans-Böckler-Stiftung.

Warum diese Studie?

Medizinische Kongresse künden fortwährend von neuen Höhepunkten in der medizinischen Forschung. Die Nachfrage nach medizinischen Dienstleistungen entwickelt sich ungebremst. Nichtsdestotrotz ist die Medizin zum Gegenstand kritischer Reflexion geworden. Die Kritik entzündet sich am ärztlichen Kunstfehler; sie äußert sich als Kritik am Menschenbild, am Krankheitsverständnis sowie an medizinischen Diagnose- und Behandlungsmethoden. Im amerikanischen Bundesstaat Florida wurden in den Jahren 1975 bis 1980 gegen die Hälfte der dort tätigen Chirurgen Verfahren wegen Berufsvergehen eröffnet. Von 1976 bis 1981 stieg die Zahl der Klagen gegen Geburtshelfer auf das Dreifache (vgl. Shorter 1991, S. 14). In Westdeutschland hat sich die Zahl der bei den Schlichtungsstellen der Landesärztekammern eingereichten Anträge wegen eines vermuteten medizinischen Aufklärungs- oder Behandlungsfehlers von 1985 bis 1995 mehr als verdoppelt.[1]

Die kritischen Stimmen kommen nicht nur von außen, sondern auch aus den eigenen Reihen. Ellis Huber, Präsident der Berliner Ärztekammer, moniert, daß das in der Medizin vorherrschende Maschinenbild vom Menschen dazu geführt hat, Krankheit als Maschinendefekt zu definieren und zu behandeln und nicht als Störung in einem lebendigen Organismus, dessen Befindlichkeit in Beziehung zu der ihn umgebenden Sozial- und Kulturwelt steht (vgl. Huber 1997). Frank Nager, Professor für Innere Medizin, bis 1994 Chefarzt eines Schweizer Kantonspitals und inzwischen Mittler zwischen naturwissenschaftlicher Medizin, Alternativmedizin und Geisteswissenschaften, stellt fest: »Was den technischen Bereich anbelangt, haben wir gigantische und atemberaubende Fortschritte erreicht. Aber ethisch-philosophisch halten wir nicht Schritt.« (Nager 1996) Hochleistungen in der High-Tech-Medizin stünden, so Nager, Versäumnisse im kommunikativen Bereich gegenüber. Die heute vorherrschenden funktionellen Störungen und chronischen Erkrankungen aber fordern gerade das Gespräch zwischen Arzt und Patient als eine Arznei, die Gesundheitspo-

---

1 Berechnet nach Zahlen, die von der Bundesärztekammer veröffentlicht wurden.

tentiale weckt bzw. ein neues Verhältnis zum Leben mit gesundheitlichen Beeinträchtigungen entwickeln hilft. Es sind die Siege der Medizin, die Siege auf dem Gebiet medizinischer Spezialisierung und der High-Tech-Medizin, die die Kritik an ihr befördern. Der Kritik korrespondiert der hohe Stellenwert, den Gesundheit in unserer Gesellschaft hat. Seit Jahren wird in jeder Umfrage zum Jahreswechsel Gesundheit von der bundesrepublikanischen Gesellschaft als größter Wunsch für das kommende Jahr genannt (vgl. Labisch 1992, S. 11).

Die Kritik an der Medizin ist nicht unabhängig zu sehen von dem unsere Gesellschaft durchziehenden soziokulturellen Wandel, der mit einer tiefgreifenden Reflexivität einhergeht (vgl. Giddens 1996, S. 52 ff.). Erodierende soziokulturelle Strukturen und zunehmende soziale, ökonomische und ökologische Risiken schüren den Zweifel an der Tauglichkeit existierender Wissensbestände und Sozialpraktiken. Eine Veränderung sozialer Praktiken im Lichte neuer Entdeckungen hat es in allen Kulturen gegeben; doch in der Moderne hat sich nach Ansicht des Soziologen Anthony Giddens der Zweifel in dem Sinne radikalisiert, daß er sämtliche Lebens- und Tätigkeitsbereiche erfaßt (vgl. Giddens 1996, S. 55). »Unter Modernitätsbedingungen ist«, so Giddens, »kein Wissen mehr dasselbe wie das Wissen im ›alten Sinn‹, wonach ›wissen‹ das gleiche bedeutet wie ›gewiß sein‹« (1996, S. 56). Das gilt für das Laienwissen ebenso wie für das Wissen von ExpertInnen. Gerade das meist als unumstößliche Wahrheit ausgegebene ExpertInnenwissen stellte sich nur allzuoft als problemproduzierend oder problemverschärfend heraus.

Die kritische Reflexion des medizinischen Wissens und Handelns hat in der BRD mit dem Gesundheitsreformgesetz (1989) und dem Gesundheitsstrukturgesetz (1993) sowie mit der neueren gesundheitswissenschaftlichen Diskussion institutionalisierte Formen angenommen. Ausgelöst durch die Kostenexplosion im Gesundheitswesen Mitte der 70er Jahre entstanden die gesetzlichen Reformen als Instrumente zur Steuerung der Ausgaben und der ärztlichen Leistungserbringung. Als zentrale Steuerungsinstanz wurde der Bundesausschuß der Ärzte und Krankenkassen konzipiert, in dem für den ambulanten Bereich Richtlinien beschlossen werden, u. a. zur Einführung neuer Untersuchungen und Behandlungsmethoden, zur Früherkennung von Krankheiten, zur Verordnung von Arznei- und Hilfsmitteln (vgl. Abholz 1990, S. 9).

Der gesundheitspolitische Diskurs ist mit Einführung der neuen Gesetze noch längst nicht abgeschlossen. Einigkeit herrscht lediglich in bezug auf die Notwendigkeit einer Ausgabenkontrolle, nicht aber in bezug auf das Wie der Kontrolle und in bezug auf die zukünftige inhaltliche Gestaltung medizinischer Versorgung. Vertreter der Krankenkassen äußern sich beispielsweise kritisch zu einer übertriebenen Technisierung und Spezialisierung im ambulanten Bereich und stellen dieser Entwicklung das ›Hausarztmodell‹ gegenüber (vgl. Kirch 1996, S. 25); Vertreter der Ärzteschaft wiederum wehren sich gegen die Einflußnahme auf die medizinische Versorgung durch Staat und Krankenkassen (vgl. Schorre 1996, S. 36 u. S. 41).

Dem gesundheitspolitischen Diskurs korrespondiert der gesundheitswissenschaftliche Diskurs, der sich außerhalb der Medizin und in Kritik am medizinischen System formiert hat, was sich sowohl im Entwurf eines gesundheitswissenschaftlichen Paradigmas als auch in der Etablierung der Gesundheitswissenschaften an den Universitäten dokumentiert. Dem in der Medizin als dominierend wahrgenommenen biomedizinischen Modell setzt der gesundheitswissenschaftliche Mainstream ein soziopsychosomatisches Verständnis von Krankheit und Gesundheit entgegen. Gesundheit wird als Balancezustand definiert, der gegeben ist, wenn sich eine Person in ihrer physischen, psychischen und sozialen Entwicklung in Einklang mit den eigenen Möglichkeiten und Zielvorstellungen befindet (vgl. Hurrelmann 1994, S. 1). Gesundheit entsteht in diesem Verständnis in der Auseinandersetzung zwischen dem Individuum und den sozialen, ökonomischen und ökologischen Lebensbedingungen. Krankheit signalisiert eine nicht gelingende Auseinandersetzung, die sich in individuell erfahrenen Störungen manifestiert. Im Unterschied zum biomedizinischen Modell wird Krankheit bzw. Gesundheit nicht nur als organisches, sondern als psychophysisches Geschehen betrachtet; die Perspektive richtet sich weniger auf Krankheit als auf Gesundheit und sowohl auf das Individuum als auch auf dessen Lebensumfeld (vgl. Schachtner 1996, S. 133). Das soziopsychosomatische Paradigma knüpft an dem von dem Medizinsoziologen Aaron Antonovsky entwickelten Gedankenmodell der Salutogenese an, in dessen Zentrum die Frage steht: Unter welchen Bedingungen bleiben oder werden Menschen gesund? Das Interesse gilt entsprechend dieser Orientierung den im Subjekt und in seiner Umgebung vorhandenen gesundheitsförderlichen Ressourcen. Es wird davon ausgegangen, daß auch kranke Menschen über Selbsthilfepotentiale verfügen, die es im Zuge der Krankheitsbearbeitung zu wecken und zu stärken gilt.

Die in Gang gekommenen und direkt oder indirekt auf die Medizin gerichteten Reflexionen eröffnen für diese die Chance einer Perspektivenerweiterung und -differenzierung. Für die Realisierung dieser Chance ist es entscheidend, ob die ärztliche Praxis und die in ihr wirkenden Orientierungs- und Handlungsmuster in die Reflexion einbezogen werden. An diesem Erfordernis setzt die vorliegende Untersuchung an.

Auslöser der Studie waren Äußerungen von KI[2]-ForscherInnen in einer vorangegangenen Untersuchung, die sich mit der Entwicklung von medizinischen Expertensystemen befaßten. Die befragten KI-ForscherInnen wiesen auf die Schwierigkeit hin, ärztliche Praxismuster in computerlogische Systeme zu transformieren. Ja, sie gaben zu bedenken, das Wesen dieser Praxis nicht wirklich erfassen zu können. Meine Literaturrecherche ergab, daß die Mikrostrukturen von Praxis allgemein und der ärztlichen Praxis im besonderen kaum theoretisch reflektiert und noch weniger empirisch untersucht sind. Wenn man dem Philosophen Hubert Dreyfus folgt, ist die Untersuchung von Praxis, je näher sie der Expertise ist, nicht möglich. ExpertInnen handeln nach Ansicht von Dreyfus intuitiv und ohne Regeln, weshalb sie nicht sagen könnten, wie das, was sie tun, funktioniert (vgl. Dreyfus 1995, S. 69). Auch Pierre Bourdieu, der sich theoretisch mit der Herstellung von Praxis beschäftigt, bezweifelt die empirische Erfaßbarkeit von Praxis mit dem Argument, daß man die Logik der Praxis nur mit Konstruktionen erfassen könne, die sie zerstören (vgl. Bourdieu 1987, S. 26). Dreyfus und Bourdieu formulieren ihre Skepsis mit Blick auf die nomothetische Methodik, die auf eindeutige und meßbare Daten sowie auf kausale Zusammenhänge abstellt. Die von einer verstehend-deutenden Methodik angebotene Möglichkeit, diffuse, implizite und widersprüchliche Sinngehalte sowie eine nicht in Gesetzen aufgehende Wirklichkeit zu erforschen, ziehen sie nicht in Betracht. Grounded Theory und Metaphernanalyse, die hier zur Anwendung kommen, entstammen dem Repertoire des verstehend-deutenden Ansatzes; ihrer Handha-

2 KI = Künstliche Intelligenz.

bung, ihren Möglichkeiten und Grenzen ist ein eigenes Kapitel gewidmet.

Das Erkenntnisinteresse dieser Studie richtet sich auf das Wie ärztlicher Praxis. Es wird gefragt: Wie konstituiert sich ärztliche Praxis? Wie kommen ÄrztInnen zu ihren Diagnosen und therapeutischen Entscheidungen? Aus welchen Erkenntnisquellen schöpfen sie, und welche Kompetenzen verlangt die Bearbeitung von Krankheit? Lassen sich ärztliche Handlungsmuster auf technische Systeme übertragen?

Das Ergebnis der Studie, auf einen knappen Nenner gebracht, lautet: Ärztliche Praxis generiert sich auf der Basis von Metaphern. Ob es sich um den ersten Blick handelt, den ÄrztInnen auf ihre PatientInnen werfen, um eine Vermutungsdiagnose, um die Auswahl diagnostischer Verfahren und therapeutischer Instrumente oder um die Gestaltung der Arzt-Patient-Beziehung, all dies erklärt sich aus den Implikationen metaphorischer Konzepte, die der jeweiligen Praxis zugrunde liegen. Beispiele praxisgenerierender metaphorischer Codes sind: die Sorge um die Abgestürzten, die Suche nach der Wunde, Schienen erkennen und durchkreuzen. Metaphern liefern Orientierungen und Leitlinien; sie lenken die Aufmerksamkeit und setzen Prioritäten. Sie fungieren als Erzeugungsgrundlage ärztlichen Denkens, Wahrnehmens und Handelns. Sie sorgen für die Präsenz früherer Erfahrungen, auf deren Basis neue Erfahrungen gemacht werden. So entsteht ein spezifischer Handlungsstil, der uns auch in den Werken von KünstlerInnen entgegentritt.

Es wurden acht Metapherntypen ermittelt, die auf unterschiedliche Weise die Praxis derjenigen strukturieren, die sich ihrer bedienen. Sie spiegeln das Spektrum bekannter medizinischer Deutungs- und Handlungsmodelle wider, gleichzeitig reichen ihre Entstehungsbedingungen in die Kindheit und Jugend der befragten ÄrztInnen zurück. In der Auseinandersetzung mit familialen und kulturellen Daseinsbedingungen entstehen, so darf angenommen werden, Affinitäten für bestimmte medizinische Paradigmen.

Die Erkenntnis, daß Metaphern ärztliche Praxis konstituieren, ist neu. Sie hat Bedeutung für die Erklärung, warum ÄrztInnen so oder so handeln, warum sie dieses beachten und jenes nicht, aber auch, wie und wodurch Belastungen und Konflikte entstehen. Die Einsicht in die gestaltende Kraft von Metaphern erschließt sich

ÄrztInnen in dem Maße, als sie sich ihrer Metaphern bewußt werden. Dieses Bewußtwerden ist eine Voraussetzung dafür, Metaphern nutzen zu können, anstatt von ihnen benutzt zu werden.

Die Reflexionsarbeit in bezug auf denk- und handlungsleitende Metaphoriken sollte bereits in der universitären Ausbildung von MedizinerInnen einen Platz haben. Sie sollte sich nicht nur auf individuelle, sondern auch auf die in der medizinischen Disziplin verbreiteten Metaphern richten. Für praktizierende ÄrztInnen bietet sich die Einrichtung von Qualitätszirkeln an, in denen zusammen mit FachkollegInnen und unter professioneller Anleitung die Auseinandersetzung mit praxisgenerierenden Metaphern fortgesetzt wird. Dies enthält die Chance, Metaphern zu erweitern, zu differenzieren, zu modifizieren, ad acta zu legen, aber auch den Blick zu öffnen für neue metaphorische Codes, ein angesichts der gegenwärtigen soziokulturellen Veränderungen dringendes Erfordernis.

Die gesellschaftliche Entwicklung stellt Medizin und ÄrztInnen vor neue Herausforderungen. Diese resultieren aus dem Verlust von Versorgungs- und Bezugsnetzen, aus der Erschütterung traditioneller Wert- und Normsysteme, aus zunehmenden und unübersehbaren Risiken sowie aus dem Auf-sich-selbst-Geworfensein der Individuen. Veränderungen dieser Art lösen Selbstverunsicherung, Selbstzweifel, Selbstbefragung aus, sie provozieren Gefühle der Ohnmacht und Hilflosigkeit. Sie enthalten die Gefahr von sozialem Abstieg und Deklassierung. Heutige Jugendliche betrachten, wie die Shell-Studie Jugend '97 dokumentiert, drohende Arbeitslosigkeit als das Problem Nr. 1 in unserer Gesellschaft; an zweiter Stelle der Problemskala nennen sie die Umweltverschmutzung, die sie als kaum weniger bedrohlich für ihr Leben empfinden als Arbeitslosigkeit (vgl. Fischer/Münchmeier 1997, S. 14). Etwa 15 % der Westdeutschen leben einer repräsentativen Milieustudie zufolge in der beständigen Furcht, den erreichten Lebensstandard durch Deklassierung zu verlieren (vgl. Vester 1995, S. 16).

Die soziokulturellen Veränderungen betreffen die Menschen in ihrem Innersten, weil das, was sie gefährden, sich in ihrem Innersten eingenistet hat: die Sehnsucht nach Ordnung, nach Eindeutigkeit, nach Gewißheit (vgl. Keupp 1994, 10; Baumann 1992, S. 14 ff.). Sie bleiben nicht ohne Konsequenzen für die Gesundheit der Subjekte. Die steigende Zahl von funktionellen Störungen ist ein Hinweis darauf, aber auch der zunehmende Arzneimittelmißbrauch durch Jugendliche in bezug auf Schmerz-, Aufputsch-, Beruhigungs- und Schlafmittel, wie in einer Repräsentativerhebung in Nordrhein-Westfalen festgestellt wurde (vgl. Hurrelmann 1994, S. 45 ff.).

Gesundheit und Krankheit im Kontext aktueller gesellschaftlicher Umbrüche zu sehen und zu behandeln, verlangt Kompetenzen, die über ein nur humanitäres Engagement hinausgehen. Erforderlich sind vielmehr professionelle Handlungskonzepte, die die Wechselbeziehung zwischen Subjekt und sozialem Umfeld ins Visier nehmen, die den Blick dafür schärfen, wie sich das Soziale im Körper und in der Seele einschreiben kann, Handlungskonzepte, die abstellen auf die Mobilisierung individueller und sozialer Gesundheitsressourcen. Es handelt sich um sozialpsychologische und sozialpädagogische Handlungsansätze. Als Beispiel sei an dieser Stelle der Empowerment-Ansatz erwähnt, der auf den Gemeindepsychologen Julian Rappaport zurückgeht (vgl. Rappaport 1985). Empowerment steht für ein Entwicklungsziel und einen Entwicklungsprozeß und meint die Gewinnung oder Wiedergewinnung von Phantasie, Energie, Zutrauen und Ideen zur Gestaltung der eigenen Lebensverhältnisse. Die professionelle Intervention setzt auf die das Subjekt umgebenden intermediären Strukturen wie Nachbarschaft, Kirchengemeinde, Selbsthilfegruppe; sie versucht, Verbindungen zwischen diesen Strukturen herzustellen und Austauschprozesse anzuregen, in deren Verlauf sich neue, das Subjekt stützende Konfigurationen bilden. Handlungswissen dieser Art sollte in die Curricula der universitären MedizinerInnenausbildung integriert werden; zumindest sollten zukünftige ÄrztInnen über so viel gesellschafts- und lebensweltbezogenes Wissen verfügen, daß sie in der Lage sind, mit anderen Berufsgruppen bei der Bearbeitung von Krankheit zu kooperieren. Der Kooperationsgedanke könnte sich niederschlagen in der Bildung multiprofessionell besetzter therapeutischer Teams, die stadtteil- und regionalorientiert arbeiten, um den Lebensbedingungen der in einem bestimmten Sozialraum angesiedelten Menschen Rechnung tragen zu können. In der multiprofessionellen Zusammenarbeit erhöhen sich zudem die Gelegenheiten, daß sich die KooperationspartnerInnen ihrer metaphorischen Orientierungen bewußt werden, Engstellen ihres Denkens und Handeln erkennen und auf alternative

Sichtweisen stoßen, mit der möglichen Konsequenz, Reflexion und Revision zu einem konstitutiven Merkmal ihrer Praxis zu machen.

1. Der theoretische Rahmen

Ein Bild hielt uns gefangen.
Und heraus konnten wir nicht,
denn es lag in unserer Sprache.
Ludwig Wittgenstein

Die Begriffe Metapher, Habitus, Praxis, Interaktion bilden die Bausteine des im folgenden zu konstruierenden theoretischen Rahmens, innerhalb dessen die empirische Analyse situiert wird. Fungierten einige dieser Begriffe, wie Praxis und Interaktion, bereits in der Planungs- und Erhebungsphase der Studie als theoretische Bezugspunkte, so kristallisierte sich der für die Interpretation des empirischen Materials bedeutsamste Baustein, der Metaphernbegriff, erst im Zuge dieser Interpretation heraus. Diese sukzessive Einführung theoretischer Erklärungskategorien im Verlauf des Forschungsprozesses entspricht dem der »Grounded Theory« verpflichteten Forschungsanspruch, Theorie in enger Verbindung mit den empirischen Daten zu entwickeln. Da der Metaphernansatz kein geschlossenes theoretisches System darstellt, ist die beabsichtigte Verknüpfung mit Begriffen aus anderen Theorietraditionen nicht nur möglich; es eröffnen sich dadurch ergänzende, differenzierende und vertiefende Sichtweisen.

1. Metaphern als Erzeugungsgrundlage ärztlicher Praxis

1.1 Zur alltäglichen Bedeutung metaphorischer Konzepte

Metaphern durchdringen nach George Lakoff und Mark Johnson unser gesamtes alltägliches Leben. Sie zeigen sich nicht nur in der Sprache, sie sind auch in unserem Denken und Handeln wirksam (vgl. Lakoff/Johnson 1980, S. 3). Sie strukturieren, was wir wahrnehmen, wie wir uns in der Welt bewegen und wie wir uns auf andere Menschen beziehen. Wenn wir zum Beispiel sagen, ich will meinen Weg finden, dann heißt das – so es nicht wörtlich gemeint ist –, ich will nicht ziellos umherlaufen, ich will mich nicht verirren, ich setze mir ein Ziel.

Lakoff und Johnson haben mit ihrem Buch *Metaphors we live by* (1980) die sozialwissenschaftliche Aufmerksamkeit für die alltägliche Bedeutung der Metapher geweckt. Die Analyse der Interviews mit den Ärzten und Ärztinnen läßt eindrucksvoll den Stellenwert metaphorischer Konzepte für deren alltägliche Praxis erkennen.

Der Begriff Metapher kommt aus dem Altgriechischen und bedeutet ›hinübertragen‹; er bezieht sich auf linguistische Prozesse, die Aspekte eines Objekts in einen anderen Objektbereich übertragen (vgl. Carveth 1993, S. 17). Gegenstand dieser Übertragung können Erfahrungen, Wahrnehmungen, Wissen, Handlungsdispositionen, Gefühle, körperliche Empfindungen sein (vgl. Schmitt 1995, S. 187). Metaphern artikulieren eine Verwandtschaft der Dinge (vgl. Kurz 1993, S. 11). Wenn ein Arzt die Arzt-Patient-Beziehung als Verhandlung beschreibt, dann impliziert das, daß, wie bei einem Geschäft, etwas verhandelt wird, daß dieses Etwas Angebote sind, die angenommen oder zurückgewiesen werden können, daß Angebote schmackhaft gemacht werden müssen, daß Verhandlungsbereitschaft da sein muß.

Lakoff und Johnson betonen, daß Metaphern als metaphorische Konzepte zu denken sind, die sich aus verschiedenen Bildelementen zusammensetzen. Die Bedeutung des einzelnen Elements ist nicht zu verstehen, ohne den durch die anderen gegebenen Bedeutungskontext zu berücksichtigen, »ebensowenig wie man eine Hand schütteln kann, ohne ihren Körper zu berühren« (ebd.).

Metaphern haben eine handlungsgestaltende Funktion; sie organisieren unsere Wahrnehmung, unser Handeln, unser Fühlen (vgl. Buchholz 1993d, 8). Sie steuern die Aneignung von Welt, reduzieren Komplexität und gewinnen dabei eine dem Hören, Tasten, Sehen vergleichbare Sinnesqualität (vgl. Carveth 1993, S. 28). Sie strukturieren Unvertrautes, indem sie Vertrautes übertragen und konstruieren somit Wirklichkeit (vgl. Schmitt 1995, S. 109). Kommunikation als Kampf wahrgenommen und beschrieben, eine nach Lakoff/Johnson für westliche Gesellschaften typische Sichtweise, provoziert Kommunikationsformen, die nach dem Modus Angriff und Verteidigung gestaltet sind (vgl. Lakoff/Johnson 1980, S. 5). Würde Kommunikation dagegen als Tanz betrachtet werden, so wären andere Formen der Argumentation nötig, die mit anderen Erfahrungen einhergehen. Metaphern stellen Modelle von Wirklichkeit dar, die als solche bestimmte Aspekte von Wirklichkeit verdunkeln und gleichzeitig andere erhellen. Sie verhelfen somit zwar zu einem Verstehen von Wirklichkeit, das aber notwendig ein partielles ist, denn sie lassen jene Wirklichkeitsdimensionen unberücksichtigt, die zu anderen metaphorischen Konzepten gehören (vgl. 1980, S. 7).

MetapherntheoretikerInnen unterscheiden zwischen lebendigen und toten Metaphern. Lebendig sind Metaphern, bei denen es noch ein Wissen um ihre metaphorische Stellung im Sprachgebrauch gibt (vgl. Buchholz 1993c, S. 65), was sich darin ausdrückt, wenn sie in Verbindung mit dem Wörtchen »wie« gebraucht werden. Bei toten Metaphern ist das Wissen um die vergleichende Stellung vergessen (vgl. Buchholz 1993b, S. 143). Die Alltagssprache ist reich an toten Metaphern (zum Beispiel Buchrücken, Glühbirne, Fahrstuhl, Tischbein). Tote Metaphern haben sich von Elementen einer aufklärenden Sprache in Elemente einer nicht-reflektierten Sprache verwandelt (vgl. ebd.). Gleichwohl strukturieren sie Alltagshandeln.

Es gibt außerdem »schlafende« Metaphern, die sich nicht auf den ersten Blick zu erkennen geben. Ihre Identifizierung verlangt Verfahren der Dekonstruktion. Nach Michael Buchholz organisieren schlafende Metaphern unbewußte geistige Programme, etwa Krankheitstheorien (vgl. Buchholz 1993c, S. 66). Er erwähnt als Beispiel die Rede vom »Fall« in der Psychotherapie, in der sich mitteilt, »daß der kriminalistische und der psychotherapeutische Kontext der Bedeutungsgebung konvergieren« (ebd.). Der unbewußte Gebrauch toter und schlafender Metaphern ist aus meiner Sicht dahingehend zu differenzieren, ob er unbewußt im psychoanalytischen Sinn ist, also ob ihm konflikthaft erlebte, unbewältigte und verdrängte frühkindliche Erlebnisse zugrunde liegen oder ob er dem/der Handelnden nicht bewußt ist, ohne daß eine Verdrängung dafür die Ursache wäre.

Lakoff/Johnson unterscheiden in ihrem Buch *Metaphors we live by* außerdem in bezug auf die Funktion, die Metaphern gewinnen können, zwischen konzeptuellen, orientierenden und ontologisierenden Metaphern (vgl. Schmitt 1995, S. 95 ff.). Konzeptuelle Metaphern sind dem klassischen Begriff der Metapher am nächsten. Sie beschreiben einen materiellen oder immateriellen Erfahrungsbereich unter Verwendung von Begriffen aus einem anderen Erfahrungsbereich, wodurch Sichtweisen und Handlungsstrategien aus diesem Bereich mit übertragen werden. Ein Beispiel aus der vorliegenden Untersuchung sind die von den ÄrztInnen präsentierten metaphorischen Entwürfe ärztlicher Praxis u. a. als Verhandlung (impliziert Positionen und Interessen aushandeln), als Kampf (impliziert Angriff und Verteidigung), als Weg (impliziert ein Ziel ansteuern), als Lösung eines Rätsels (impliziert suchen und entdecken).

Als orientierende Metaphern zählen alle sprachlichen Hinweise auf eine meist räumliche Strukturierung metaphorischer Komplexe (vgl. ebd.) wie zum Beispiel »up-down, in-out, front-back, on-off, deep-shallow, central-peripheral« (Lakoff/Johnson 1980, S. 14). Einer orientierenden Metaphorik bedient sich eine Ärztin, die bemerkt: *Wenn man so im Alltag drin ist, wünscht man sich, daß man eigentlich mehr sich nach draußen setzt.*[1] Der Alltag erscheint als ein Raum, in den man hineingehen kann und aus dem man wieder herausgehen kann, aber manchmal zu sehr hineingezogen wird. Räumliche Metaphern in Form von Präpositionen spielen in fast alle anderen metaphorischen Komplexe hinein: »Most of our fundamental concepts are organized in terms of one or more spatialization metaphors.« (1980, S. 17) Lakoff/Johnson heben hervor, daß der Up-down-Orientierung in der westlichen Kultur eine bedeutende Rolle bei der Bewertung von Zuständen und Prozessen zukommt (vgl. 1980, S. 24). Oben ist gut, und unten ist schlecht. Wer oben ist, ist wohlauf; wer unten ist, dem geht es schlecht. Man unterscheidet zwischen Ober-, Mittel- und Unterschicht und verbindet damit unter anderem die Vorstellung von abnehmenden sozialen Chancen von oben nach unten.

Ontologisierende Metaphern kennzeichnen Ausschnitte unserer Erfahrung als Objekte. Ein befragter Arzt berichtet, er habe sich auf eine Patientin und ihre Symptomatik *eingelassen,* und spricht damit von ihr, als sei sie ein Gefäß. Die Behälter-Metaphorik ist die gebräuchlichste vergegenständlichende Metapher (vgl. Schmitt 1995, S. 98). Sie ist sowohl an Präpositionen wie ein/aus als auch an bestimmten Verben wie öffnen/schließen, ausdrücken, sich einlassen, einfüllen, platzen, sprengen, überquellen erkennbar.

Zur Beschreibung eines komplexen Erfahrungszusammenhangs können Metaphern gemischt werden. Ein denkbares Beispiel ist

---

1 Bei den kursiv geschriebenen Textteilen handelt es sich um wörtliche Aussagen der befragten ÄrztInnen.

nach Lakoff/Johnson die Verbindung der Reise-Metapher mit der Gebäude- und Container-Metapher zur Charakterisierung einer Kommunikation: »So far we have constructed the core of our argument.« (Lakoff/Johnson 1980, S. 102) »So far« korrespondiert mit der Reise-Metapher, »constructed« mit der Gebäude-Metapher und »core« mit der Container-Metapher. Eine solche Mischung setzt voraus, daß einige der von einer Metapher thematisierten Aspekte anschlußfähig sind an die von einer anderen Metapher thematisierten Aspekte oder daß sich einige Aspekte mit den Aspekten einer anderen Metapher überschneiden. Die Reise-, Gebäude- und Container-Metapher überschneiden sich in bezug auf die Aspekte Inhalt und Prozeß/Fortschritt (vgl. 1980, S. 99).

Wie entsteht metaphorisches Denken und Handeln? Lakoff/Johnson nennen als Entstehungsgrundlage die lebensweltliche Erfahrung, die sich herstellt in der verbalen und non-verbalen Interaktion des Subjekts mit seiner sozialen und gegenständlichen Umwelt. Die Genese orientierender Metaphern basiert wesentlich auf unserer Kompetenz, uns in dieser Welt als leibliche Wesen zu bewegen und dabei Erfahrungen mit dem Oben und Unten oder dem Davor und Dahinter zu machen: »In other words, the structure of our spatial concepts emerges from our constant spatial experience, that is, our interaction with the physical environment.« (1980, S. 56 f.) Vergegenständlichende und konzeptuelle Metaphern werden im Zuge leiblich-sinnlicher, emotionaler und verbaler Interaktion erworben. Metaphern sind also Produkte individueller Entwicklung. Doch sind dem Subjekt innerhalb einer Kultur immer nur die dort geltenden Bilder zugänglich, die sich sowohl in der Sprache als auch in materiellen Kulturschöpfungen wie Werkzeugen, Architektur und Kunstwerken manifestieren. Lakoff/Johnson schreiben: »The most fundamental values in a culture will be coherent with the metaphorical structure of the most fundamental concepts in a culture.« (1980, S. 22) Aufgrund der angenommenen interaktiven Beziehung zwischen Subjekt und Kultur muß davon ausgegangen werden, daß die Auseinandersetzung mit den kulturell geprägten Bildern sowohl zur Übernahme dieser Bilder als auch zu deren Modifizierung oder Ablehnung führen kann. Doch selbst in der Negation einer Metaphorik zeigt sich der kulturelle Einfluß. So sind also in den von den Subjekten benutzten Metaphern lebensgeschichtliche und kulturelle Momente miteinander verbunden. Dieser doppelt begründete Entstehungszusammenhang ist bei Lakoff/Johnson zwar angesprochen, jedoch nicht weiterentwickelt. Insbesondere der biographischen Eingebundenheit von Metaphern wird wenig Beachtung geschenkt, was ein theoretisch und empirisch aufzuholendes Erklärungsdefizit markiert. Die Interviews mit den ÄrztInnen dokumentieren, daß die in der ärztlichen Praxis wirksamen Metaphern meist eng an Erfahrungen geknüpft sind, die in die Kindheit und Jugend zurückreichen.

1.2 Metaphern und Habitus

Der Metaphernansatz berührt mit seinen Aussagen eine Reihe anderer theoretischer Ansätze aus dem Spektrum sozialwissenschaftlicher Disziplinen. Einige dieser Ansätze, die im Hinblick auf die Forschungsfragen dieser Untersuchung verstärkende, erweiternde und spezifizierende Erklärungen liefern, sollen – wie eingangs bereits erwähnt – in den theoretischen Rahmen integriert werden. Das im folgenden vorgestellte Habituskonzept von Pierre Bourdieu weist einerseits theoretische Parallelen zum Metaphernansatz auf und bietet andererseits im Hinblick auf die kulturell-gesellschaftlichen Dimensionen von Praxis ergänzende theoretische Gesichtspunkte.

Unter Habitus versteht Bourdieu ein System dauerhafter und übertragbarer Dispositionen, die als strukturierende Strukturen fungieren, das heißt als Erzeugungs- und Ordnungsgrundlage für Praktiken und Vorstellungen (vgl. Bourdieu 1987, S. 98). Diese konstituieren sich im Kontext unserer Daseinsbedingungen und gewährleisten in Gestalt von Wahrnehmungs-, Denk- und Handlungsschemata die Kontinuität von Praxis im Zeitverlauf sicherer als dies formale Regeln und explizite Normen tun (vgl. 1987, S. 101). Der Habitusbegriff ähnelt in vielfacher Hinsicht dem Metaphernbegriff. Auch Metaphern stellen handlungsorganisierende Systeme dar. Der Metaphernansatz trifft aber insofern eine weitergehende Bestimmung, als die handlungsstrukturierenden Systeme als metaphorische Konzepte definiert werden. Eine weitere Parallele zwischen Habitus- und Metaphernansatz besteht darin, daß Wissen und Praxis nicht als zwei voneinander isolierbare Kompetenzen betrachtet werden, sondern als zusammengehörige Aspekte einer Kompetenzeinheit: Im Wissen ist Praxis enthalten und in der Praxis Wissen.

Habitualisiertes Wissen kommt Bourdieu zufolge in der Praxis unbewußt zum Tragen. Bourdieu bemerkt, daß die Praxis den Rekurs auf sich selbst ausschließt, da sie nichts von den sie beherrschenden Prinzipien weiß (vgl. 1987, S. 165). Soweit es sich hierbei nicht um Unbewußtes im psychoanalytischen Sinn handelt, kann dieser Gedanke mit Rekurs auf Michael Polanyi noch vertieft werden. Bourdieu dürfte mit seiner Bemerkung auf das anspielen, was Polanyi »implizites Wissen« (1985) genannt hat und was diesen zu der Bemerkung veranlaßt hat, »daß wir mehr wissen, als wir zu sagen wissen« (Polanyi 1985, S. 14). In der aktiven Formung der Erfahrung zu einer Gestalt bildet sich nach Polanyi eine Logik des impliziten Wissens. Dieses verhilft uns zum Beispiel dazu, aus einem menschlichen Gesicht Stimmungen und Befindlichkeit abzulesen, ohne daß wir angeben könnten, wie wir das bewerkstelligen. Implizites Wissen stellt nach Polanyi neben dem objektiven, expliziten Wissen einen unverzichtbaren Bestandteil unseres Wissens dar. Aus ihm speisen sich praktisches Können, Geschicklichkeiten, das *knowing how* (Gilbert Ryle), auf das in dieser Untersuchung das Erkenntnisinteresse gerichtet ist.

Metaphern- und Habituskonzept situieren Praxis im Spannungsfeld zwischen schöpferischem und determiniertem Handeln. Während dies im Metaphernansatz eher implizit durch Verweis auf den interaktiven Erwerb von Metaphern in der Lebenswelt sowie auf deren Kulturabhängigkeit geschieht, wird der genannte Spannungszusammenhang im Habituskonzept ausdrücklich benannt. Bourdieu schreibt: »Der Habitus ist die unbegrenzte Fähigkeit, in völliger (kontrollierter) Freiheit Hervorbringungen – Gedanken, Wahrnehmungen, Handlungen – zu erzeugen, die stets in den historischen und sozialen Grenzen seiner Erzeugung liegen (...).« (Bourdieu 1987, S. 103) Praxis stellt demnach keine fortwährende Neuschöpfung dar, da sie mit den Mitteln, die der Habitus bzw. die Metapher zur Verfügung stellen, erzeugt wird. Gleichwohl können mit einem bestimmten Habitus so wie mit jeder Erfinderkunst viele verschiedene und unvorhersehbare Praxismuster entwickelt werden, deren Verschiedenartigkeit dennoch begrenzt ist. Die Begrenzung von Praxis als Folge kulturell-gesellschaftlicher Einflüsse wird im Habituskonzept deutlicher herausgearbeitet als im Metaphernansatz. Sie wird von Bourdieu abgeleitet von den Zugängen zur Macht, zu Gütern, zu Dienstleistungen, die sich in verschiedenen Kulturen und Subkulturen voneinander unterscheiden und den Subjekten unterschiedliche Daseinsbedingungen bescheren. In der Bewältigung dieser Bedingungen entwickeln sich spezifische Habitusformen, die wiederum zur Grundlage der Wahrnehmung und der Beurteilung aller späterer Erfahrung werden: »Als einverleibte, zur Natur gewordene und damit als solche vergessene Geschichte ist der Habitus wirkende Präsenz der gesamten Vergangenheit, die ihn erzeugt hat.« (1987, S. 105) Bourdieu hebt vor allem auf die kollektive Geschichte ab, weniger auf die individuelle Lebensgeschichte. Gleichwohl verweist die von ihm begründete Geschichtlichkeit praxisgenerierender Schemata auf deren Gewordenheit und damit auf deren Veränderbarkeit. Eine Veränderung kann auf kollektiver oder individueller Ebene initiiert werden, doch bleiben die Impulse, die auf einer Ebene gegeben werden, aufgrund der existierenden Wechselbeziehung nie ohne Rückwirkung auf die andere.

Bourdieu veranschlagt die Veränderungsneigung eines Habitus als gering. Er schreibt diesem die Tendenz zu, Erfahrungen zu bevorzugen, die ihn verstärken und sich ein Milieu zu schaffen, das seinen Erzeugnissen einen aufnahmebereiten Markt bietet (vgl. 1987, S. 114). Ein Beleg dafür wäre, wenn sich in den Arztpraxen ÄrztInnen und PatientInnen zusammenfinden, die ein ähnliches Verständnis von Krankheit und adäquater Behandlung haben.

Angesichts der zahlreichen Überschneidungen zwischen Metaphern- und Habitusansatz könnte man sich fragen, weshalb dem Metaphernbegriff gegenüber dem Habitusbegriff als zentral benutzter Erklärungskategorie der Vorzug gegeben wird. Die Entscheidung für den Metaphernbegriff leitet sich aus der Empirie ab, denn es sind Metaphern, die uns als Erzeugungsgrundlage ärztlicher Praxis im empirischen Material entgegentreten. Die Konstruktion eines theoretischen Rahmens unter Einbeziehung des Habituskonzepts bietet den Vorteil, zusätzlich die Erklärungskraft dieses Ansatzes zu nutzen.

Metaphern sind, um nun abzuschließen, ganzheitliche habitualisierte Modelle, vorzustellen als ein Gemisch aus Gedanken, Gefühlen, leiblich-sinnlichen Empfindungen, Handlungsdispositionen, Erfahrungen, Intuition. Sie sind Produkte und Produzenten von Geschichte im individuellen und kollektiven Sinn. Sie nehmen Zukunft vorweg und führen sie herbei.

2. Metaphern, Praxis, Interaktion

Metaphern strukturieren das, was ÄrztInnen tun. Aber was ist das, was sie tun? Mit welchen Begriffen läßt sich dieses Tun beschreiben? Lakoff/Johnson benutzen zur Kennzeichnung metapherngeleiteten Tuns den Begriff action, der sich mit Handlung/Tätigkeit übersetzen läßt, ohne daß sie diesen Begriff näher ausführen. Bourdieu rekurriert auf den Begriff Praxis. Dieser hat sich in bezug auf das, was ÄrztInnen tun, auch in der Alltagssprache eingebürgert; die Rede von der niedergelassenen Arztpraxis ist ein feststehender Terminus.

Die auf theoretischer Ebene existierenden Versuche, die Implikationen von Praxis zu definieren, erscheinen mir geeignet, die Besonderheit ärztlichen Tuns zu markieren. Ich werde also in meiner Analyse primär mit dem Begriff Praxis arbeiten, ohne insbesondere auf den Begriff Handlung ganz zu verzichten. Praxis meint das gesamte Handlungsgeschehen, unter Handlung verstehe ich einen begrenzten Akt innerhalb dieses Geschehens. Das Wesen von Praxis soll – anknüpfend an dem, was im Zusammenhang mit dem Habituskonzept über Praxis bereits gesagt wurde – im folgenden noch genauer bestimmt werden.

Als einen weiteren Gesichtspunkt gilt es zu beachten, daß die ärztliche Praxis eine interaktive Praxis ist. Sie konstituiert sich in der Beziehung zwischen Arzt/Ärztin und PatientIn. Dies begründet die Notwendigkeit, auch den Begriff Interaktion, wie er hier verwendet werden soll, zu explizieren. Praxis und Interaktion dienen in dieser Studie einerseits als Erklärungskategorien, mit deren Hilfe die Empirie theoretisch gefaßt werden soll, andererseits sollen die aus der Empirie gewonnenen Erkenntnisse zur Weiterentwicklung dieser Kategorien beitragen.

2.1 Das Wesen der Praxis

Was heißt Praxis? fragt Hans-Georg Gadamer. Ist Praxis Anwendung von wissenschaftlicher Theorie? Er antwortet: »Wenn auch in alle Praxis Theorie eingeht, so ist Praxis doch nicht mit Theorie identisch.« (Gadamer 1993, S. 14) Theorien haben nach Ansicht der Pflegewissenschaftlerin Patricia Benner das zum Inhalt, was explizit gemacht und in Formeln ausgedrückt werden kann, die

Praxis jedoch ist vielschichtiger (vgl. Benner 1994, S. 53). Theorien geben den PraktikerInnen zwar Orientierung, doch treffen diese in ihrer Praxis immer wieder auf Phänomene, die sich in der Theorie nicht wiederfinden. Bruno Hildenbrand und Rosemarie Welter-Enderlin machen darauf aufmerksam, daß wissenschaftliche Theorie und Praxis nicht nur voneinander unterschieden sind, sondern auch zueinander in Widerspruch stehen. Wissenschaftliche Theorie (wie medizinisches Fachwissen, Krankheitsbegriff, Wissen über medizinische Handwerkstechnik), basiert auf Allgemeingültigkeit und zielt damit auf universelle, Individuelles überschreitende Erkenntnis ab. In der Praxis dagegen zählt der einzelne Fall (vgl. Hildenbrand/Welter-Enderlin 1992, S. 197). Es kommt für den Arzt oder die Ärztin darauf an, das Allgemeine im Besonderen zu entdecken. Das heißt, daß Theorie und Praxis in ihrer Widersprüchlichkeit zusammengehören und in dieser Widersprüchlichkeit den Prozeß der Krankheitsbearbeitung vorantreiben, vorausgesetzt, es kommt zu einem Dialog zwischen Theorie und Praxis. In diesem Dialog ist das verfügbare und wesenhaft unabgeschlossene theoretische Wissen als abgeschlossenes zu behandeln, denn Praxis verlangt Entscheidung im Augenblick (vgl. Gadamer 1993, S. 14).

Nach Hubert und Stewart Dreyfus, die den Bennerschen Begriff von Praxis teilen, ist alle medizinische Praxis durch eine spezielle Kombination von Theorie und Praxis gekennzeichnet, die bedingt, daß Theorie die Praxis leitet und Praxis Theorie begründet in einer Art und Weise, die nicht gestattet, ein hierarchisches Verhältnis anzunehmen etwa in dem Sinne, daß Theorie der Praxis vorschreibt, was zu tun ist (vgl. Dreyfus/Dreyfus 1994, S. 24). Theoretische Erkenntnis und praktisches Wissen bilden in der Medizin eine Einheit, für die im modernen Denken nach Gadamer der Begriff abhanden gekommen ist (vgl. Gadamer 1993, S. 58). Es handelt sich um eine besondere Form praktischen Wissens, um ein wissendes Können, das ähnlich dem griechischen Begriff »techne« auf ein Herstellenkönnen bezogen ist, im Fall von ärztlicher Praxis auf ein Wiederherstellen (vgl. 1993, S. 51). Der ärztliche Eingriff kann abzielen auf die Wiederherstellung der Gesundheit, des Wohlbefindens, eines gestörten Gleichgewichts. In der Wiederherstellung vollendet sich ärztliche Praxis. Sie vollendet sich, indem sie sich selbst zurücknimmt.

Die vorangegangenen Überlegungen geben Anlaß, den Metaphernansatz zu ergänzen. Sie lassen erkennen, was Metaphern leisten müssen, wenn sie als Erzeugungsgrundlage von Praxis fungieren. Metaphern müssen sich als vermittelnde Konzepte erweisen; zu vermitteln gilt es zwischen dem theoretischen Fachwissen und den praktischen Problemen, zwischen dem Allgemeinen und dem Besonderen. Die vorliegenden empirischen Daten sprechen dafür, daß die Vermittlungskraft der Metaphern noch sehr viel weiter reicht. Diese vermitteln u. a. zwischen ärztlichen Interessen und gesetzlichen Vorgaben, zwischen diesen und den Erwartungen der PatientInnen, zwischen persönlichem Praxisstil und professionellen Standards. Metaphern leisten diese Vermittlung, indem sie in den zu bearbeitenden Praxiskontext Implikationen aus anderen Kontexten übertragen, wobei im Interesse des Herstellen-Könnens entscheidend ist, daß diese Implikationen Handlungsvorschläge enthalten.

Welcher Logik folgt die Praxis? In der psychologischen Handlungstheorie, die das, was hier Praxis heißt, unter den Begriff »Handeln« subsumiert, dominiert traditionell eine Auffassung von Handeln, die dieses als intentionales, planvolles, hierarchisch-sequentielles, rationales und bewußtes Tun charakterisiert (vgl. von Cranach/Kalbermatten/Indermühle/Gugler 1980). In der neueren handlungstheoretischen Diskussion wird dieser Handlungsbegriff kritisch hinterfragt. Nach Mario von Cranach beschreibt der traditionelle psychologische Handlungsbegriff lediglich eine, wenn auch in westlichen Industrienationen hochgeschätzte Handlungsform; daneben gibt es nach von Cranach andere Handlungsformen, u. a. prozeßorientiertes und emotional-intuitives Handeln, wie dieser in einer ersten Typologie darlegt (vgl. von Cranach 1994, S. 8 ff.). Die Arbeitspsychologen Walter Volpert und Winfried Hacker heben hervor, daß sich gerade in Arbeitsfeldern, die Expertenkönnen erfordern, Handlungsmuster zeigen, die deutlich vom hierarchisch-sequentiellen Handlungsmodell abweichen (vgl. Volpert 1994b, S. 130 ff.; Hacker 1992). Ungeachtet dieser neueren Diskussion beherrscht nach empirischen Studien des Arbeitssoziologen Fritz Böhle die Welt der professionellen Arbeit ein Handlungsbegriff, der auf ein zielorientiertes, zweck-rationales Handeln abstellt (vgl. Böhle/Schulze 1996, S. 26 ff.). Er dient dort nach wie vor als »normatives Leitbild, an dem sich die Gestaltung von Arbeitstätigkeiten orientiert und nach dem ein ›richtiges‹ Arbeitshandeln beurteilt wird« (ebd.).

Der Metaphernansatz liefert keinerlei Anhaltspunkte dafür, daß Praxishandeln stets dem in der psychologischen Handlungstheorie beschriebenen Handlungsideal folgt. Vielmehr muß davon ausgegangen werden, daß sich unterschiedliche Praxisformen bilden, die sich durch unterschiedliche Logiken auszeichnen, wenn es unterschiedliche Bilder sind, die als praxisstrukturierende Strukturen fungieren. Bourdieu distanziert sich vor allem von der Vorstellung, daß die Logik der Praxis eine exakte, eindeutig gerichtete Logik ist, wie dies im traditionellen psychologischen Handlungsbegriff anklingt. Er stellt fest: »Man muß der Praxis eine Logik zuerkennen, die anders ist als die Logik der Logik, damit man der Praxis nicht mehr Logik abverlangt, als sie zu bieten hat.« (Bourdieu 1987, S. 157) Für ihn ist die Logik der Praxis notwendig eine Logik des Ungefähren und der Verschwommenheit; notwendig deshalb, weil Praxisfelder uneindeutig und diffus sind und PraktikerInnen in diesen Feldern Verhaltensweisen zeigen müssen, die tastend und nach mehreren Seiten hin offen sind, um sie bei geringsten Anzeichen von Veränderungen im Praxisfeld widerrufen oder neu gestalten zu können (vgl. 1987, S. 148 f.). Die Pflegewissenschaftlerin Patricia Benner stimmt mit den Annahmen Bourdieus überein. Aufgrund ihrer Untersuchungen pflegerischer Praxis betrachtet sie Praxis als etwas extrem Vages und Allgemeines (vgl. Benner 1994b, S. 137). Pflegende müßten sich bei ihrer Informationssuche und in ihren Entscheidungen von unscharfen Empfindungen und vagen Ahnungen leiten lassen (vgl. Benner 1994a, S. 18). Ein Handeln auf der Basis solcher Ahnungen und Empfindungen wird häufig als intuitives Handeln charakterisiert.

Benner und Dreyfus betonen den hohen Stellenwert von Intuition gerade für das Handeln von ExpertInnen. Intuition ist nach Dreyfus eine Bezeichnung dafür, daß einem die Lösung einfach einfällt, daß man automatisch das Richtige tut: »Sie nehmen eine Situation in sich auf und handeln.« (Dreyfus 1995, S. 70) Intuition bildet ein Gegenstück zum analytischen Denken und planvollen Handeln (vgl. ebd.). Diese Vorstellung von Intuition läßt sich in den Metaphernansatz integrieren. Dieser bietet eine Erklärung dafür, wie Intuition zustande kommen kann, nämlich als Verkoppelung äußerer Realität und innerer Bilder, die als Verstehenshintergrund wirken und als solcher spontane Erkenntnis ermöglichen.

Sowohl Intuition als auch Metaphern gründen in der Erfahrung.

Metaphern können als der Erfahrungsfundus gelten, in dem Erfahrungen nicht nur gesammelt werden, sondern Figurationen bilden, aus denen sich die Intuition speist. Die Bedeutung der Erfahrung für die Praxis veranlaßt mich, das bisher über Erfahrung Gesagte zu vertiefen insbesondere im Hinblick auf optimale Bedingungen für die Konstitution von Erfahrung. Erfahrung entsteht in der Begegnung mit vielen Praxissituationen. Die in diesen Situationen gegebenen Möglichkeiten, Erfahrungen zu machen, hängen davon ab, wie wir in die Praxis eingebunden sind. »Sie lernen nichts«, bemerkt Hubert Dreyfus, »wenn sie sich selbst nur als Zuschauer ihres eigenen Tuns sehen« (Dreyfus 1995, S. 67). Es braucht, um Situationen in sich aufzunehmen, nach Dreyfus ein emotionales Involviertsein in diese Situationen. Patricia Benner drückt ähnliches aus, wenn sie sich auf Adlai Stevenson beruft, die Erfahrung definiert als »ein Wissen, das nicht durch Worte gewonnen wird, sondern durch Berührungen, Bilder, Klänge, Siege, Niederlagen, Schlaflosigkeit, Hingabe, Liebe – durch alle menschlichen Empfindungen und Gefühle, die in der Begegnung mit dieser Erde, mit sich selbst und anderen in einem hervorgerufen werden« (zit. n. Benner 1994c, S. 190). In diesem Zitat wird ergänzend das sinnlich-leibliche Involviertsein als Bedingung der Erfahrungsbildung angesprochen. Der Leib, so läßt sich mit Maurice Merleau-Ponty fortfahren, »ist ein für alle anderen Gegenstände empfindlicher Gegenstand, der allen Tönen ihre Resonanz gibt, mit allen Farben mitschwingt und allen Worten durch die Art und Weise, in der er sie aufnimmt, ihre ursprüngliche Bedeutung verleiht« (Merleau-Ponty 1966, S. 276).

Je vielfältiger unsere Verbundenheit mit der Welt im Sinne einer nicht nur kognitiven, sondern auch emotionalen und sinnlich-leiblichen Verbundenheit ist, desto vielfältiger sind die Erfahrungen, die wir in dieser Welt machen und desto komplexer werden die daraus modellierten Bilder, die der Praxis als strukturierende Strukturen zugrunde liegen. Praxis entfaltet sich, um nochmals mit Merleau-Ponty zu sprechen, im Spannungsfeld zwischen »Für-sich-Sein und Zur-Welt-Sein« (1966, S. 419). Wir agieren nicht nur als autonome, sondern auch als soziale Wesen. Merleau-Ponty fokussiert auf die »Spannung der Existenz auf eine andere Existenz hin« (1966, S. 252), ein Gedanke, der überleitet zu dem nun vorgesehenen Versuch, ärztliche Praxis als interaktive Praxis vorzustellen.

Kaum eine Art von Praxis ist ohne Interaktion denkbar. Selbst eine Praxis, die alleine ausgeübt wird, beinhaltet Interaktion. Dies kann eine Interaktion mit der gegenständlichen Welt oder auch eine Interaktion mit dem eigenen Selbst sein, bei der Ideen, Wünsche, Ansichten durchdacht werden und das eigene Handeln reflektiert wird (vgl. Strauss/Corbin 1993b, S. 107). Die Praxis niedergelassener ÄrztInnen ist stets auf einen anderen hin gerichtet, ist doch der Gegenstand dieser Praxis, die Gesundheit bzw. Krankheit, immer Bestandteil eines anderen Lebens.

Ich möchte mich bei dem Versuch, Interaktion als eine für die Studie handhabbare Kategorie zu entfalten, hauptsächlich auf die von Anselm Strauss und Erving Goffman vorgelegten interaktionstheoretischen Angebote stützen, die in der Tradition der Pragmatisten und Interaktionisten der Chicagoer Schule der 20er Jahre stehen (vgl. Strauss 1995, S. 65 f.; Knoblauch 1994, S. 8). Interaktion ist sowohl für Strauss als auch für Goffman *das* Thema geworden, das im Zentrum ihres wissenschaftlichen Denkens steht. Sie behandeln dieses Thema nicht identisch, doch gibt es in ihren Positionen Ähnliches und Vereinbares, das mir die Verknüpfung der Positionen erlaubt. Gemeinsam ist den beiden Interaktionstheoretikern die auf die Mikromechanismen des sozialen Lebens gerichtete wissenschaftliche Perspektive und die Ansiedlung ihrer Analysen im Schnittpunkt von Soziologie und Sozialpsychologie. Goffman jedoch sieht die interaktiven Beziehungen der Menschen in sehr viel stärkerem Maß als Strauss durch eine in ihnen wirkende Ordnung determiniert; dieser dagegen betont die in der Interaktion gegebenen Aushandlungsmöglichkeiten. Ich werde die beiden Denkansätze pragmatisch nutzen, das heißt meine theoretischen Anleihen von meinen eigenen Forschungsfragen her bestimmen.

In dem von Anselm Strauss und Juliet Corbin verfaßten Buch *Weiter leben lernen* wird Interaktion als die Mitte eines Kreisels bezeichnet, um die sich die einzelnen Handlungen bei der Bearbeitung von Krankheit drehen (vgl. Corbin/Strauss 1993b, S. 106). Zur weiteren Präzisierung der Verbindung von Interaktion und Praxis führen sie das Bild eines Fahrrades ein. Corbin/Strauss, die nicht von Praxis, sondern von Arbeit sprechen, schlagen vor, die Arbeit, Arbeitsverfahren und Interaktion mit dem Rad eines Fahrrades zu vergleichen: »Der Reifen stellt die Arbeit dar, die Speichen stehen für die Arbeitsverfahren, und die Nabe ist die Interaktion.« (Ebd.) Im Zusammenwirken der einzelnen Teile entstehen die Bewegungsmuster, die das Fahrrad bzw. die Praxis zum Laufen bringen. Die Interaktion hat dabei eine entscheidende Funktion, sie hält die Teile zusammen, sie sorgt für Balance, sie bildet das Kernstück der Praxis.

Interaktion im Zusammenhang mit Arbeit/Praxis bedeutet nach Corbin/Strauss mehr als nur miteinander kommunizieren. Sie definieren Interaktion als einen »Prozeß, in dem Menschen mittels Kommunikation mit ihrem Selbst und mittels Kommunikation mit anderen ihre Handlungen gemeinsam auf die Durchführung einer Form von Arbeit ausrichten« (1993, S. 107). Es finden Aushandlungen (negotiations) statt in Gestalt von Diskussion, Unterrichtung, Beeinflussung, Aufklärung, Manipulation, Bedrohung, Beratung mit dem Ziel, Arrangements herzustellen (vgl. Strauss 1993a, S. 88 ff.). Diese Sphäre der unmittelbaren Aktion beinhaltet nach Goffman eine wechselseitige Verstricktheit der InteraktionsteilnehmerInnen, die er als ein komplexes Geschehen schildert: »Gefühle, Stimmungen, Wissen, Körperstellungen und Muskelbewegungen sind im sozialen Handeln innig miteinander verknüpft und verleihen ihm unvermeidbar einen psychobiologischen Charakter.« (Goffman 1994, S. 57) Die leiblich-sinnliche Existenz des Menschen stellt nicht nur – wie bereits erwähnt – für die Praxis allgemein, sondern laut Goffman auch für die interaktive Praxis eine unverzichtbare Bedingung dar. Ähnlich argumentiert Anselm Strauss, wenn er in Anlehnung an Merleau-Ponty schreibt: »In a general sense the body is a necessary condition for all of our actions and interactions. It is the medium through which each person takes in and gives out knowledge about the world, objects, self, others and even about his or her own body.« (Strauss 1993a, S. 108 f.)

Die im interaktiven Austausch produzierten Arrangements repräsentieren nach Strauss eine soziale Ordnung. Goffman spricht von Interaktionsordnung und dürfte damit Vergleichbares meinen. Interaktionsordnung bezeichnet einen bestimmten Typ des Handelns, wie ihn etwa eine Wirtschaftsordnung verkörpert. Sie ruht auf einer »breiten Schicht gemeinsamer kognitiver, wenn nicht sogar normativer Annahmen und Beschränkungen« (Goffman 1994, S. 63), die sich in den Grundregeln eines Spiels, in Verkehrsregeln oder in syntaktischen Regeln einer Sprache konkretisieren.

Diese relativ festen Regeln sprechen dafür, daß Goffman die Interaktionsordnung als wenig dynamische Ordnung imaginiert. Strauss dagegen hält es für möglich und notwendig, die von ihm sogenannte soziale Ordnung durch permanente Aushandlungsprozesse zu verändern und weiterzuentwickeln, wobei er durchaus sieht, daß die Art und Weise des Aushandelns vom jeweiligen Kontext abhängig ist (vgl. Strauss/Legewie 1995, S. 69). Anselm Strauss denkt sich diesen Kontext als Arena. Er erwähnt in einem Interview die AIDS-Arena, in der Aushandlungsprozesse zwischen Organisationen und sozialen Welten (womit er vermutlich die Lebenswelt und Lebensinteressen der von Aids betroffenen Menschen und Familien meint) stattfinden (vgl. 1995, S. 73). Mir scheint, daß Strauss mit dem Arena-Konzept, auch wenn es auf Mikrostrukturen anwendbar ist, vor allem gesellschaftliche Arrangements im Kopf hat, in die einzelne Interaktionen eingebunden sind. Die gesellschaftlichen Bedingungen ärztlicher Praxis werden im nächsten Abschnitt behandelt.

Zunächst möchte ich die Goffmansche These diskutieren, daß Interaktionen gerahmt sind. Wenn ich die These richtig verstehe, so spielt sie auf einen Deutungsrahmen an. Goffman unterscheidet zwischen natürlichen und sozialen Rahmen. Natürliche Rahmen identifizieren Ereignisse, die nicht orientiert, nicht belebt, nicht geleitet, rein physikalisch sind; solche Rahmen finden sich in den physikalischen und biologischen Wissenschaften (vgl. Goffman 1977, S. 31 f.). Soziale Rahmen dagegen liefern einen Verständnishintergrund für Ereignisse, an denen Motive, Interessen, steuernde Eingriffe von Menschen beteiligt sind. Das Ereignis einer Interaktion kann beispielsweise als Kampf, als Spiel, als Tanz gerahmt sein. Die Funktion des sozialen Rahmens besteht darin, Interaktionen zu regeln und Erfahrungen zu organisieren (vgl. Knoblauch 1994, S. 26).

Dieselbe Funktion wird der Metapher zugesprochen (vgl. Buchholz 1993b, S. 141). Auch die Metapher bietet Interaktionsprozessen einen Rahmen und steuert sie dadurch. Wenn für ÄrztInnen die Gleichgewichtsmetapher einen Verständnishintergrund bildet, so ist anzunehmen, daß bereits ihre Anamnesen darauf abstellen, etwaige Ungleichgewichte in bezug auf die Lebensweise, auf die Beziehungen oder Belastungen ihrer PatientInnen zu identifizieren. Ermittelte Ungleichgewichte dürften therapeutische Handlungen provozieren, die auf Ausgleich abzielen. Es stellt sich die

Frage, ob unter dem Einfluß einer metaphorischen Rahmung überhaupt Aushandlungsprozesse möglich sind, durch die der Sichtweise der PatientInnen Rechnung getragen werden kann. Die Antwort ist, Metaphern sind als poröse und dynamische Gebilde vorzustellen. Sie dienen dem menschlichen Akteur lediglich als Grundlage für seine eigenen Erzeugungen, die unterschiedlich ausfallen können, so wie aus einem bestimmten Stück Erde, sei es ein Moorgebiet oder eine Berglandschaft, typische und doch unterschiedliche Pflanzen wachsen können. Dies verweist auf einen Spielraum, der zum Aushandeln von Sichtweisen und Interessen genutzt werden kann. Weitere Handlungsspielräume existieren, wenn den InteraktionspartnerInnen mehrere Metaphern als handlungsleitende Konzepte zur Verfügung stehen.

Es gibt Metaphern, die in stärkerem Maße und solche, die in geringerem Maße Aushandlungsprozesse implizieren. Wenn, wie einer der befragten Ärzte mit Blick auf seine Praxis bemerkt: *Man braucht ein Zugewendetsein*, so ist dies ein metaphorischer Code, der dem Gespräch, der Empathie, der Nähe zum anderen einen hohen Stellenwert gibt. Es sei angemerkt, daß in dieser Studie die in der ärztlichen Praxis sich ereignenden Interaktionen aufgrund der Datenlage immer nur aus der Sicht der befragten ÄrztInnen, wie sie sie explizit oder implizit äußern, beleuchtet werden können.

Der kommunikative Wert von Metaphern wird von Lakoff/Johnson kaum angesprochen; erst jüngere Metapherntheoretiker befassen sich mit der kommunikativen Bedeutung metaphorischer Codes (vgl. Buchholz 1993a; Schmitt 1995). Nach Michael Buchholz ist die Metapher eine Kommunikationsstrategie, die darauf abzielen kann, divergente metaphorische Konzepte miteinander zu versöhnen, so daß am Ende eine gemeinsame Handlung steht (vgl. Buchholz 1993a, S. 185). Der Bestand eines Interaktionszusammenhangs kann davon abhängen, ob eine solche Abstimmung gelingt. Abstimmung ist nicht so zu verstehen, daß ÄrztInnen der Metaphorik ihrer PatientInnen folgen oder umgekehrt, sondern daß ein im Strausschen Sinn für beide InteraktionspartnerInnen akzeptables Arrangement getroffen wird (vgl. Strauss 1993, S. 87 f.). Je stärker aber eine Interaktionssituation durch eine allgemeingültige Metaphorik definiert wird, die ein standardisiertes Verhalten vorschreibt, desto weniger ist Raum für situative Arrangements. Gerade in der ärztlichen Praxis gelten eine Reihe von

Standards, die mit Goffman Rituale genannt werden können (vgl. Goffman 1994, S. 58 f.). Der Medizinsoziologe Eliot Freidson hat zum Beispiel das Führungs-Kooperations-Modell als ein typisches, die Arzt-Patient-Beziehung prägendes Konzept ermittelt, das beinhaltet, daß der Arzt leitet und der Patient tut, was der Arzt ihm sagt (vgl. Freidson 1979, S. 262). Interaktive Rituale erleichtern die Lesbarkeit von Handlungen und vermitteln Handlungssicherheit auf Kosten einer dynamischen Gestaltung von Beziehungen. Sie können Begegnung verhindern im Sinne des Aufeinander-Zugehens (vgl. von Beyer 1969, S. 37). Begegnung ist von dem Bestreben getragen, miteinander ins Gespräch zu kommen, sich in die Perspektive des anderen einzufühlen und einzudenken, ohne die eigene Perspektive aufzugeben. In der Begegnung entschlüsselt sich die Besonderheit des anderen.

Ärztliche Praxis und Interaktion sind wie die Schalen einer Zwiebel ineinandergefügt. Sie bringen einander hervor, sind füreinander Bedingung und Folge und ergeben zusammen das Ganze. Metaphern bzw. Habitus verleihen der Zwiebel und ihren Schalen Farbe, Form und Geschmack. Sie existieren in und durch Praxis und Interaktion. In der Verknüpfung mit bestimmten Praxis- und Interaktionsformen bilden Metaphern ein eigenes System (s. auch Leontjew 1979, S. 83), das wiederum in Wechselbeziehung steht zu organisatorischen und gesellschaftlich-sozialen Strukturen, in die das metaphorische System eingelagert ist.

2.3 Gesellschaftlich-strukturelle Bedingungen

In welcher Form sich ärztliche Praxis auch äußert, welche Strukturen sie auch annimmt, man kann sie nach Leontjew, der mit dem Begriff Tätigkeit arbeitet, niemals isolieren von den gesellschaftlichen Strukturen (vgl. 1979, S. 84 f.). Leontjew betrachtet die Tätigkeit des menschlichen Individuums als ein System, das in das System der gesellschaftlichen Beziehungen eingeschlossen ist. In seiner Behauptung, die Gesellschaft produziere die Tätigkeit der sie bildenden Individuen, klingt ein deterministisches Verhältnis an, das durch seinen Nachsatz, dies impliziere keine Reduktion des einen auf das andere, wieder etwas relativiert wird.

In einem offeneren Verhältnis zur Gesellschaft stehend, erscheinen Praxis und Interaktion aus den von Goffman und Strauss vertretenen Perspektiven. Der Zusammenhang zwischen Mikro- und Makrophänomenen wird von Hubert Knoblauch, einem Interpreten des Goffmanschen Ansatzes, als das eigentliche Thema der »Interaktionsordnung« bezeichnet (vgl. Knoblauch 1994, S. 37). Die Eigengesetzlichkeit der Interaktionsordnung werde gerade im Kontrast mit der Gesellschaft deutlich, was aber nicht heiße, daß diese hermetisch von der gesellschaftlichen Ordnung abgeschlossen sei (vgl. 1994, S. 38). Es gebe vielmehr Schnittstellen, sogenannte interfaces, an denen sich die relativ eigenständige Interaktionsordnung mit den gesellschaftlichen Strukturen berührt. Solche Schnittstellen entstehen laut Knoblauch dort, wo durch interaktive Muster gesellschaftliche Prinzipien in Frage gestellt werden, sowie auch dort, wo die Gesellschaft Interaktionszusammenhänge zu regeln sucht. Beispiele dafür wären der Arbeitsstreik, mit dem die Arbeitenden die ökonomische Ordnung anzugreifen suchen, oder der Polizeieinsatz, durch den die Streikenden wieder zur (gesellschaftlichen) Ordnung gerufen werden sollen. Goffman geht offenbar davon aus, daß sich interaktive Praktiken und Gesellschaft nur punktuell berühren; er spricht von einer »losen Koppelung« (zit. n. Knoblauch 1994, S. 39).

Strauss bringt die gesellschaftliche Dimension mit dem bereits erwähnten »Arena-Konzept« ins Spiel. Diese Metapher impliziert nicht nur punktuelle Wechselbeziehungen. Eine Arena ist ein permanent vorhandener Raum, der jedoch nach oben offen ist. Das bedeutet, daß interaktive Praxis zwar in diesem Gehäuse gründet, aber nach oben hin wachsen kann, über es hinauswachsen kann. Demnach bleiben die Sicht- und Handlungsweisen der Individuen zwar immer mit der Gesellschaft verwoben, können aber eine relative Autonomie gewinnen. Diese wiederum bedingt die Notwendigkeit und Möglichkeit von Aushandlungsprozessen.

Der Fokus dieser Studie liegt nicht auf den gesellschaftlich-strukturellen Bedingungen ärztlicher Praxis, doch sollen diese insoweit einbezogen werden, als sie in den metaphorischen Konzepten der ÄrztInnen als praxisbeeinflussend in Erscheinung treten. Gesellschaftlicher Einfluß zeigt sich im Hinblick auf das Verständnis von Körper und Krankheit bzw. Gesundheit, auf die Funktion der Medizin und des ärztlichen Handelns sowie in Form gesundheitspolitischer Maßnahmen.

2.3.1 Zur sozialen Deutung von Körper, Gesundheit und Krankheit

Mit der Ethnologin Mary Douglas gesprochen, gibt es »keine ›natürliche‹, von der Dimension des Sozialen freie Wahrnehmung und Betrachtung des Körpers« (Douglas 1974, S. 106). Der Leib-Körper, ein von Alfons Labisch (1992) übernommener Begriff[2], trägt den Stempel des Gesellschaftlich-Sozialen. Er wird durch den gesellschaftlich geformten Blick zum sozialen Gebilde und steuert als solches »die Art und Weise, wie der Körper als physisches Gebilde wahrgenommen wird (...)« (1974, S. 99). Die Gesellschaft versucht, dem Leib-Körper und seinen Aktivitäten Grenzen zu setzen. Doch fügt sich dieser, wie Berger/Luckmann feststellen, den gesellschaftlichen Geboten nicht widerstandslos (vgl. Berger/Luckmann 1990, S. 193 ff.). Berger/Luckmann behaupten ein dialektisches Verhältnis zwischen Leib-Körper und Gesellschaft und verweisen als Beleg auf die Schwierigkeiten der primären Sozialisation, in der sich zum Beispiel »das kleine Animal« (1990, S. 194) dagegen wehrt, »daß der natürlichen Zeitlichkeit seines Organismus die Zeitstruktur der Gesellschaft auferlegt wird. Es will nicht mehr nach dem Glockenschlag essen und schlafen, sondern je nach dem biologischen Drang seines Organismus« (ebd., 1990). Menschen konstruieren, weil es nach Berger/Luckmann ihre Bestimmung ist, eine Welt, die sie mit anderen bewohnen. Doch diese von ihnen konstruierte Welt wirkt zurück auf ihre Natur, indem sie sie zu modellieren sucht (vgl. 1990, S. 195).

Die im Leib-Körper wirkenden Normen korrespondieren mit dem in einer Gesellschaft geltenden Gesundheits- bzw. Krankheitsbegriff. Gesundheit und Krankheit können als inhaltsleere Worthülsen angesehen werden, die sich aus den Blickrichtungen verschiedener Kulturen und historischer Epochen jeweils neu füllen (vgl. Labisch 1992, S. 17). Als Beleg für diese These sollen im folgenden einige, sich voneinander abhebende und noch immer wirksame Blickrichtungen skizziert werden.

Das jeweilige Verständnis von Krankheit ist geprägt von den gesellschaftlich geteilten Vorstellungen zur Entstehung von Krank-

---

2 Der Begriff Körper stellt auf die funktionalen Zusammenhänge, der Begriff Leib auf die Expressivität der materiellen Existenzweise des Menschen ab.

heit. In archaischen Gesellschaften wird eine Verhaltensabweichung, die nicht mehr in das Normalitätskonzept integriert werden kann und daher Krankheit genannt wird, nicht auf natürliche Wirkfaktoren, zum Beispiel auf innerorganische Prozesse zurückgeführt. Sie wird vielmehr im Kontext eines magisch-religiösen Weltbildes erfaßt und behandelt (vgl. Siegrist 1977, S. 141; Labisch 1992, S. 18). Als Ursachen von Krankheit gelten Zauberei, Verletzung von Tabus, Eindringen eines fremden Objekts oder eines Geräts sowie der Verlust der Seele. Zur Behandlung von Krankheit werden den vermuteten Ursachen angemessene rationale Methoden der Diagnose wie Trance, Träume, Knochenwerfen und der Therapie wie Zaubergesänge, Sprüche oder Gebete verwendet. Krankheit ist in primitiven Gesellschaften immer etwas Abnormales (vgl. Siegrist 1977, S. 141). Die Diagnostizierung von Krankheit dient der Sanktion asozialen Verhaltens; sie ist ein Mittel sozialer Kontrolle. Mittels Therapie soll die bedrohte normativ-moralische Stabilität wiederhergestellt werden.

In der christlichen Kultur wurde Krankheit als ein Anzeichen von Sünde oder der Prüfung gewertet (vgl. ebd.). Unsere Alltagssprache enthält heute noch Anspielungen auf diese Sichtweise, wie dies die Krankheitsbezeichnungen Hexenschuß oder Besessenheit anzeigen. Aus christlicher Sicht ist Krankheit, wenn sie als Sünde gedeutet wird, etwas zu Bekämpfendes, Auszumerzendes und Auszutreibendes; erscheint sie als Prüfung, so muß sie mit Hilfe des Gebets ausgehalten und durchgestanden werden.

Dem magischen und christlichen Krankheitsverständnis kontrastiert die naturwissenschaftliche Auffassung von Krankheit, die im Einflußbereich des okzidentalen Rationalismus entstanden ist und die moderne Medizin prägt (vgl. Labisch 1992, S. 40). Als Ursache von Krankheit wird in diesem Verständnis ein Geschehen im Inneren des Körpers angenommen. Krankheit stellt keine Abweichung von religiösen oder sozialen Normalitätsstandards dar, sondern eine Abweichung von statistisch ermittelten Meßwerten (vgl. Siegrist 1977, S. 142). Die Auffassung von Krankheit als gestörte Ordnung im Zusammenspiel der Glieder eines Organismus hat, wie Siegrist darlegt, verschiedene Akzente erfahren. Krankheit kann als Folge einer fehlerhaften Struktur im Bereich der Morphologie oder der Gewebe oder der Zellen oder als Folge einer Funktionsstörung vitaler Vorgänge betrachtet werden. Als den Prototyp des naturwissenschaftlichen Krankheitsverständnisses bezeichnet

Siegrist das ätiologische Modell, das sich in der Mitte des 19. Jahrhunderts in der Zellularpathologie und in der Keimtheorie entwickelt hat und aus folgenden Annahmen besteht:

- Jede Erkrankung besitzt eine spezifische Ursache, sogenannte Erreger. Sie ist damit kausal determiniert.
- Jede Krankheit zeichnet sich durch eine Grundschädigung aus.
- Krankheiten identischer Ursachen produzieren mehr oder weniger die gleichen klinischen Symptome, die für einen ähnlichen Krankheitsverlauf sorgen (vgl. 1977, S. 143).

Diese Annahmen ermöglichen die Anwendung standardisierter diagnostischer und therapeutischer Techniken. Wesentlich für ein naturwissenschaftliches Krankheitsverständnis ist das absolute Primat des Organismus, welches das medizinische Interesse auf die organische Krankheit lenkt, während es die emotionale Seite von Krankheit sowie den Kranken in seiner gesamten Persönlichkeit und mit seinen lebensweltlichen Bezügen als irrelevant ausblendet.

Talcott Parsons hat diesen »natürlichen« Krankheitsbegriff mit einer gesellschaftlichen Perspektive verbunden. Die durch Krankheit verursachte Störung des »normalen« Funktionierens des Menschen betrifft diesen nach Parsons nicht nur als biologisches System, sondern auch in seinen sozialen Anpassungen (vgl. Parsons 1958, S. 12). Durch Krankheit ist die optimale Fähigkeit des einzelnen gestört, diejenigen Aufgaben und sozialen Rollen in der Gesellschaft zu erfüllen, für die er sozialisiert worden ist (vgl. Labisch 1992, S. 14). Gesundheit gilt Parsons als die Norm, die eine funktionale Vorbedingung eines jeden sozialen Systems darstellt (vgl. Parsons 1958, S. 11). Daraus leitet sich für den einzelnen die Verpflichtung ab, seine Krankheit zu bekämpfen, um seine Gesundheit als Normalzustand wieder zu erreichen.

Als Kritik am naturwissenschaftlichen oder auch biomedizinisch genannten Modell versteht sich der in der neueren gesundheitswissenschaftlichen Diskussion entstandene soziopsychosomatische Krankheits- und Gesundheitsbegriff. Ebenso wie bei Parsons liegt der Fokus auf Gesundheit, allerdings lautet die zentrale Frage nicht nur »wie werden Menschen wieder gesund?«, sondern auch »unter welchen Bedingungen bleiben sie gesund?« (vgl. Hurrelmann/Laaser 1993, S. 14). Gesundheit signalisiert eine Balance, die das Subjekt in der Auseinandersetzung mit äußeren Lebensbedingungen und den darin enthaltenen Aufgaben und Belastungen gewonnen hat. Die Herstellung der Balance ist sowohl von den sozialen, ökonomischen und ökologischen Lebensbedingungen abhängig als auch von der individuellen Bewältigungskompetenz, die sich ihrerseits im Kontext dieser Lebensbedingungen mehr oder weniger gut entwickeln konnte. Das erreichte Gleichgewicht kann niemals endgültig sein; es muß angesichts der im Subjekt und in dessen Umgebung stattfindenden Veränderungen immer wieder aufs neue hergestellt werden. Krankheit erscheint aus soziopsychosomatischer Sicht nicht als ein fixer organisch lokalisierbarer Zustand, sondern als ein in der Interaktion zwischen Subjekt und Umwelt sich ereignendes physisch-psychisch-soziales Geschehen. Krankheit und Gesundheit sind diesem Verständnis zufolge nicht strikt voneinander getrennt, sondern auf einem Kontinuum angesiedelt, mit der Konsequenz, daß der Leib-Körper keinen eindeutig bestimmbaren Normalitätskriterien unterworfen werden kann. Auch wenn Gesundheit nicht eindeutig bestimmt werden kann, bleibt sie das begehrte Gut. Aus diesem Grund ist daran zu denken, daß auch in dem soziopsychosomatischen Krankheits-/Gesundheitsmodell eine Verpflichtung zur Gesundheit angelegt ist.

Gemeinsam ist den verschiedenen Begriffen von Gesundheit und Krankheit, daß deren jeweils geltende Deutung den Leib-Körper in die Sinn- und Wertvorstellungen einer Gesellschaft einordnet. Gesundheit ist nach Labisch die Schnittstelle, an der sich individuelle Existenz und die gesellschaftlichen Erwartungen an diese Existenz treffen: »Hier liegen demnach auch die Konfliktlinien individuell bereitstellbarer und öffentlich geforderter Sinngebungen, Präsentationen und Leistungen des Körpers« (Labisch 1992, S. 260).

2.3.2 Medizin und ärztliche Rolle

Als weitere Schicht der »Arena«, innerhalb der sich medizinisch-ärztliche Metaphern als Praxisgrundlage entwickeln, zählen die in einer Gesellschaft der Medizin zugeschriebene Funktion und die daraus abgeleitete ärztliche Rolle. Kulturspezifisch unterschiedliche Verständnisse von Leib-Körper und Gesundheit/Krankheit korrespondieren mit unterschiedlichen normativen Erwartungen an Medizin und Ärzteschaft. Wird Krankheit als ein zu tragendes Los aufgefaßt, so haben Medizin und Ärzte eine eher begleitende, lediglich Schmerzen lindernde Funktion; erscheint Krankheit dagegen als unerwünschtes Übel, erhält die Medizin die Aufgabe, dieses Übel zu beseitigen. In der medizinsoziologischen Diskussion bilden die an die Medizin gerichteten gesellschaftlichen Erwartungen ein zentrales Thema. Die im folgenden aus dieser Diskussion aufgenommenen Argumente und Thesen erwecken aufgrund der Art und Weise, wie sie formuliert sind, zuweilen den Anschein des Allgemeingültigen. Tatsächlich aber thematisieren sie das in den westlichen Industrieländern vorherrschende Verständnis von Medizin.

Aus einer an Parsons angelehnten professionalisierungstheoretischen Perspektive stellt Bruno Hildenbrand fest, daß die gesellschaftliche Funktion von Professionen in modernen Gesellschaften darin liegt, »die Integration von Gesellschaften auf der Wertebene zu leisten und deren Bestand gegen alle Selbstdestruktionstendenzen, welche von einzelnen oder von gesellschaftlichen Gruppen ausgehen können, zu sichern« (Hildenbrand 1997, S. 12). Professionen sind demnach auf den Erhalt der zentralen Werte einer Gesellschaft bezogen. Für die ärztliche Profession ist dieser Zentralwert die Gesundheit. Gesundheit ist nach Labisch der Schlüssel, mit dessen Hilfe sich die wechselseitigen Beziehungen zwischen Medizin und Gesellschaft eröffnen (vgl. Labisch 1992, S. 12). Die hohe Wertschätzung, die Gesundheit in der bundesrepublikanischen Gesellschaft genießt, spiegelt sich in den Ergebnissen der vom EMNID-Institut zu jedem Jahreswechsel durchgeführten Umfragen wider, in der die Bundesbürger nach ihrem größten Wunsch für das kommende Jahr gefragt werden. In allen seit Beginn der 60er Jahre vorliegenden Umfragen liegt Gesundheit an der Spitze: 1970 mit 67%, 1980 mit 59%, 1985 mit 58% und 1990 mit 65% (vgl. ebd.). Parsons, der Gesundheit gleichsetzt mit Normalität, definiert Medizin als einen »Mechanismus im sozialen System, welcher der Bekämpfung von Krankheiten der Mitglieder dient« (Parsons 1958, S. 12). Die diesen Mechanismus tragenden ÄrztInnen erhalten zur Erfüllung ihrer Aufgaben besondere Rechte: Sie haben ein exklusives Eingriffsrecht in den Leib-Körper anderer Menschen; es ist ihnen gestattet, die leibliche Unversehrtheit ihrer PatientInnen anzutasten. Sie definieren, welches Befinden und welche Verhaltensweisen als krank zu gelten haben, wie die Krankheit zu bezeichnen ist, welche Behandlung auf sie Anwendung findet und welches Verhalten von Laien während ihrer Krankheit erwartet wird (vgl. Siegrist 1977, S. 171 ff.; Freidson 1979, S. 252).

Zur Wahrnehmung dieser Rechte hat sich die Ärzteschaft zu einer Berufsgruppe zusammengeschlossen, die sich durch folgende Merkmale auszeichnet (vgl. Siegrist 1977, S. 171 ff.):

1. Sie verfügt über einen speziellen, durch formale Ausbildungskriterien festgelegten Wissensbereich.
2. Sie legt Ausbildungs- und Behandlungskriterien fest.
3. Sie besitzt eine spezifische Berechtigung zur Ausübung der beruflichen Tätigkeit.
4. Als Standesorganisation übt sie normgebende und normschützende Aufgaben gegenüber ihren Mitgliedern aus.

Obschon die den ÄrztInnen zugewiesenen Rechte und Pflichten in der medizinsoziologischen Diskussion nicht mit einem bestimmten Krankheits-/Gesundheitsverständnis in Verbindung gebracht werden, sind diese kompatibel mit dem biomedizinischen Krankheitsmodell. So stützt sich zum Beispiel das Definitionsmonopol in bezug auf Krankheit auf die Annahme, daß Krankheit ein eindeutig benennbarer Zustand ist, der sich zweifelsfrei von Gesundheit abgrenzen läßt. Eindeutige Benennbarkeit von Krankheit wiederum korrespondiert mit meßbaren Krankheitsdaten, die im Rahmen eines biomedizinischen Modells eine unverzichtbare Datenbasis darstellen. Außerdem bildet – ebenfalls in Übereinstimmung mit der biomedizinischen Sicht – allein die Krankheit den Bezugspunkt ärztlicher Praxis, womit der kurativen Medizin auf Kosten von Prävention und Rehabilitation der Vorzug gegeben wird.

In einem soziopsychosomatischen Krankheitsverständnis, das in der an den Universitäten gelehrten Medizin bislang nur ein peripheres Dasein führt, ändert sich die Funktion der Medizin und die Auffassung von der ärztlichen Rolle. Wenngleich es an expliziten Darstellungen dazu noch mangelt, lassen sich diesem Krankheitsverständnis implizite Vorstellungen entnehmen wie zum Beispiel die, daß ärztliche Praxis mehr Bezugspunkte hat als nur die Krankheitssymptome und ihre organischen Ursachen; auch die Biographie, die aktuellen Lebensumstände, die psychische Verfassung der PatientInnen sind als krankmachende oder gesundheitsförderliche Bedingungen für die ärztliche Intervention von Bedeutung. Außerdem spielt aus soziopsychosomatischer Sicht bei der Definition von Krankheit das eigene Empfinden der PatientInnen eine entscheidende Rolle, was gegen eine nur ÄrztInnen zugesprochene Definitionsmacht spricht. Um der Position der PatientInnen Raum zu geben, ist eine dialogisch gestaltete Arzt-Patient-Beziehung erforderlich im Unterschied zu einer hierarchischen Beziehung, die zwangsläufig entsteht, wenn ausschließlich ÄrztInnen Definitionsleistungen erbringen.

Das vorliegende empirische Material gibt Aufschluß darüber, welchen normativen Erwartungen die befragten ÄrztInnen in ihren metaphorischen Konzepten und in den von ihnen berichteten Praxisformen folgen. Es deutet sich an, daß sowohl unterschiedliche Krankheits-/Gesundheitsverständnisse als auch unterschiedliche Vorstellungen über die Funktion der Medizin unter ÄrztInnen im Umlauf sind und daß diese nicht einfach nur nebeneinander existieren, sondern in Konkurrenz zueinander stehen.

2.3.3 Aktuelle gesundheitspolitische Maßnahmen

Eine Reihe der befragten ÄrztInnen beziehen ihre Praxis auf das in der aktuellen gesundheitspolitischen Diskussion relevant gewordene Thema Kostendämpfung. Wurde Ende der 60er Jahre unter einer Reform des Gesundheitswesens noch verstanden, die medizinischen Leistungen auszuweiten, so verkehrte sich diese Diskussion Mitte der 70er Jahre in ihr Gegenteil. Die entstandene Kostenexplosion führte zu der Forderung nach Rationalierung und Wirtschaftlichkeit der medizinischen Versorgung (vgl. Labisch 1992, S. 7). Mit dem Gesundheitsreformgesetz (1989) und dem Gesundheitsstrukturgesetz (1993) sollte diesem Erfordernis Rechnung getragen werden. Die gesetzlichen Regelungen greifen explizit in die ärztliche Praxis ein und bilden somit eine weitere Schicht der gesellschaftlich-strukturellen Arena, innerhalb der sich diese Praxis bewegt.

Das Kernstück der Rationalisierung ist das im Gesundheitsstrukturgesetz vorgesehene und für die alten Bundesländer erstmals 1993 und für die neuen Bundesländer 1994 festgelegte Ausgabenbudget für Arznei-, Verband- und Heilmittelausgaben (vgl. Bundesminister für Gesundheit 1995, S. 26). Maßgeblich für die Fortentwicklung des Budgets ist die vom Bundesminister für Gesundheit (BMG) prognostizierte Entwicklung der beitragspflichtigen Einnahmen der Mitglieder aller Krankenkassen. Reformziel ist, wie es in einer Bilanz des BMG heißt, eine »Harmonie von Ausgaben und Einnahmen« (1995, S. 3) zu erreichen. Es verpflichtet ÄrztInnen auf eine Ausgabendisziplin, die u. a. darin besteht, auf wirkstoffgleiche, aber kostengünstigere Arzneimittel umzusteigen und auf therapeutisch umstrittene Arzneimittel zu verzichten. Als Orientierungshilfe hat der Bundesausschuß der Ärzte und Krankenkassen mit Wirkung vom 31. 12. 1993 »Richtlinien über eine ausreichende, zweckmäßige und wirtschaftliche Versorgung der Versicherten« beschlossen (vgl. 1995, S. 32).

Die in diese Untersuchung einbezogenen Interviews enthalten Hinweise darauf, daß die Ausgabenkürzung in der Praxis Probleme aufwerfen kann. Als Beispiel sei eine Ärztin erwähnt, die durch die verlangte Ausgabendisziplin ihre Beziehung zu den PatientInnen gefährdet sieht. Sie bedient sich einer Metaphorik, die ihre Praxis als Kampfsituation charakterisiert (*Man läßt sich nicht an den Wagen fahren, läßt sich nicht die Butter vom Brot nehmen*, Dr. Wagner). Diese Situation resultiert in ihren Augen aus dem erlebten Widerspruch zwischen hohen Patientenansprüchen und dem geforderten Sparverhalten in Verbindung mit dem Risiko, daß sie unzufriedene PatientInnen an KollegInnen verliert. Alle, von der Ärztin genannten Aspekte sind von allgemeiner Relevanz; Labisch spricht von einer »grenzenlosen Erwartungshaltung gegenüber der Medizin« (Labisch 1992, S. 280). »Medizin und Ärzte werden«, so Labisch, »von den Erwartungen überrollt, die ihnen zwar zugeschrieben wurden, die sie aber auch über Jahrzehnte hin geweckt haben.« (Ebd.) Mit dem Verlust der PatientInnen bei Nichterfüllung seiner/ihrer Wünsche muß gerade der Allgemeinarzt, praktische Arzt und Internist in der niedergelassenen Arztpraxis rechnen, ist diese doch häufig als Hausarztpraxis konzipiert und damit eine Wahlpraxis im Unterschied zur Facharztpraxis (vgl. Freidson 1979, S. 255). Die Wahlmöglichkeiten haben sich zudem seit 1993 erweitert, da es durch eine Niederlassungsbeschränkung 1993 zu einem schwunghaften Anstieg von Neuzulassungen gekommen war. Betrug die jährliche Neuzulassungsrate bis 1993 jährlich 2.670, so ist die Zahl von Niederlassungen von 1993 auf 1994 um ca. 12.000 auf 109.000 gestiegen (vgl. BMG 1995, S. 10 f.).

Die beschriebenen widersprüchlichen Interessen erhöhen für

ÄrztInnen das Risiko, bei der Ausübung ihrer Praxis in Konflikte zu geraten, bei deren Lösung sie, um ihre eigene Existenz zu sichern, weder die eine noch die andere Interessenseite vernachlässigen dürfen. Erforderlich sind Kompetenzen, die wirtschaftliches Denken, Fachwissen und Empathie so miteinander verbinden, daß sich die Interessengegensätze vermitteln lassen.

Die gesellschaftlich-strukturellen Bedingungen zeigen sich, um nun abzuschließen, in den Interviews in unterschiedlichen Aspekten und mit unterschiedlichem Gewicht. Sie erhalten ihre spezifische Ausprägung durch die Verknüpfung mit den in der familialen und professionellen Sozialisation entstandenen metaphorischen Codes der einzelnen ÄrztInnen.

II. Deuten und Verstehen:
Bemerkungen zur Forschungsmethode

Forschen heißt, Fragen zu stellen. Ich frage in dieser Studie nach dem Wesen ärztlicher Praxis, womit mein Interesse auf einen bedeutungs-vollen Prozeß gerichtet ist. Ich will verstehen. Worte und Bilder weisen mir in dieser Studie den Weg zu den Bedeutungen. Sie gilt es zu deuten. Verstehen durch deuten lautet die Formel, an der sich mein methodisches Programm orientiert. Ich werde im folgenden die erkenntnistheoretischen Grundlagen meines methodischen Ansatzes erläutern, um anschließend die Durchführung der Untersuchung im Kontext der Implikationen von Grounded Theory und Metaphernanalyse darzulegen. Abschließend diskutiere ich den Sinn und Zweck, die Möglichkeiten und Grenzen von Praxisforschung, zu der ich mit dieser Untersuchung einen Beitrag leisten möchte.

1. Erkenntnistheoretische Grundlagen

1.1 Schildkröte unter Schildkröte

Es gibt eine indische Geschichte, die Clifford Geertz erzählt (vgl. Geertz 1983, S. 41). Einem Engländer wurde gesagt, die Welt stehe auf einem Podest, das auf dem Rücken eines Elefanten stehe, der selbst auf dem Rücken einer Schildkröte stehe. Der Engländer will wissen, worauf denn diese Schildkröte stehe. Auf einer anderen Schildkröte. Und die andere Schildkröte? »Oh Sahib«, wird ihm geantwortet, »dann kommen nur noch Schildkröten, immer weiter hinunter.«
Was sich auf der Oberfläche präsentiert, so ist der Geschichte zu entnehmen, ist nie schon alles; es liegt etwas darunter. Die Geschichte kann als Parabel gelesen werden für die notwendige Unterscheidung zwischen Ausdruck und Bedeutung (vgl. Taylor 1975, S. 154 ff.). Worte, Handlungen, materielle Manifestationen sind sinnlich wahrnehmbarer Ausdruck tieferliegender, ineinander verschlungener Bedeutungsschichten. Ihr Sinn speist sich aus die-

sen Bedeutungsschichten, die freilich, auch das besagt die Geschichte, in ihrer Zahl unendlich sind. So kann man niemals einen letzten Grund erreichen. Die Untersuchung sozialer Wirklichkeit muß daher notwendig unvollständig bleiben (vgl. Geertz 1983, 41 f.).

Auf die Diskrepanz zwischen Ausdruck und Bedeutung stieß ich indirekt in einer vorausgegangenen Untersuchung, in der ForscherInnen aus dem Bereich der Künstlichen Intelligenz (KI) von ihren Schwierigkeiten sprachen, den Prozeß ärztlicher Diagnosefindung in sog. Expertensysteme zu übertragen. Die ForscherInnen hatten ÄrztInnen gebeten, ihre Entscheidungsmuster zu beschreiben. Doch die erhaltenen expliziten Informationen gaben aus der Sicht der KI-ForscherInnen den Entscheidungsprozeß nur unzureichend wieder. Ein solches Unterfangen muß unbefriedigend bleiben, solange der Unterschied zwischen Ausdruck und Bedeutung ignoriert wird und die expliziten Aussagen nicht auf die in ihnen enthaltenen Bedeutungsschichten untersucht werden. Ob jedoch die Freilegung von Bedeutungen für ForscherInnen auf dem Gebiet der Künstlichen Intelligenz befriedigender wäre, muß bezweifelt werden. Bedeutungen sind komplexe, von latenten, widersprüchlichen und schwer voneinander trennbaren Sinngehalten durchzogene Gebilde, die sich gegen eine Transformation in eindeutige rechenbare technische Daten sperren.

Die Unzufriedenheit meiner InterviewpartnerInnen gab den Anstoß zu dieser Studie. Ihr konnte ich entnehmen, worauf es mir ankommen mußte, nämlich auf die Erfassung und das Verstehen von Zusammenhängen, über die Worte Auskunft geben, ohne daß sie mit diesen identisch wären. Worte sind Zeichen für etwas. Sie müssen entziffert werden, um zu diesem Etwas vorzudringen. Entzifferung verweist auf Deutungsarbeit. Deutung ist korrelativ zu Sinn, Sinn braucht das Verstehen (vgl. Schütz 1981, S. 149).

Eine Handlung ist sinnvoll, wenn zwischen den Handlungen des Handelnden und der Bedeutung, die diese haben, eine Kohärenz besteht. Kohärenz impliziert nicht, daß die Handlungen rational sein müssen in der Weise, daß sie keine Widersprüche enthalten dürfen. Auch widersprüchliches irrationales Handeln ist sinnvoll, wenn wir verstehen, warum es unternommen wurde.

Aus dem bisher Gesagten lassen sich drei Kriterien ableiten, die der Gegenstand einer wissenschaftlichen Interpretation erfüllen muß:

1. Er muß Bedeutung haben.
2. Diese muß von ihrem Ausdruck unterscheidbar sein.
3. Die Bedeutung muß für ein Subjekt bestehen (vgl. Taylor, S. 168).

Die Deutungsarbeit in dieser Studie bezog sich auf zwei Arten von Texten, die Auskunft geben sollten über ärztliche Praktiken: das qualitative Interview und die Visualisierung. Es wurden thematisch strukturierte Interviews durchgeführt. Zu den Interviewthemen zählten: Kindheit und Familie, Berufsmotive und beruflicher Werdegang, Krankheits- und Gesundheitsverständnis, Arbeitsorganisation und Zeitplanung sowie ein von den InterviewpartnerInnen ausgewählter Fall, anhand dessen im einzelnen der Weg zur Diagnose, zur therapeutischen Entscheidung sowie die Durchführung der Therapie dargestellt wurde. Die Fragen zu bestimmten Themen, nämlich zur familialen und beruflichen Biographie sowie zur Fallgeschichte, versuchte ich so zu formulieren, daß sie dazu anregten, das Thema narrativ zu behandeln. Die Narration ist durch ihren beschreibenden Charakter den Ereignissen, auf die sie sich bezieht, näher als der Kommentar oder die Stellungnahme, die auf einer höheren Reflexionsebene angesiedelt sind. Die Beschreibung sorgt in Verbindung mit den in der Erzählung enthaltenen Geschichten für eine Komplexität der Texte, die eine Voraussetzung der Möglichkeit ist, verschiedenartige implizite und explizite Bedeutungsstrukturen zu identifizieren.

Mein besonderes Interesse galt dem Fallbeispiel; die Schilderung ärztlicher Praxis in einem bestimmten Fall kann detaillierter und präziser ausfallen, als eine allgemeine Schilderung, die eine Zusammenfassung mehrerer Fälle darstellt, bei der notwendig Details wegfallen. Auf die Details kam es mir an, weil sie Besonderheiten von Handlungsmustern sichtbar machen, die es erlauben, Handlungstypen zu konstruieren (s. auch Mechler 1995).

Das Interview wurde als nicht-standardisierte Befragung durchgeführt. Es hatte eine offene Verlaufsform, um zu verhindern, daß der/die InterviewpartnerIn »in die Falle wohlgeordneten Voranschreitens« (Hacker 1992, S. 36) gelockt wird, wie Winfried Hacker es ausdrückt. Die von mir vorbereitete und in jedem Interview sinngemäß gestellte Eingangsfrage lautete: »Ich interessiere mich für Ihre alltägliche Praxis als Arzt/Ärztin. Ich würde gerne wissen, wie Sie herauszufinden versuchen, was einem Patienten fehlt und welche Behandlung er braucht. Außerdem interessiert mich bei

Ihrer Lebensgeschichte u. a. die Frage, wie es kam, daß Sie Arzt/ Ärztin geworden sind. Wie wollen Sie anfangen?« Ich ließ offen, welchem Thema sich meine InterviewpartnerInnen zuerst zuwenden wollten und in welcher Reihenfolge sie die Themen behandeln wollten. Wie ich wiederholt in empirischen Untersuchungen festgestellt habe, werden am Anfang von den InterviewpartnerInnen die entscheidenden Dinge gesagt, wenn sie selbst bestimmen können, was sie sagen. Die Bestimmung der Reihenfolge gibt den InterviewpartnerInnen Gelegenheit, Prioritäten zu setzen und eigene Relevanzgesichtspunkte deutlich zu machen. Beides steht in Verbindung zu diesem Etwas, das in den Texten seinen Ausdruck findet. Von Bedeutung ist auch, wenn die ÄrztInnen bestimmte Aspekte ihrer Praxis besonders betonen oder wenn sie auf bestimmte Aspekte, die in anderen Interviews häufig thematisiert werden, nicht zu sprechen kommen. Es ist nichts zufällig, was in einem Interview gesagt oder nicht gesagt wird. Zu achten ist auch auf nonverbale Mitteilungen, die die verbalen verstärken, relativieren oder in Frage stellen können. Mit dem Ziel, die Interviewsituation möglichst vollständig zu erfassen, ergänzte ich die Tonbandaufzeichnungen durch Notizen in einem Forschungstagebuch. Ich hielt darin fest, wo und unter welchen Umständen das Interview stattgefunden hatte, wie sich die Begegnung zwischen den ÄrztInnen und mir gestaltet hatte, ob es zu Störungen gekommen war. Darüber hinaus enthalten die Notizen im Sinne der noch zu beschreibenden Memos spontane Deutungsideen und Hinweise auf mögliche Bezüge zu theoretischen Konzepten.

Kontrastierende Daten zu den im Interview gewonnenen Informationen liefern die von den ÄrztInnen angefertigten Visualisierungen. Die ÄrztInnen waren von mir gebeten worden, zwei Bilder zu zeichnen. Eines der Bilder sollte in bezug auf den berichteten Fall den ärztlichen Erkenntnis- und Handlungsweg darstellen. Das zweite Bild, ein Körperbild, sollte eine Anwort geben auf die Frage: »Was von mir ist beteiligt, wenn ich herauszufinden versuche, was einem Patienten fehlt?« Das Herstellen von Bildern wurde von mir als kontrastierende Methode gewählt, weil sie ein vom Interview unterschiedenes, nicht-verbales Medium ist, das ergänzende, differenzierende und widersprechende Gesichtspunkte zutage fördern kann. Kontrastierende Verfahren dienen insofern der Überprüfung der Gültigkeit von Interpretationen, als die durch sie erhobenen Daten systematisch danach untersucht werden, ob sie diese Interpretationen widerlegen oder relativieren (vgl. Hildenbrand 1984, S. 43 ff.).

1.2 Aufgaben eines verstehend-deutenden Forschungsansatzes

Die hermeneutische Wissenschaft hat es mit einer Vielfalt komplexer, übereinandergelagerter und ineinander verwobener Vorstellungsstrukturen zu tun, die fremdartig, ungeordnet und verborgen sind (vgl. Geertz 1983, S. 15). Sie ist bestrebt, den tieferen Zusammenhang eines Textes ans Licht zu bringen. Die von ihr gelieferten Interpretationen wollen einen klareren Ausdruck dessen bieten, was im Explicandum zum Beispiel in der verbalen Aussage eines Interviewpartners nur implizit enthalten ist. Zu diesem Zweck entwickelt sie ein analytisches Begriffssystem, das geeignet ist, die typischen Eigenschaften der Bedeutungsstrukturen herauszustellen (vgl. 1983, S. 39). Wie aber vollzieht sich das Deuten und Verstehen? Wie kommt man zu analytischen Begriffen? Ich will zunächst nur allgemein auf diese Frage eingehen, um sie an späterer Stelle anhand meines konkreten Vorgehens bei der Auswertung der Texte noch einmal aufzugreifen. Die Dinge haben ihre Bedeutung innerhalb eines semantischen Feldes, das heißt in der Beziehung zu den Bedeutungen anderer Dinge. Es gibt kein einzelnes, außerhalb eines Bedeutungsgefüges stehendes sinnvolles Element. Die Bedeutung eines Wortes ist abhängig von der Bedeutung anderer Wörter, die es variiert oder zu denen es einen Gegensatz bildet. Ein Wort wie Scham läßt sich nur unter Bezug auf andere Begriffe deuten, die wiederum in ihrem Bezug auf Scham zu deuten sind. Um Bedeutungen zu verstehen, reicht es nicht aus, die Wörter einer Sprache zu kennen. Man muß vertraut sein mit den kommunikativen Praktiken eines Kulturraums; muß Erfahrung darin haben, wie die Menschen eines Kulturraums es anstellen, wenn sie einander tadeln, demütigen, loben, bewundern, welche Worte sie dafür verwenden. Dies verweist auf Verstehensbarrieren bei der Untersuchung fremder Kulturen. Zur Überwindung dieser Barrieren empfiehlt Taylor, sich in die fremde Lebensart hineinzuversetzen (vgl. Taylor 1975, S. 167). Ich denke, es ist darüber hinaus nötig, sich zumindest eine Zeitlang in der andersartigen Kultur niederzulassen, um die kommunikativen Praktiken am eigenen Leib zu erfahren.

Die Deutung eines Textes konstituiert sich über die Lesarten seiner Teilausdrücke, die sich wiederum aus der Lesart des Ganzen verstehen lassen. Die Bewegung des Verstehens verläuft vom Teil zum Ganzen und vom Ganzen zum Teil. Dies bezeichnet den hermeneutischen Zirkel (vgl. Gadamer 1960, S. 275). Aber wie wissen wir, daß unsere Lesart die richtige ist? Nach Gadamer kann ein Text nicht beliebig verstanden werden. Wenn wir an dem vorbeihören, was uns der Text sagt, werden wir am Ende das Mißverstandene nicht in unseren Verstehenshorizont einordnen können (vgl. 1960, S. 283). Eine gelungene Lesart liegt vor, wenn sie uns einen Text verständlich macht; wenn sie das, was an ihm befremdlich, verwirrend, widersprüchlich ist, klärt. Was aber, wenn jemand unsere Lesart nicht akzeptiert? Wir können versuchen zu zeigen, weshalb sie den vorliegenden Text verständlich macht. Doch um uns darin zu folgen, muß der andere den ursprünglichen Ausdruck so lesen wie wir. Wir können weiter anhand anderer im Text vorkommender Ausdrücke uns bemühen zu zeigen, warum dieser eine Ausdruck so gelesen werden muß. Doch letztlich sind wir auf ein gemeinsames Verständnis einer Sprache angewiesen und das betrifft nicht nur die Wörter, sondern auch die mit ihnen verbundenen Erfahrungen.

Lesarten können nach Alfred Schütz auf den subjektiven oder objektiven Sinn eines Textes abzielen. Unter subjektivem Sinn versteht Schütz den von einem Subjekt gemeinten, also intentionalen Sinn; er ist an das Bewußtsein des Handelnden gekoppelt (vgl. Schütz 1981, S. 186 f.). Der objektive Sinn ist der dem(r) AkteurIn nicht bewußte Sinn, ja, er existiert nach Schütz von diesem(r) losgelöst und unabhängig (vgl. 1981, S. 190). Der strikten Unterscheidung zwischen bewußtem und nicht-bewußtem Sinn kann ich angesichts der vorliegenden empirischen Daten nicht folgen. Die in den Texten gefundenen Metaphern sind auf einer Ebene angesiedelt, die sich nicht eindeutig als bewußt oder unbewußt charakterisieren läßt. Sie haben einen Zwischenstatus, der in der hermeneutischen Literatur bislang nicht beschrieben ist. Sie sind irgendwie bewußt und doch nicht bewußt. Die ÄrztInnen benutzen zum Beschreiben ihrer Praxis ausdrücklich metaphorische Begriffe, sie sprechen zum Beispiel davon, daß sie eine Schiene freilegen, daß sie der Patientin einen roten Faden bringen oder Blockierungen wegräumen, aber es gibt keine Anzeichen dafür, daß sie sich der in ihren Äußerungen steckenden Implikationen (vgl. Straub/Sichler 1989, S. 229) bewußt sind. Und das bedeutet wiederum, daß sie sich über die handlungsorganisierende Kraft der Metaphern nicht im klaren sind. So beschreiben sie zwar explizit, daß sie dieser oder jener Untersuchungsmethode den Vorzug geben, sie sehen ihre Denk- und Handlungsakte aber nicht in einem Zusammenhang, der sich aus den Implikationen eines metaphorischen Konzepts erklärt. Der im Metaphernansatz existierende Begriff der schlafenden Metapher kommt dem geschilderten Zwischenstatus nahe, stellt nach meiner Ansicht nach aber zu sehr auf das Nicht-Bewußte ab.[1] Ich nehme an, meine InterviewpartnerInnen werden aufgrund der nicht durchschauten Wirksamkeit von Metaphern über meine Interpretation erstaunt sein; manche werden sie möglicherweise sogar ablehnen (s. auch Schmitt 1995, S. 112).

Metaphern integrieren intentionale, latent bewußte, implizite, nicht bewußte und unbewußte Elemente im psychoanalytischen Sinn. Meine Deutungsarbeit zielt nicht darauf ab, den Bewußtheitsgrad der identifizierten Metapher explizit zu bestimmen. Es erscheint mir fraglich, ob dies aufgrund der schillernden Existenz von Metaphern überhaupt möglich wäre. Auch kann im Rahmen dieser Untersuchung nicht geklärt werden, inwieweit einzelne Metaphern aus einem Unbewußten resultieren, das in Verbindung mit unbewältigten psychischen Konflikten steht. Zwar habe ich versucht, die Genese der Metaphern unter Einbeziehung biographischer Erfahrungen nachzuzeichnen, ohne diese jedoch auf ihren tiefenpsychologischen Gehalt hin zu untersuchen.

Die aus den Texten sich herausschälenden metaphorischen Konzepte sind, ob sie den ÄrztInnen bewußt sind oder nicht, Produkte ihrer kognitiv-emotionalen Verarbeitung von Erfahrung und somit ein Bestandteil ihrer Subjektivität. Das heißt aber nicht, daß die ÄrztInnen ausschließlich und endgültig auf ein metaphorisches Muster festgelegt sind. Stets zeigen sich neben der von mir so genannten Schlüsselmetapher Elemente aus anderen metaphorischen Konzepten, die auf ein Veränderungspotential verweisen, das unter dem Einfluß neuer Erfahrungen mobilisiert werden kann.

1 Ich schlage vor, nicht von schlafenden, sondern von »schlummernden« Metaphern zu sprechen.

Die metaphorischen Konzepte repräsentieren verschiedene Möglichkeiten, wie sich ÄrztInnen in ihrem Aufgabenfeld zurechtfinden. Ich konfrontiere mit diesen Möglichkeiten in der Absicht zu zeigen, welche Aufmerksamkeiten sie befördern, welche Erkenntnishorizonte sich durch sie eröffnen bzw. welchen Erkenntnisbarrieren sie Vorschub leisten. Meine Interpretationen entwickeln sich entlang von Fallgeschichten. Die Geschichten sollen den LeserInnen Gelegenheit geben, sich in die eine oder andere Rolle hineinzudenken, um auf diese Weise besonders intensiv mit den Erfahrungen der AkteurInnen in Berührung zu kommen.

1.3 Der/die ForscherIn

> ... only intuition, resting on sym-
> phathetic understanding, can lead
> to (these laws), ...
> the daily effort comes from no de-
> liberate intention or program but
> straight from the heart.
>
> Albert Einstein

Als Forscherin bin ich ein Teil des Forschungsprozesses, ein nicht auszuschaltender, ein unverzichtbarer und ein problematischer Teil. Aus meiner Neugier, meinen Motiven, meinem Vorwissen speisen sich der Erkenntnisdrang, die Forschungsideen, die Bereitschaft, sich auf die Mühen eines langen Forschungsprozesses einzulassen. Ich bin auf meine kommunikativen Fähigkeiten angewiesen bei der Herstellung einer tragfähigen Beziehung zu den gewünschen InterviewpartnerInnen, um sie für meine Forschungsidee zu begeistern und sie zu veranlassen, über ihre Erfahrungen zu sprechen. Entscheidend für die Chancen einer erfolgreichen Beziehung ist bereits, wie der Kontakt zu den Untersuchungsbeteiligten aufgenommen wird. Im Falle dieser Untersuchung erwies es sich als erfolgreich, den Kontakt zu den ÄrztInnen über eine vermittelnde Institution oder Person herzustellen. Dies waren zunächst Sozialstationen und im weiteren Verlauf der Untersuchung ÄrztInnen, die mich an ihre Kolleginnen weiterempfahlen. Die Empfehlung eröffnete mir einen in den Augen der ÄrztInnen seriösen Zutritt. Im Interesse einer gelingenden Beziehung orientierte ich mich bei der Durchführung der Interviews an den Prinzipien der Themenzentrierten Interaktion (TZI), ein von der Psychoanalytikerin Ruth Cohn entwickeltes Konzept zur Bearbeitung bestimmter Themen in Gruppen (vgl. Cohn 1980). Jede soziale Interaktion hat nach Cohn drei Eckpunkte, nämlich das Thema, das Ich und das Wir, die es in eine schwingende Balance zu bringen gilt. Das Ich der Forschenden darf nicht verborgen bleiben, aber auch das Ich der InterviewpartnerInnen muß Raum bekommen. Interventionen sind so zu gestalten, daß das Gegenüber Gelegenheit hat, seine Individualität zum Ausdruck zu bringen. Die den/die ForscherIn interessierenden Themen müssen konkret genug sein, um Bilder und Gedanken zu stimulieren, aber nicht so scharf umgrenzt, daß sie neue Perspektiven ausschließen. Nachfragen dürfen nicht in die Enge treiben. Störungen in der Kommunikation zwischen ForscherIn und Forschungssubjekt sollen nicht ignoriert, sondern angesprochen werden.

Der Verstehensprozeß findet seine Fortsetzung bei der Auswertung der Texte, wobei wiederum das subjektive Potential der Interpretierenden gefordert ist, das sich aus fachwissenschaftlichen und empathischen Kompetenzen sowie aus verarbeiteter Lebenserfahrung speisen sollte. Alfred Lorenzer fordert ein empathisches Sich-Einlassen auf den Text, was für ihn heißt, der fremden Lebensunmittelbarkeit mit der eigenen zu begegnen: »Sie (die ForscherInnen) müssen ihre eigene Lebenserfahrung einsetzen, um die Spuren fremder Lebensentwürfe dechiffrieren zu können...« (Lorenzer 1986, S. 62) Die eigenen Lebenserfahrungen der ForscherInnen sind nötig als Vorannahmen über das Erlebnis des anderen und zwar so lange, bis sich durch systematischen Vergleich das Besondere des anderen Lebensentwurfs herausschält. Bis hierher ist wissenschaftliche Hermeneutik vergleichbar mit alltagspraktischem Verstehen. Hermeneutisches Erkennen führt an dem Punkt über das Alltagspraktische hinaus, wo die der eigenen Lebenserfahrung entnommenen Annahmen über einen Text im Lichte der Theorie systematisiert werden. Dem Sich-Einlassen auf die Selbstdarstellung des Gegenübers korrespondiert die Verpflichtung »das Verstehen systematisch-theoretisch zu fundieren, ohne das ›zu Verstehende‹ unters Joch der Theoreme zu beugen« (1986, S. 63). Der Verstehensprozeß steht auf zwei Beinen: auf der empathischen Anteilnahme einerseits und auf der Ausrichtung der erfahrungsgestützten Annahmen an wissenschaftlicher Theorie andrerseits. Er schöpft somit aus zwei Wissensquellen; insbesondere das durch Lebenserfahrung gewonnene Wissen enthält innovative Schubkraft: Die Zweigliedrigkeit des Verstehens darf nicht zugunsten einer sofortigen Subsumtion des empirischen Materials und der vorhandenen Theoreme vernachlässigt werden, denn dann, so Lorenzer, »hört das Verstehen auf und es erlischt die Erkenntnis« (ebd.).

So unverzichtbar die Objektivität der Forschenden für den Forschungsprozeß ist, sie kann auch zum Hindernis werden. Die Vermittlung zwischen dem Erleben der Forschenden und dem Erleben der Beforschten gelingt nur unzureichend, wenn sich die Erlebniswelten zu sehr voneinander unterscheiden. Es braucht ein gewisses Maß an Vertrautheit mit der fremden Lebenswelt, um auf der Basis eigener Erfahrungen zu dem Neuen und Fremden eine den Text auschließende Brücke schlagen zu können. Ansonsten kann es passieren, daß die an den Text angelegten Vorannahmen die Sprache des Textes nicht treffen. Hans Gadamer schreibt: »Es sind die undurchschauten Vorurteile, deren Herrschaft uns gegen die in der Überlieferung sprechende Sache taub macht.« (Gadamer 1960, S. 253) Vorurteile sind um so hartnäckiger, wenn sie sich aus unbewußten Motiven speisen. Dem Unbewußten verpflichtet, dient die Deutungsarbeit nicht der Entschlüsselung des anderen Lebensentwurfs, sondern der Rationalisierung und Verdrängung eigener Wünsche: Die wissenschaftliche Tätigkeit tritt an die Stelle einer nicht geleisteten Auseinandersetzung mit ungelösten psychischen Konflikten (vgl. Volmerg 1988, S. 133).

Diesen Risiken kann begegnet werden. Es kommt nach Gadamer darauf an, sich der eigenen Voreingenommenheit inne zu sein, damit der Text die Möglichkeit hat, »seine sachliche Wahrheit gegen die eigene Vormeinung auszuspielen« (Gadamer 1960, S. 254). Er empfiehlt zu diesem Zweck, auf den Anstoß zu achten, den wir an einem Text nehmen, sei es, daß er für den Interpretierenden keinen Sinn ergibt oder sein Sinn mit dessen Erwartung unvereinbar ist. Über den Anstoß, den wir an etwas nehmen, eröffnet sich die Chance, den eigenen Vorurteilen auf die Spur zu kommen. Ähnlich äußerte sich die Biologin Barbara McClintock, die Entdeckerin der springenden Gene. Sie beschrieb es als ihr erkentnisleitendes Prinzip, dem Sperrigen im Material besondere Beachtung zu schenken: »Wenn das Material Dir sagt, ›es kann so sein‹, dann laß es zu, leg es nicht beiseite und nenne es nicht Ausnahme, Abweichung, Verunreinigung ... Wenn etwas nicht paßt, dann gibt es einen Grund dafür, und Du mußt herausfinden, was es ist.« (zit. n. Fox Keller 1986, S. 173) McClintock gelangen durch die Orientierung an diesem Prinzip bahnbrechende Erkenntnisse im Bereich der genetischen Forschung. Sie entdeckte, daß genetische Elemente in scheinbar koordinierter Weise von einer Stelle auf den Chromosomen zu einer anderen springen können, kurz gesagt, sie entdeckte die genetische Transposition.

Eine andere Möglichkeit, in reflexive Distanz zu den Vormeinungen zu treten, bietet die Forschungssupervision. Ich habe im Verlauf dieser Studie wiederholt eine Supervision in Anspruch genommen. Gegenstand der Supervision waren erlebte Schwierigkeiten bei der Aufnahme des Kontakts mit den InterviewpartnerInnen, unbefriedigende kommunikative Situationen im Verlauf des Interviews, von mir gefühlte Verunsicherung in der Begegnung mit ÄrztInnen sowie komplexe vieldeutige Interviewpassagen. Begleitend zum Forschungsprozeß führte ich ein Forschungstagebuch, in dem ich neben theoretischen Überlegungen Beobachtungen notierte, die meine Rolle als Forscherin betrafen. Auch dadurch war ich gezwungen, mein Verhalten fortlaufend einer kritischen Reflexion zu unterziehen. Schließlich diente auch die Anwendung kontrastierender Verfahren als Korrektiv. Durch sie gewonnene widersprüchliche Aussagen über den Forschungsgegenstand sind auf ihre Gültigkeit hin zu überprüfen, wobei Erkenntnisbarrieren auf ForscherInnenseite zutage treten können.

2. Grounded Theory und Metaphernanalyse

Im folgenden möchte ich den Schwerpunkt meiner Ausführungen zum verstehend-deutenden Forschungsansatz von der erkenntnistheoretischen Ebene auf die Ebene der Durchführung der Deutungs- und Verstehensarbeit verlagern. Handlungsleitend für die Interpretationsarbeit in dieser Studie waren die Implikationen und Verfahrensregeln zweier methodischer Konzepte: die der Grounded Theory und die der Metaphernanalyse.

2.1 Gegenstandsverankerte Theoriebildung

Die Grounded Theory ist ein von Anselm Strauss und Barney Glaser in den 60er Jahren an der Universität Chicago entwickelter Forschungsstil. Ihr Ziel ist nicht, im Unterschied zu den Zielen des nomothetischen Forschungsparadigmas, mit Hilfe empirischer Daten eine Theorie zu überprüfen, vielmehr soll die Theorie aus den Daten heraus entdeckt werden (vgl. Strauss 1995, S. 10). Zur Entstehung der Grounded Theory trugen zwei Denkrichtungen bei. Zum einen ist sie beeinflußt vom amerikanischen Pragmatismus (wie er insbesondere von John Dewey, George H. Mead und Charles S. Peirce vertreten wird), der seine Aufmerksamkeit auf das menschliche Handeln und auf Problemlösungsprozesse richtete. Zum anderen knüpft sie an der Tradition der Chicagoer Schule der Soziologie an, die der Feldbeobachtung und dem intensiven Interview einen hohen Stellenwert bei der Datenerhebung gab (vgl. Strauss 1991, S. 30).

Theorie muß, so die methodologische Forderung der Grounded Theory, in enger Verbindung mit den Daten entwickelt werden. Sie erschließt sich induktiv aus der systematischen Analyse der Daten, die sich auf das zu untersuchende Phänomen beziehen. Ihre Leistung soll darin bestehen, durch Aufdeckung von Sinnstrukturen und impliziten Regeln Verhaltensmuster zu erklären, die für Alltagshandelnde relevant und problematisch sind (vgl. 1991, S. 64). Dieser Anspruch fügt sich in das für diese Studie formulierte Erkenntnisinteresse an ärztlichen Denk- und Handlungsformen.

Die Interpretationsarbeit im Stile der Grounded Theory beginnt mit einem offenen Codieren. Man analysiert Zeile für Zeile oder Abschnitt für Abschnitt, indem man an den Text Fragen stellt wie: Was ist das Grundproblem, mit dem die AkteurInnen konfrontiert sind? Um was geht es in dem Satz oder Abschnitt? Was ist die Geschichte? Es gilt für die Hauptidee oder das Hauptproblem eines Satzes oder Abschnittes Kategorien zu finden, die als Code dienen. Strauss unterscheidet zwischen theoretisch konstruierten Codes und natürlichen Codes, die der Terminologie des Forschungsfeldes entnommen sind (vgl. 1991, S. 94 f.). Im weiteren Verlauf der Textanalyse wird sowohl die Relevanz einer Kategorie geprüft, als auch auf Aspekte geachtet, die die inhaltliche Aussage der Kategorie erweitern oder vertiefen können. Sobald keine weiteren Aspekte mehr auftauchen, gilt die Kategorie als gesättigt. Gleichzeitig wird nach neuen Kategorien Ausschau gehalten. Begleitend zur mikroskopischen Analyse werden Memos angefertigt. Memos enthalten theoretische Gedanken, die während des Codierens spontan entstehen. In den Memos kann über mögliche Beziehungen zwischen den gefundenen Kategorien reflektiert werden. Memos dienen dazu, verschiedenste Erkenntnisse im Verlauf des Codierens zu bündeln und zu integrieren mit dem Ziel, eine oder mehrere Schlüsselkategorien zu konstruieren, um die herum eine Theorie entwickelt werden kann. Eine Schlüsselkategorie zeichnet sich durch folgende Charakteristika aus:

1. Sie muß zentral sein, das heißt einen Bezug haben zu möglichst vielen anderen Kategorien.
2. Sie muß im Datenmaterial häufig vorkommen.
3. Sie muß in ihrer vorrangigen Stellung gegenüber anderen Kategorien immer wieder bestätigt werden.
4. Sie erlaubt, die maximale Variation eines Phänomens zu erfassen (vgl. 1991, S. 66 f.).

Sobald die Details einer Schlüsselkategorie ausgearbeitet sind, entwickelt sich die Theorie merklich weiter.

Das offene Codieren einiger Interviews dieser Untersuchung führte zunächst zu formalen Kategorien. Die Äußerungen der ÄrztInnen über ihre Praxis ließen sich in Kategorien zusammenfassen wie der erste Blick, Handlungsrhythmus, Gewichtung krankheitsrelevanter Daten, Selbstdefinition, Krankheitsverständnis, Beziehungsmanagement. Ich identifizierte Zusammenhänge zwischen den Kategorien, doch es gelang mir nicht, auf der Basis dieser Kategorien Handlungstypen zu konstruieren. Es mangelte an einer verbindenden Idee, wie sie Schlüsselkategorien liefern können, die ich noch nicht gefunden hatte. Ich mußte zu tieferliegenden Bedeutungsstrukturen vordringen, anders gesagt, zu der eigentlichen Geschichte, die die Worte der ÄrztInnen erzählten. Ich gestaltete die Analyse noch feinmaschiger und dabei machte ich eine Entdeckung. Die Äußerungen der einzelnen ÄrztInnen zentrierten sich um jeweils ein Thema. Aus diesem Thema heraus erklärte sich ihr Denken und Tun. Dieses Thema hatte, so wurde für mich erkennbar, eine handlungsorganisierende Funktion. Ich stieß zunächst in zwei Interviews auf solche Themen. Die Durchsicht der auf weitere Interviews bezogenen Codierungsergebnisse bestärkte mich in der Annahme, daß auch in diesen Interviews handlungsgenerierende Themen stecken. Zugleich bahnte sich eine weitere Erkenntnis an, nämlich die, daß diese Themen die Gestalt metaphorischer Konzepte hatten. Die Identifizierung der Themen bzw. Bilder speiste sich aus meinem, durch lebenspraktische Erfahrung erworbenen Wissen über die Bedeutung von Wörtern in einem bestimmten Kulturkreis. Die Möglichkeit, diese erfahrungsbasierten Annahmen an theoretischen Konzepten auszurichten, wie es Alfred Lorenzer fordert, ergab sich auf einer Psychologietagung, bei der ich auf den Metaphernansatz stieß. Die Begegnung mit diesem Ansatz brachte mich zu der Überzeugung, daß ich die Prinzipien der Grounded Theory mit den Möglichkeiten der Metaphernanalyse verbinden mußte. Die Grounded Theory ist für eine Methodenkombination offen (vgl. Strauss 1995, S. 72).

2.2 Auf der Suche nach praxisrelevanten Metaphern

Die Durchführung einer Metaphernanalyse ist möglich (vgl. Wiedemann 1986, S. 154 ff.; Schmitt 1995, S. 111 f.):
- wenn es sich bei dem Gegenstand der Analyse um einen eingegrenzten Erfahrungsbereich handelt,
- wenn die Fragestellung nicht zu eng ist,
- wenn verschiedene Personen den Gegenstand der Analyse unterschiedlich konzeptualisieren können,
- wenn der Gegenstand metaphorisch konzeptualisiert wird, was nicht heißt, daß metaphorische Formulierungen benutzt werden müssen,
- wenn es eine Differenz zwischen Ausdruck und Bedeutung gibt und letztere für ein oder mehrere Subjekte existiert (vgl. Taylor 1975, S. 156).

Gegenstand und Fragestellung dieser Untersuchung sowie das vorliegende empirische Material erfüllen diese Kriterien.

Ich begann die Metaphernanalyse, indem ich sämtliche, in einem Interview enthaltenen metaphorischen Äußerungen vom Gesamttext isolierte und in Metaphernlisten zusammenstellte (vgl. Schmitt 1997, S. 28 f.). Erneut versuchte ich im Sinne der Grounded Theory simultan dazu Codes zu finden, diesmal allerdings metaphorische Codes, die die einzelnen metaphorischen Elemente integrierten. Sobald eine integrative Metapher erkennbar wurde, konstruierte ich einen Prototyp, das heißt ich arbeitete – wobei ich auf meine lebenspraktische Erfahrung angewiesen war – die Implikationen der Metapher heraus, um diese im weiteren Verlauf der Textanalyse zu überprüfen (vgl. Buchholz 1993 c, S. 67). Ich will das an einem Beispiel verdeutlichen. Ein von mir identifizierter Code zur Kennzeichnung einer spezifischen Praxisform lautete: Sorge um die Abgestürzten. Als Implikationen dieses Codes hielt ich fest: Sorge heißt sich kümmern, für den anderen da sein; Sorge verlangt hohes fachliches und emotionales Engagement. Wer sich um Abgestürzte sorgt, ist aufgefordert, diese zu retten und muß sich fragen, sind sie noch zu retten, sind Lebenszeichen da, wollen sie gerettet werden. Wer gerettet werden will, muß bei seiner Rettung mitmachen und seinem Retter dankbar sein. Der Rettungsakt kann auch für den Retter riskant sein. Diese Implikationen mußten sich, sollte der Metapher eine gestaltende Kraft zuerkannt werden, in den sprachlichen Äußerungen wiederfinden. Eine Metapher ist um so relevanter, je mehr Äußerungen sich auf sie beziehen lassen bzw. sich aus ihr erklären. Der Überprüfungsvorgang, der ein Deutungsvorgang ist, bewegt sich in einem hermeneutischen Zirkel von der einzelnen sprachlichen Äußerung zur rekonstruierten Metapher und umgekehrt (vgl. Schmitt 1995, S. 135). Die Bedeutungen der Einzelelemente konstituieren und präzisieren den Bedeutungsgehalt der integrativen Metapher. Nicht integrierbare metaphorische Elemente können ein Hinweis darauf sein, daß die Metapher verändert werden muß oder daß eine weitere Metapher vorliegt, die gleich-, vor- oder nachrangig zur ersten Metapher stehen kann. In den von mir analysierten Interviews schob sich stets eine bestimmte Metapher in den Vordergrund, deren Implikationen in die verschiedenen ärztlichen Praxisbereiche hineinreichten. Diese Metapher hatte den Charakter eines Schlüssels zu der je spezifischen Praxisform. Ich habe sie daher – unter Anspielung auf den von Strauss benutzten Terminus Schlüsselkategorie – Schlüsselmetapher genannt. Trotz ihrer Unterschiedlichkeit verbinden einzelne Schlüsselmetaphern bestimmte Motive, was mir erlaubte, Gruppierungen vorzunehmen. Es ließen sich acht Metapherntypen voneinander unterscheiden: die Retter- und Heilermetapher, die Strukturmetapher, die Prozeßmetapher, die Beziehungsmetapher, die Gleichgewichtsmetapher, die Teile-Ganzes-Metapher, die Kontrollmetapher, die Entdeckermetapher.

Ich möchte nicht versäumen zu erwähnen, daß in jedem Interview metaphorische Elemente vorkamen, die auf andere, von der Schlüsselmetapher abweichende, manchmal entgegengesetzte metaphorische Konzepte verwiesen, die jedoch in der von den ÄrztInnen beschriebenen Praxis relativ peripher bleiben, gleichwohl aber Veränderungsmöglichkeiten anzeigen. Die ermittelten Schlüsselmetaphern wurden kontrastiert mit den von den ÄrztInnen gezeichneten Bildern. In einigen Fällen trat die im Interview nur peripher verbalisierte Metapher in der Visualisierung stärker hervor, so zum Beispiel bei einem Arzt, der seine Praxis als eine sich auf den Patienten einlassende dynamische Praxis beschrieb, in der Visualisierung dieser Praxis aber stärker ein systematisiertes-standardisiertes Vorgehen betonte, was mich sensibler machte für den Konflikt, in dem er stand und für den sich bereits im Interview Belege finden ließen, deren Sinngehalt im Zusammenhang mit den Zeichnungen deutlicher hervortrat.

Die Metaphernanalyse schloß das Schreiben von Memos ein, in denen ich theoretische Überlegungen festhielt, weiterentwickelte, differenzierte oder wieder verwarf. Im fortgeschrittenen Stadium der Metaphernanalyse ging ich dazu über, integrative Diagramme zu erstellen. Integrative Diagramme sind Darstellungsinstrumente aus dem Repertoire der Grounded Theory, die darüber informieren, wie weit die Deutungsarbeit gediehen ist, ob die einzelnen Memos zu Memobündeln zusammengefaßt werden können, ob sich dadurch eine Struktur für die Darstellung der Befunde ergibt oder ob Erkenntnislücken existieren (vgl. Strauss 1991, S. 239). An dieser Stelle konnte ich auf die in der ersten Phase der Deutungsarbeit gewonnenen formalen Kategorien wie der erste Blick, Diagnosefindungungsprozeß, Selbstdefinition, Beziehungsmanagement rekurrieren. Indem ich diese Kategorien untereinander und zu den Metaphern in Beziehung setzte, schälte sich eine Gliederung heraus, entlang der ich meine Untersuchungsbefunde anordnen konnte.

Die den LeserInnen präsentierte Darstellung des Bedeutungsgehalts praxisrelevanter Metaphern verlangt eine Übersetzungsleistung. Es ist eine Sprache zu finden, die den tieferen Sinn einer Metaphorik ans Licht bringt. Doch dies kann prinzipiell nie vollständig gelingen: zum einen, weil eine Bedeutung nicht ganz genau dieselbe bleibt, wenn sie in einem anderen begrifflichen Medium ausgedrückt wird (vgl. Taylor 1975, S. 154), und zum anderen, weil

Metaphern aus einem diffusen Komplex von impliziten Vorstellungen, Ansichten, Werten und Affekten bestehen. Stets bleibt nach Straub/Sichler ein »metaphorischer Überschuß« (Straub/Sichler 1989, S. 228), der sich nicht restlos aufklären läßt. Im Wissen um diese Einschränkungen lasse ich meine InterviewpartnerInnen häufig selbst zu Wort kommen. Die wörtliche Rede hat nicht die Funktion bloßer Illustration. Sie dient vielmehr dazu, den LeserInnen Bedeutungsfacetten zu erhalten, die sich einer expliziten Benennung entziehen.

3. Über den Sinn von Praxisforschung

Die Studie ist als ein Beitrag zur Praxisforschung konzipiert. Worin begründet sich die Möglichkeit und Notwendigkeit von Praxisforschung? Ausgangspunkt für eine Antwort ist die Differenz zwischen Theorie und Praxis. Diese ist nicht hierarchisch zu denken, was gleichwohl häufig geschieht, so zum Beispiel wenn davon die Rede ist, praktische Schritte müßten von der Theorie abgeleitet werden oder Theorie sei in Praxis umzusetzen, so »als sei Praxis eine leere Lagerhalle ohne eigene Binnenstruktur« (Schmitt 1997, S. 4). Ulrich Beck und Wolfgang Bonß beschreiben die Differenz zwischen Theorie und Praxis als qualitative Differenz (vgl. Beck/Bonß 1989, S. 9), die sich auf folgende Kurzformel bringen läßt: Theorie stellt auf das Allgemeingültige ab, Praxis auf das Besondere. Theorie kann insofern nicht umstandslos auf praktische Handlungsprobleme angewendet werden. Die Verwendung von Theorie ist nicht als deren Anwendung vorzustellen, sondern »als ein Prozeß des induktiven Umgangs mit handlungsentlastet produzierten Deutungsangeboten« (Beck/Bonß 1989, S. 27).
Es geht in diesem Prozeß darum, theoretisches Wissen mit lebensgeschichtlichen, erfahrungsbasierten Wissensbeständen zu verschmelzen zu dem, was ich als wissendes Können bezeichnet habe. Verwendung ist als Verwandlung zu denken, durch die sich Praxis konstituiert. Praxis als Verwandlungsprozeß imaginiert gibt einen eigenen Gegenstand der Erkenntnis ab. Deshalb ist Praxisforschung möglich und sie ist nötig, weil wir wenig über die Konstitution von Praxis wissen. Wir wissen nicht, warum PraktikerInnen in spezifischen Handlungssituationen auf das

oder jenes achten, woraus sich ihre Erkenntnisleistungen schöpfen, unter welchen Bedingungen sich ihr Handeln so oder so formt, wie es zu Fehleinschätzungen kommt oder umgekehrt, wie Expertise entsteht. An diesem Wissensdefizit knüpft die Studie an. Was möchte und was kann sie leisten? Wird sie etwas darüber aussagen, welches die bessere oder schlechtere ärztliche Praxis ist? Was könnte ein Kriterium für ein Besser oder Schlechter sein? Die Heilung eines(r) Patient(in)? Doch was ist unter Heilung zu verstehen? Sind PatientInnen geheilt, wenn die Symptome verschwinden? Oder geht es um die Beseitigung von Ursachen? Und wenn es um Ursachen geht, sind psychosoziale und/oder organische Ursachen gemeint? Die ÄrztInnen äußern sich unterschiedlich zu diesen Fragen. Es herrscht nicht einmal Einigkeit darüber, daß die Beseitigung von Krankheit das primäre ärztliche Ziel sein muß. Einer der Ärzte sieht sein vorrangiges Ziel darin, auf PatientInnenseite Entwicklung zu ermöglichen, was für ihn nicht notwendig mit dem Verschwinden einer Krankheit einhergeht.

In den verschiedenen Vorstellungen der ÄrztInnen über eine erfolgreiche ärztliche Praxis spiegelt sich das Spektrum der in unserer Gesellschaft verbreiteten Auffassungen von Krankheit und vom Umgang mit Krankheit wider. Es gibt kein allgemein geteiltes Kriterium einer wünschenswerten Krankheitsbearbeitung. Die von mir durchgeführte Evaluation ärztlicher Praxisformen setzt daher anders an. Auf der Basis der grundlegenden Erkenntnis dieser Studie, daß Metaphern als Erzeugungsgrundlage von Praxis wirken, arbeite ich heraus, wie sich Praxis unter der Regie von Metaphern formt und dabei kann sichtbar gemacht werden, welche Aspekte einer Person und ihrer Krankheit bzw. Gesundheit unter dem Einfluß bestimmter Metaphern ins Blickfeld geraten und welche nicht, wie diese Aspekte im Kontext metaphorischer Modelle gewichtet werden, wie diese Modelle die Suche nach Erkenntnissen strukturieren und die Auswahl von Untersuchungsmethoden mitbestimmen, wie sich in der Orientierung an diesen Modellen therapeutische Strategien und Ziele formieren. Anstatt eine Bewertung vorzugeben, ist den LeserInnen Gelegenheit geboten, an die präsentierten Praxisformen ihre eigenen Maßstäbe anzulegen und die jeweilige Praxis aus der Perspektive dieser Maßstäbe zu bewerten. Dasselbe findet in der alltäglichen Begegnung zwischen Arzt und PatientIn statt. Die PatientInnen agieren in bezug auf ihre Krankheit und Gesundheit ebenso wie die

ÄrztInnen auf der Basis metaphorischer Konzepte. Erfolgreiche Krankheitsbearbeitung hängt davon ab, ob die ärztliche Metaphorik und die des(r) jeweiligen Patienten(in) aufeinander abgestimmt werden können. Dies verweist einmal mehr auf die prinzipielle Unmöglichkeit, objektive, von individuellen Sichtweisen abgehobene Kriterien für die Bewertung von Praxis zu finden.

Über die anwendungsbezogenen Erkenntnisse hinaus liefert die Studie grundlagentheoretisches Wissen, das nicht nur die ärztliche Praxis betrifft. Dieser Erkenntnisgewinn verdankt sich der mikroskopischen Fallanalyse. Je dichter und tiefenschärfer die wissenschaftliche Beschreibung eines Falles und je intensiver der Vergleich mit anderen Fällen durchgeführt wird, desto deutlicher kann sich das Generelle vom Individuellen abheben. Darauf verwies bereits Johann Wolfgang Goethe, als er im Jahre 1787 schrieb: »(...) man erhebt sich ja eher zum Allgemeinen, wenn man die Gegenstände genauer und schärfer betrachtet.« (Goethe 1974, S. 173) Die Fallanalysen erbrachten grundlagentheoretische Erkenntnisse in bezug auf die Funktion von Erfahrung und Intuition für die Bearbeitung praktischer Probleme, in bezug auf die Bedeutung empathischer Nähe und sinnlicher Sensibilität als Erkenntnisbedingung sowie in bezug auf mögliche Rhythmen der Problembearbeitung. Mittels dieser Erkenntnisse lassen sich Handlungsbarrieren, Fehler, Konflikte, aber auch Erfolge erklären. Sie sagen etwas aus über grundlegende Strukturen menschlichen Handelns. Die Aussagen treffen sich mit neueren Ergebnissen aus anderen Untersuchungen, die sich teilweise auf die Arbeit mit Menschen (vgl. Böhle/Brater/Maurus 1996), teilweise auf die Arbeit an und mit Maschinen (vgl. Böhle 1997; Schachtner 1993) beziehen. Dieser neuere Wissensfundus provoziert die Auseinandersetzung mit dem traditionellen, in den Arbeitswissenschaften nach wie vor dominierenden Handlungsbegriff. Die AkteurInnen sind diesem Handlungsbegriff zufolge ausschließlich als denkende Wesen vorzustellen; das formal-logische Denken wird als die höchste Form rationaler Leistungen betrachtet (vgl. Piaget 1983, S. 39; Böhle/Schulze 1997, S. 2). Das diesem Handlungsmodell verpflichtete Arbeitshandeln zeichnet sich durch eine Beziehung zur Umwelt aus, die sich als affekt-neutral, sachlich-distanziert und strategisch beschreiben läßt (vgl. 1997). Die vorliegende Untersuchung kann zeigen, daß ärztliches Handeln in diesem Handlungsbegriff nicht aufgeht, daß die Bearbeitung von Krankheit zusätzliche und oft gegenteilige Bezüge, Orientierungen und Kompetenzen erfordert. Mit diesem Wissensangebot liefert sie Hinweise für die Aus- und Fortbildung von ÄrztInnen sowie Argumente in der Auseinandersetzung um die Frage, inwieweit ärztliche Entscheidungsprozesse in technische Systeme transformierbar sind und schließlich auch Argumente für die Debatte um die Rationalisierung ärztlicher Praxis mit dem Ziel der Kostendämpfung.

Diese Untersuchung dokumentiert, zusammenfassend gesagt, verschiedene Antworten, die verschiedene ÄrztInnen mit verschiedenen Biographien und Erfahrungen auf die an sie gestellten Anforderungen bei der Bearbeitung von Krankheit gefunden haben; sie nimmt diese Antworten auf in das jedermann zugängliche Archiv menschlicher Äußerungen. Die Antworten haben nicht den Status endgültiger Gewißheiten, sind menschliche AkteurInnen doch lebendige Systeme und daher prinzipiell offen für Veränderung. Dieser Möglichkeit korrespondiert die Intention, durch die Kontrastierung verschiedener Praxisformen dazu anzuregen, neu über ärztliche Praxis nachzudenken, festgefrorene Kompromisse zu erkennen und eingefahrene Routinen aufzuweichen. Ich verstehe die Studie als ein Angebot an Ideen und Perspektiven, die situationsspezifisch umgearbeitet und verwandelt, zur Verflüssigung erstarrter Praxisstrukturen beitragen können.

III. Schlüsselmetaphern:
Die empirischen Befunde im Überblick

Worin besteht meine Praxis als Arzt/Ärztin? Auf was achte ich besonders? Worauf kommt es mir an? Die befragten ÄrztInnen umkreisen in den Interviews ihre Praxis mit Stellungnahmen, Wünschen, Geschichten und bebildern sie im Zuge dieses sprachlichen Umkreisens. Sie bedienen sich hierfür verschiedenartiger metaphorischer Elemente, doch stets schiebt sich eine Metapher in den Vordergrund, die ich Schlüsselmetapher nenne.

Ehe ich die Wirksamkeit der Schlüsselmetaphern in ausgewählten Ausschnitten ärztlicher Praxis untersuche, will ich das Panorama der ermittelten Schlüsselmetaphern vorstellen. Die Auswertung des empirischen Materials ergab acht Metapherngruppen. Die Zuordnung der Metaphern zu diesen Gruppen spiegelt keine trennscharfen, sondern lediglich tendenzielle Differenzen wider. Mit einem Überblick an dieser Stelle soll ein Materialfundus präsentiert werden, auf den ich bei der Darstellung von Einzelaspekten ärztlicher Praxis zurückgreife. Die LeserInnen können sich anhand von Beispielen aus den einzelnen Metapherngruppen einen ersten Eindruck von der Vielfalt handlungsorganisierender ärztlicher Metaphern verschaffen.

1. Retter- und Heilermetapher

1.1 Das Übel fernhalten und/oder beseitigen

... daß ich nach den Wunden da bei denen suche
Am liebsten mag ich diesen Punkt in meiner Arbeit, erklärt die Ärztin Dr. Färber. Sie meint den wunden Punkt, die *wirkliche Störung*, die zu einer Krankheit geführt hat. Eine Wunde kann entstehen, wenn man angegriffen wird und sich nicht wehren konnte. Krankheit signalisiert der Ärztin *diese enorme Abwehrschwäche*. Sie versucht die Aufmerksamkeit ihrer PatientInnen auf mögliche, auf sie gerichtete Angriffe zu lenken; solche können nach ihrer Ansicht von einem Partner ausgehen, der *saugt* oder von

Familienumständen, gegen die sich die PatientInnen nicht abgrenzen können. Gegen Angriffe gilt es sich zu verteidigen. Ärztliche Praxis beinhaltet für die Ärztin, den PatientInnen zu helfen, ein *Abwehrsystem* aufzubauen. Sie sieht ihre Aufgabe darin, wie sie am Beispiel einer Patientin verdeutlicht, *ihr einen Punkt zu bringen, an dem sie festmachen kann und dann 'ne Art roten Faden, an dem sie das aufdröselt.* Der wunde Punkt erscheint in dieser Formulierung als Rettungsanker und der rote Faden, den die Ärztin anbietet, könnte das Synonym für ein Rettungsseil sein. Die PatientInnen können sich darauf verlassen, daß sie ihnen beisteht, *bis die Abwehrlage wirklich gut ist.* Wer andere vor Angriffen zu schützen sucht, handelt wie eine Mutter; die Ärztin sieht sich als *mütterliche Freundin* und wer einen Rettungsanker wirft, ist ein(e) Lebensretter(in). Die Ärztin vergleicht sich mit einem *wounded healer.*

Die Metaphorik des Heilens fokussiert auf das Ziel ärztlicher Praxis. Sie stellt vor diesem Hintergrund ab auf Eingreifen, Verändern, auf Benennung und Beseitigung des Übels.

Die Bahnen ins Fließen bringen und dann eben auch diese Blockierungen lösen

Die Ärztin Dr. Flusser sucht in ihrer Praxis primär nach *Blockaden und Verhärtungen* im Körper der PatientInnen, die sie als Ursache für Erkrankungen annimmt. Blockaden versperren; es kann nichts durch, alles staut sich. Der Ärztin kommt es darauf an, zu diesen Blockaden Zugang zu finden, was bereits ihre erste Interaktion mit einem(r) Patient(in)en prägt: *Wenn ich jemanden anlache und es kommt ein Lachen zurück, ist von vornherein ein gelösterer Kontakt.* Sie ist überzeugt, *Ich kann nix testen, wenn der Patient verspannt,* also eine weitere Blockade errichtet.

Blockaden wollen weggeräumt werden. Das beschreibt das zentrale Anliegen der Ärztin. Da sich die Blockaden aber im Körperinneren befinden, nach außen also nicht sichtbar sind, müssen sie zuerst gefunden werden. Im Fall einer Patientin hat sie die *Blockierungen/Verklebungen* im *Unterbauch, im Blasenbereich* gefunden. Sie stellt fest: *Ihre Muskulatur im Beckenboden ist völlig starr.* Blockaden, das legt ihr gegenständlicher Charakter nahe, können und müssen, wenn man sie entfernen will, angefaßt werden. *Also man arbeitet nur mit seinen Händen, mit sonst nix,* erklärt die Ärztin und fährt fort *und ich erfahr auch eigentlich meine Patien-*

ten am besten durchs Anfassen. Ihre Praxis als Ärztin besteht darin, *die Bahnen ins Fließen zu bringen*, und diese Blockierungen oder Verklebungen zu lösen.

Ich erfahre meine Patienten am besten durchs Anfassen

Auch in dieser Variation der Heilermetapher geht es vorrangig um das Ziel ärztlicher Praxis. Wieder steht das Machen im Mittelpunkt ärztlichen Handelns und zwar in Form von Aufmachen, Anfassen, Hand-Arbeit, Lösen, Wegräumen, Ins-Fließen-Bringen.

1.2 Herausholen aus der Gefahrenzone

So diese Sorge um die Abgestürzten ...

Um die Abgestürzten (...), um die wollte ich immer irgendwo kämpfen, beschreibt die Ärztin Dr. Berg ihr Berufsmotiv. Ihre Arztpraxis liegt in einem Stadtviertel, in dem sich sozial benachteiligte Bevölkerungsschichten konzentrieren.

Abgestürzte gilt es zu retten. Die Frage ist, ob sie noch zu retten sind. Eine Patientin, deren Behandlung sie ausführlich beschreibt, kam *so richtig leidend schon vom Gesichtsausdruck* und mit *schleppendem Gang, schleppender Stimme* – eben wie eine Abgestürzte – in die erste Sprechstunde. Doch die Ärztin spürte, daß da *irgendwas Fiedriges und irgendwas Strahlendes ist* – sie zeichnete die Patientin als Hahn mit schwarzen und wenigen roten Federn – und das signalisierte ihr die Chance einer Rettung. *Vielleicht kann ich an irgendwas anknüpfen*, überlegte sie, *da sind noch so Töne, die man zum Schwingen bringen kann.*

Die Abgestürzten müssen von dem gefährlichen Ort, an dem sie sich befinden, weggeholt werden. Aus der Sicht der Ärztin befand sich die Patientin in einem *depressiven Sumpf*, in dem sie nicht *mit ihr rumsteigen* wollte; sie überlegte vielmehr, wie sie *rauszuholen* ist. Ihre Behandlung stellte nach ergebnislos verlaufenen Laboruntersuchungen und Röntgenaufnahmen primär auf dieses Rausholen ab, genauer, sie versuchte die Patientin zu motivieren, sich selbst rauszuholen. Das Rausholen schildert die Ärztin als eine generelle Strategie ihrer Praxis mit den Worten, *daß ich einfach schau, was kann ich noch mobilisieren, daß die irgendwas Schönes machen (...), daß sie mal zum Tanzen gehen oder was weiß ich, Schwimmen.*

Geht es beim Motiv des Heilens mehr um das Beseitigen oder Fernhalten des Übels, so verlangt das Retten das Weg- und Herausholen, wobei in dem gerade vorgestellten Beispiel die Mit- und Selbsthilfe als unverzichtbarer Beitrag gewertet wird. Zur ärztlichen Praxis zählt neben dem Rausholen das Kämpfen, das Töne-zum-Schwingen-Bringen und das Mobilisieren.

Im Vorfeld können wir die erste Feuerwehr sein

Der Einsatz der Feuerwehr signalisiert, daß ein Brand ausgebrochen ist. Ein Brand hat einen Brandherd. Der Arzt Dr. Stoffer, der sich als Feuerwehr betrachtet, identifiziert als Brandherd in seinem Arbeitsfeld meistens *irgendeine irrationale oder rationale Angst*. Rückblickend auf die von ihm behandelten PatientInnen am Tag des Interviews, sagt er: *60% sind Angstmenschen*. Wie ein Feuer bedroht die Angst Leib und Leben. *Die Angst treibt die Leute hierher*, bemerkt er. Die Praxis charakterisiert der Arzt als das schützende und rettende Gelände, *fast uterushaft ist es hier immer in dieser Praxis*, oder mit anderen Worten: *Das (die Praxis, d. V.) ist wie eine Kugel, da ist er auch beschützt*. Wie sieht die Rettung aus? Der Arzt zeichnet sich im Körperbild als eine *Milchkuh* mit einem *ganz dicken Bauch*, einem *dicken Euter*, denn *da muß was rauskommen aus dem Bauch*. Wie bereits mit dem Bild des Feuerwehrschlauchs wird auch mit dem Bild der Milchkuh eine Flüssigkeit als rettendes Element eingeführt. Das Wasser, das aus dem Feuerwehrschlauch kommt, kann den Brand löschen; die Milch, die die Kuh liefert, kann ernähren.

Die Rettung der vom Feuer Bedrohten wird als ein mühsamer Prozeß geschildert: *Es ist ein zähes Ringen drum; vielleicht schaffen wir es miteinander*. Damit kein neuer Brand ausbricht, muß der Arzt wie eine Feuerwehr manchmal Tag und Nacht bereitstehen. *Ich mach dann auch schon mal außerordentliche Dinge, daß ich auch mal jemand am Wochenende (...), mit jemand rausfahr aufs Land*, um nicht zu riskieren, daß *was passiert*. Für solche Einsätze hat die Milchkuh einen langen Rücken. Auf diesem Rücken ist, wie der Arzt erklärt, *viel aufgeladen, trägt er aber gern*.

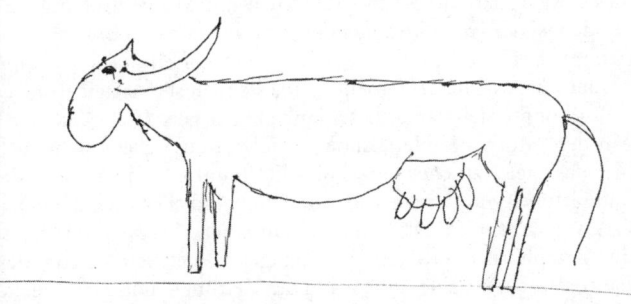

Die Milchkuh mit dickem Euter und langem Rücken

Ärztliche Praxis ist in dieser Variation der Rettungsmetapher ebenfalls als ein Herausholen der Gefährdeten aus der Gefahrenzone konzipiert. Im Unterschied zu Dr. Berg betont der Arzt darüber hinaus mit dem Bild der Milchkuh das anschließende »Aufpäppeln« der Geretteten.

Also wie der Arzt die Weichen stellt ...

Ärztliche Praxis bedeutet für den Arzt, Dr. Licht, Weichen zu stellen. Einer, der Weichen stellt, legt fest, wohin sich ein anderer bewegen kann, er manipuliert. Mit dem *Manipulieren von Menschen* befaßte sich der Arzt schon als 14jähriger, er interessierte sich für Werbung, entschied sich beruflich aber dann für einen Bereich, *wo ich sozusagen auch helfend eingreifen kann.* Es geht für ihn in seiner täglichen Arbeit wesentlich darum, etwas zu tun, zu machen, zu verändern, zu bewegen: Man kann *Patienten sozusagen nicht so allein im Regen stehen (...) lassen, also nur so rein-raus hilft denen nicht.* (Hinzuweisen ist auf den Gebrauch der Raummetapher an dieser und auch an anderen Stellen im Interview, die aber der Heiler- und Rettermetapher untergeordnet ist.) Mit welchem Ziel er in die Situation der PatientInnen eingreift, veranschaulicht er mit einer graphischen Darstellung seiner Tätigkeit, die er folgendermaßen kommentiert: *Hier sitzt der Arzt und der zieht (...), daß er (der Patient, d. V.) aus der Situation herauskommt, aus dieser etwas dunklen (...), einschließenden, wo er halt gesagt bekommt, (...) du bist krank.* Auf die Frage, was den Patienten draußen erwarte, antwortet der Arzt: *Licht. (...) Ich kann hier noch 'ne Sonne hinmalen.* Der Arzt verhilft zu Licht und Sonne. Doch dieser weiß, daß der Rettungsakt auch mit Machtausübung verbunden ist, *daß der Gurt, den der Arzt da oben (um die Brust des Patienten, d. V.) rumlegt, daß der schon mal eng werden kann.* Lieber wäre es ihm, der Patient würde sich selbst rausziehen und er selbst könnte sich darauf beschränken zu sagen: *Hier gehts raus.* Mit dem Motiv des Herausholens und Herausziehens steht auch hier das Ziel ärztlicher Praxis im Mittelpunkt. Es dient dazu, die PatientInnen von einem zumindest unheimlichen, weil dunklen Ort, wegzubringen. Die benutzte Raummetapher steht im Dienst der Metaphorik des Rettens. Als einziger thematisiert der Arzt den Faktor Macht als eine Dimension der Rettungs- und Heilermetapher.

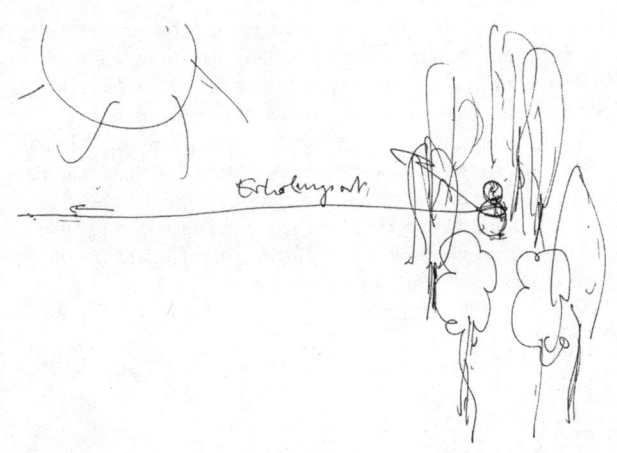

Vom Dunklen ins Licht – wie der Arzt die Weichen stellt

2. Strukturmetapher

2.1 Die Ablehnung von Struktur

Ich arbeite auch nicht sehr strukturiert und sehr schematisch

Struktur ist das Thema, auf das die Ärztin Dr. Kurz im Verlauf des Interviews immer wieder zu sprechen kommt. Unter strukturiertem Handeln versteht sie ein schematisches Handeln. Wer nach einem Schema handelt, handelt nach einem im voraus festgelegten Muster, er hält sich an eine fixe Ordnung, orientiert sich an Regeln und Prinzipien, geht systematisch vor. Spontaneität und Impulsivität haben wenig Raum. Schematisches Handeln verhindert Unordnung und Chaos; es verleiht Sicherheit.

Die Ärztin arbeitet aus ihrer Sicht *nicht sehr strukturiert und sehr schematisch*. Dem eigenen Schema verpflichtet, kann man sich dem Gegenüber nur eingeschränkt öffnen. Die Ärztin aber will das Gegenteil: *Ich laß immer so die Leute auf mich einwirken*. Die Ärztin benutzt die Strukturmetapher, um sich von deren Implikationen abzusetzen. Ihre Kritik gilt insbesondere dem dieser

Metapher ihrer Meinung nach anhaftende Moment des Sich-Ab-schließens und Nicht-Öffnen-Könnens, das ihren Wünschen und Zielen nicht nur als Ärztin widerspricht: *Was das Schöne im Leben ausmacht, sind die Dinge, die zwischen Leuten laufen.*

Daß die Ablehnung von Regeln für die Ärztin auch Probleme aufwirft, deutet sich an, wenn sie das Fehlen eines Schemas, das ihr in ihrer Arbeit als Maßstab für richtiges und falsches Handeln dienen könnte, bedauert: *Alles, was man macht, kann man aus mehreren Blickpunkten sehen und (es) wird so relativ. Ja, alles! Auch in meinem Beruf, ständig!*

Die Dinge, die zwischen den Menschen laufen – –
das Geschenk einer Patientin als Vertrauensbeweis
oder Verpflichtung?

Nicht die Implikationen der thematisierten Metapher, sondern deren Gegenteil beeinflussen die Ärztin in ihrer täglichen Praxis. Angesprochen ist das Wie der Behandlung, wobei offen bleibt, ob dieses Wie die Diagnosefindung, die Therapie, die Arzt-Patient-Beziehung oder alles zusammen betrifft. Die Art des praktischen

Handelns wird weniger durch positive Beschreibung als durch Verneinungen (nicht strukturieren, nicht nach Schema vorgehen) bestimmt.

2.2 Strukturorientiertes Handeln

Ich versuche die Symptome zu strukturieren und zu hinterfragen

In seiner täglichen Praxis als Arzt geht es Dr. Bogner wesentlich darum, *Krankheitsbilder zu erfassen*. Seine Aufmerksamkeit gilt der Symptomatik eines Patienten, denn Krankheitsbilder sind für ihn *Kombinationen von Symptomen*, sowie der Aufgabe, *Symptome zu strukturieren und zu hinterfragen*. In diesem Zusammenhang stellen sich dem Arzt folgende Fragen:
Wie grenze ich Symptome ab bzw. ein? (*Der psychosomatische Patient läßt sich nicht so in seinen Beschwerden eingrenzen*)
Wie gewichte ich Symptome? (*Das ist eben wichtig, Symptome richtig zu gewichten*)
Wie kombiniere ich die Symptome? (*Man muß die Symptome zusammenführen*)
Bei der Entwicklung eines Krankheitsbildes bedient sich der Arzt eines standardisierten Fragebogens. Am ausführlichsten äußert sich der Arzt im Interview zur Frage der Gewichtung, denn *Ich kann nicht alle Symptome gleich wichten und zusammensummieren*. Manchmal haben Symptome ein so *starkes Gewicht, daß alles andere zurücktritt*. Manchmal muß er Symptome *auf die Goldwaage* legen, zum Beispiel wenn ein Patient nur kommt, um sich krankschreiben zu lassen. Dr. Bogner konstruiert ein Krankheitsbild, indem er die vom Patienten gewonnenen Daten mit seinem medizinischen, Krankheiten klassifizierenden Fachwissen in Beziehung setzt: *Aus diesen unterschiedlichen Angaben heraus kann ich schon meine Schubladen dann öffnen*. Ärztliche Praxis wird von dem Arzt durch die von ihm verwendeten Begriffe *zusammensummieren, gewichten, auf einen Nenner bringen, Informationen verarbeiten* mit einer Rechenaufgabe verglichen, was er auch selbst so wahrnimmt: *Das ist irgendein Rechenproblem auch*. Die von Dr. Bogner ebenfalls angesprochene Notwendigkeit, sich als Arzt in den Patienten hineinzuversetzen, *Also der (der Arzt, d. V.) muß Empathie haben*, könnte eine kompensa-

torische Metaphorik sein, die die mit dem rechnerischen Verhalten verbundene rationale und distanzierte Haltung ausgleichen soll.

Die Strukturmetapher in dieser Variation kennzeichnet ärztliche Praxis als ein Sortieren, Ordnen und Rechnen. Sie stellt vorrangig auf die Diagnostizierung einer klar benennbaren organischen Erkrankung ab, auf die das Handeln des Arztes beschränkt bleibt. Die ärztliche Praxis ist damit enger angelegt als ein Handeln, das der Retter- und Heilermetapher folgt und sich tendenziell auf die gesamte Existenz der PatientInnen bezieht.

... aber im Kopf muß er das ganze Schema haben

In der von dem Arzt Dr. Flieger vorgenommenen Beschreibung seiner Praxis dominieren die Begriffe Linie, Weg, Richtung, Spielregeln, Schema, Schiene. In den Mittelpunkt wird von ihm ebenfalls der Prozeß der Diagnosefindung gerückt. Ärztliche Kompetenz zeichnet sich für Dr. Flieger dadurch aus, daß sich der Arzt eines *Diagnosebaumes* bedient, das heißt eines hierarchischen, sich verzweigenden Schemas, das ein systematisches, kausal strukturiertes Vorgehen bei der Diagnosefindung vorschreibt: *Wenn man's anständig macht, macht man einige Schritte,* das heißt man bewegt sich im Rahmen der vorgeschriebenen Wege und Linien. *Meistens wird einer (ein Schritt, d. V.) weggelassen,* erklärt der Arzt unvermittelt. Er macht für das Weglassen von Schritten bei der Diagnosefindung Kostengründe verantwortlich und scheint darauf bezogen das Überspringen von standardisierten Schienen zu bedauern, zumal er gleichzeitig davon schwärmt, daß man sich in der Klinik *diagnostisch jeden Luxus leisten konnte.* Andererseits sprechen seine Worte dafür, daß er die Einhaltung standardisierter Wege nicht für sinnvoll hält, bietet doch *die Medizin (...) so wenig harte Daten, daß (...) ich also unheimlich darauf angewiesen bin, eine von mir selber konstruierte Ordnung einzuhalten.* Es ist dies eine erfahrungsgesteuerte Ordnung, die dazu drängt, standardisierte Erkenntniswege zu verkürzen oder sie zu verlassen. Er schildert einen Fall, in dem dieses Ausscheren, sein *diagnostischer Spezialweg,* der Einhaltung des standardisierten Schemas sogar überlegen war. Zugleich aber formuliert er Zweifel an diesem Ausscheren, zum Beispiel wenn er von dem Risiko spricht, durch eine Blickdiagnose *in seine eigenen Fallen* zu tappen. Zum Strukturaspekt kommt in dieser Metaphorik der Bewegungsaspekt. Es geht darum, wie man sich bei der Diagnosefindung auf vorgegebenen Wegen bewegt, sie verläßt, eigene Wege geht. In Bewegung zu bleiben ist dem Arzt ein wichtiges Anliegen. Doch stürzt ihn dieses in einen Konflikt, da das standardisierte Wegesystem und das eigene nicht übereinstimmen und unterschiedlich gesichert sind; das eine durch den in der etablierten Medizin gegebenen Konsens, das andere lediglich durch eigene Erfahrung und Intuition.

Das sind drei oder vier Schienen …

Schienen und Bahnen sind die Begriffe, um die Dr. Ernst die Schilderung seiner Praxis zentriert. Angesprochen sind mit diesen Bildern eindeutige, geradlinig verlaufende, zielorientierte Zusammenhänge. Dr. Ernst bezieht diese Metaphorik sowohl auf Krankheitsbilder als auch auf sein eigenes Handeln. Schon in der ersten Begegnung mit einem Patienten bestimmt ihn das Schienen- und Bahnenmodell: *Das sind drei oder vier Schienen, die der Patient mir bei der Anamnese (…). Es müssen sich immer bei jedem Patienten bestimmte Bahnen eröffnen, gedankliche Bahnen, auf denen man vorwärts kommen will (…).* Im Falle eines Patienten, der ihn wegen diffuser psychophysischer Beschwerden aufsuchte und von dem er wußte, daß er schon einmal einen Hörsturz erlitten hatte, tippte er auf die Schiene Hörsturz, Kreislauf, koronare Herzerkrankung, Herzinfarktrisiko.

Die angenommene Schiene steuert die weitere Anamnese in dem Sinne, *daß man versucht, diesen gedanklichen Gang, den man sich vorstellt (…), mit gezielten Fragen nach Zeichen dieser Krankheit abklopfen, bestätigen oder abhaken, nicht bestätigen.* Sein Denken und Handeln folgt einer Schiene, um *irgendwann zu dem Punkt (zu) kommen, wo ich einen Strich mach' und sag, ›dringender Verdacht auf‹.* Dr. Ernst legt seine Praxis darauf an, Schienen zu erkennen und sie durch eine Gegenschiene zu durchkreuzen. Die Gegenschiene besteht in einem von dem Arzt so genannten *Hirtenbrief*, in dem Gesundheitsrisiken sowie Ratschläge zur Lebensführung benannt sind.

Ärztliche Praxis, am Schienen- und Bahnenmodell orientiert, zeigt sich als eine klar benennbare, zielgerichtete, nach festgelegten Regeln ablaufende Praxis ähnlich den anderen Praxisformen, die ebenfalls als Variationen der Strukturmetapher beschrieben wurden. Im Unterschied jedoch zu Dr. Flieger, der ein partielles Ausscheren aus einem vorgegebenen Schema für denkbar hält, plädiert Dr. Ernst für ein striktes Einhalten standardisierter Regeln. Im Unterschied zu Dr. Bogner, der das Problem der adäquaten Gewichtung krankheitsrelevanter Informationen betont, hebt Dr. Ernst mit seinem Schienenmodell auf längerfristige Zusammenhänge ab. Der Blick für diese Zusammenhänge könnte der längeren Berufserfahrung geschuldet sein, die diesen Blick geschult hat. Gemeinsam ist den drei Variationen der Strukturmetapher, daß Krankheit als eine primär organische Störung aufgefaßt wird.

3. Prozeßmetapher

3.1 Im Zeichen des Anfangens

Ich kann vielleicht reinwachsen

Die Praxis der Ärztin Dr. Reiner steht im Zeichen ihres Wunsches, in diese Praxis hineinzuwachsen. Es geht der Ärztin um das Reinwachsen in die Verantwortung, das Richtige zu tun. Reinwachsen impliziert: Ich bin noch nicht fertig, ich wachse noch, ich bin unsicher, ich darf fragen, ich darf Fehler machen, ich bin verletzlich, ich brauche Unterstützung. Die Metapher paßt zur Situation der Anfängerin, die sie ist. Vor drei Jahren hat sie ihr Medizinstudium abgeschlossen; seit einem Jahr arbeitet sie mit PatientInnen. Dem Bild des Reinwachsen-Wollens entsprechend äußert sie sich zufrieden über die Kooperation mit einem erfahrenen Arzt in einer niedergelassenen Arztpraxis: *Da ist jemand, also ich kann (…) selbständig sein, ich kann alleine arbeiten, es pfuscht mir keiner rein, und ich kann aber auch jederzeit hingehen und fragen.* Der Kollege gewährt ihr die gewünschte Unterstützung, ohne ihr Wachstum zu behindern; vergleichbar mit dem gelegentlichen Gießen und Düngen einer jungen Pflanze.

Auch die Schilderung des von ihr ausgewählten Fallbeispiels aus ihrer Arbeit mit PatientInnen bewegt sich in der Metaphorik des Reinwachsens. Es stammt aus ihrer Praxis als Ärztin im Notdienst, in der sie auf sich alleine gestellt ist. Sie zögerte im Falle einer Patientin, zu der sie in der Nacht gerufen wurde, eine sofortige Diagnose zu stellen, wartete vielmehr ab, las in Fachbüchern nach, besuchte die Frau ein zweites Mal in dieser Nacht und wies sie schließlich in eine Klinik ein. Am nächsten Tag rief sie in der Klinik an, um sich nach dem Untersuchungsbefund zu erkundigen. Als jemand, dessen Kompetenzen sich erst entwickeln, muß sie ihr Handeln überprüfen, und sie braucht sich nicht zu schämen, daß sie die Ursache der gesundheitlichen Störung, einen Weisheitszahn, nicht erkannt hat; sie kann – wie sie es im Interview tut – darüber lachen.

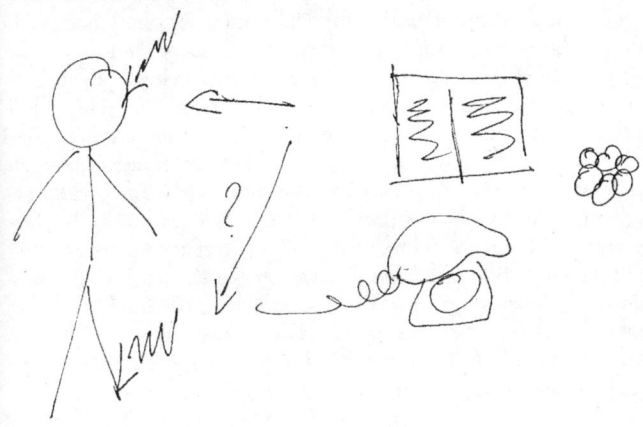

Ich kann vielleicht reinwachsen

Die Metaphorik des Reinwachsens hebt auf den eigenen Entwicklungsprozeß ab. Ihr korrespondiert eine Praxis, die sich durch ein vorsichtiges, tastendes bis zögerndes, abwartendes, beobachtendes, mehrere Möglichkeiten in Betracht ziehendes, selbstreflexives und selbstkritisches Vorgehen auszeichnet.

3.2 Entwicklung fördern

Ich versuch, ihn wieder zurückzuführen

Das Denken und Handeln der Ärztin Dr. Lößl kreist bei der Behandlung ihrer ausschließlich männlichen Patienten um das Thema *Entwicklung*. Ihre Patienten sind obdachlose und häufig alkoholabhängige Männer. Nicht in den einzelnen Symptomen, die diese Patienten in ihre Praxis führen, besteht aus der Sicht der Ärztin deren eigentliche gesundheitliche Störung, sondern in deren abgebrochener Persönlichkeitsentwicklung: Sie haben nicht gelernt, *Verantwortlichkeit (...) für sich zu entwickeln*; sie *konnten die Sensibilität nicht entwickeln, daß sie was wert sind.*

Entsprechend dieser Annahme erschien der Ärztin einer dieser Patienten, dessen Behandlung sie ausführlicher schildert, *wie ein großes Kind, ein großer Junge,* für den sie nur dann eine Chance sah und sieht, *wenn er diesen Willen entwickeln könnte, was aus seinem Leben zu machen.* Noch nicht Entwickeltes muß auseinandergewickelt, muß entfaltet werden; das verlangt Hege und Pflege. Der Patient, so sieht sie es, stellt sich die ärztliche Behandlung als *Bemutterung* vor und *will nichts tun*; sie dagegen möchte *Wege aufzeigen, wie der Patient das (das Entwicklungsdefizit,* d. V.) *beheben kann*; zum Beispiel durch eine Psychotherapie. Sie beschreibt ihre Phantasie zur Arzt-Patient-Beziehung in folgendem Bild: *Ich hab uns zwei so gesehen, ja auf einem Weg und den Patienten ein Stück voraus und mich ein Stück hinterher und ihn so ein bißchen stützend.* Die Entwicklung des anderen verträgt nicht, daß sie zu sehr stützt: *Er muß lernen, selbst fertig zu werden mit seinem Leben.* Die zu leistende Entwicklung wird durch das Bild eines vom Patienten zu gehenden Weges ausgedrückt.

Diese Variation der Prozeßmetapher rückt den therapeutischen Eingriff in den Mittelpunkt. Ärztliche Praxis ist als hinweisende, aufklärende, bewußtseinsfördernde, stützende, Veränderungen in Gang setzende und Entwicklungsdefizite aufholende Praxis konzipiert.

... daß eine Entwicklung möglich wird

Weder die *Minderung des Leides noch die Verlängerung des Lebens* steht für den Arzt Dr. Lebert im Mittelpunkt seiner Arbeit mit PatientInnen, sondern *die Möglichmachung von Entwicklung.* Er hat jedoch im Unterschied zu Dr. Lößl nicht die Vergangenheit der PatientInnen im Auge, sondern deren Gegenwart und Zukunft. Menschen durchlaufen in seinen Augen Lebensstadien und Lebenssituationen, in denen sich ihnen bestimmte Entwicklungsaufgaben stellen; ins ärztliche Arbeitsfeld hinein reichen die Aufgaben

Krankheit und Tod. Für den Arzt bedeutet die Lösung dieser Aufgaben, wie ein Kind laufen zu lernen und dabei in Kauf zu nehmen, *fünf- bis zehnmal auf die Schnauze zu fliegen.* Das Sich-Entwickeln im Hinblick auf Krankheit und Tod heißt für den Arzt – so zeigt der Vergleich mit dem Kind, das laufen lernt – Neues ausprobieren, Kompetenzen erweitern, Rückschläge ertragen, sich verändern, lernen.

Seine Praxis zielt darauf ab, diesen Prozeß zu initiieren und zu unterstützen. Ähnlich wie Dr. Lößl stellt er sich die Frage, wie diese Unterstützung aussehen soll: *Ist es notwendig, den Patienten zu führen? Muß er beschützt werden? Wie weit braucht er (...) quasi eine Hand, an der er sich festhalten kann?* Sein Ziel ist es, die PatientInnen dazu anzuregen, sich mit den aktuell anstehenden Problemen auseinanderzusetzen, wofür er das Arzt-Patient-Gespräch als Forum anbietet.

Mit der Metapher *Entwicklung möglich machen* geht die Praxis von Dr. Lebert genauso wie die der Ärztin Dr. Lößl über die Therapie der organischen Störung weit hinaus. Während die Ärztin diese als Ausdruck eines Mangels in Folge einer abgebrochenen Entwicklung wertet, sieht der Arzt Krankheit und Tod als eine Aufgabe, an der die PatientInnen wachsen können. Sie in diesem Lernprozeß zu unterstützen, zu führen, zu beschützen, an der Hand zu nehmen ist der dabei zu spielende Part des Arztes.

3.3 Entwicklung begleiten

... daß das ein Kreislauf ist, daß das dann der natürliche Gang des Lebens ist

Die Praxis des Arztes Dr. Hofer ist eingebunden in eine Lebensphilosophie, die sich um die Idee vom natürlichen Gang und vom Kreislauf des Lebens zentriert. Aufgewachsen auf einem Bauernhof, haben sich ihm sehr früh *das Werden, Entstehen, Gehen* als selbstverständliche Lebenstatsachen eingeprägt. Wie Pflanzen und Tiere befinden sich aufgrund seiner Erfahrung auch die Menschen auf diesem natürlichen Gang, der sich als Kreislauf zeigt: In den mittleren Jahren ist *eine Aufbauphase* da, in späteren können noch *glückliche Spätherbsttage kommen.* Krankheiten zeigen sich für den Arzt als schicksalhaft auftretende Hindernisse in diesem

Kreislauf. Ärztliche Praxis besteht darin, diese Hindernisse aus dem Weg zu räumen, zum Beispiel durch Empfehlung einer Operation oder dadurch, daß der Arzt Mut macht, *daß er (der Patient, d. V.) es schafft, wieder mobil zu werden*, also auf seinem Lebensweg weiterzugehen. *Eines Tages ist der Endpunkt des menschlichen Lebens da* und nun kommt es in der ärztlichen Praxis darauf an, *den sterbenden Patienten zu begleiten*, das heißt mit dem Patienten Gespräche zu führen, daß er *sagt, ich akzeptiere die Situation*. Das Bild vom natürlichen Gang des Lebens schließt den Tod als absehbare und hinzunehmende Lebenstatsache ein, die sich der Arzt folglich nicht, wenn er den Patienten *richtig behandelt* hat, als *persönliche Niederlage* zurechnen muß.

Weniger als in den beiden bereits vorgestellten Facetten der Prozeßmetapher wird Entwicklung hier als ein vom Subjekt gesteuerter Prozeß begriffen. Entwicklung vollzieht sich vielmehr in Übereinstimmung mit den Gesetzen der Natur. Mit der Anlehnung an die Natur rückt die physische Entwicklung ins Zentrum der Betrachtung. Der ärztlichen Therapie, die dieser Metaphorik folgt, kann es nicht darauf ankommen, neue Weichen zu stellen, vielmehr ist es ihr Ziel, daß die PatientInnen den natürlichen Gang der Dinge akzeptieren.

4. Beziehungsmetapher

4.1 Zwischen Sorge und Bewunderung

Und das Wort ist Fleisch geworden

Die aus einem religiösen Zusammenhang stammende Metapher imaginiert das Fleisch bzw. den Leib als etwas Kostbares und Geheimnisvolles. In diesem Sinne erklärt die Ärztin Dr. Ritter: *Das Fleisch ist es mir wert, angeschaut zu werden.* Kostbar sind für die Ärztin das erlittene Leid ihrer PatientInnen, deren Zartheit und deren Verwundbarkeit, aber auch deren Sehnsucht nach dem Schönen. All dies manifestiert sich nach Ansicht der Ärztin im Leib; doch erschließt es sich nicht dem schnellen Blick, im Gegenteil: Die Ärztin berichtet von einem jungen Patienten, einem Motorradfahrer, der ihr zunächst als *undifferenzierter grober Klotz* begegnet sei. Erst als sie ihn körperlich untersucht habe, konnte sie ein genaueres und anderes Bild gewinnen. Sie habe einerseits bemerkt, daß er *beladen (ist) wie ein Müller, der Säcke schleppt*, weswegen sie *ihn ein bißchen im Auge behalten* müsse und andererseits habe sie *herrliche Tätowierungen* auf Brust und Armen entdeckt, die ihr gesagt haben, *er ist differenzierter.* Motorradfahrer treten nach den Erfahrungen der Ärztin wie die Ritter im Mittelalter *sehr sehr robust* auf und sind *eben oft zartbesaitet*, was sich zum Beispiel darin zeige, daß sie *so ein Stückchen Schönheit an sich selber (...) tätowieren lassen.*

Wenn das Wort Fleisch geworden ist, kann und soll das Fleisch nach Ansicht der Ärztin auch wieder Wort werden. Die körperliche Untersuchung dient dem Zweck, den Leib sprechen zu lassen, um darüber vielleicht auch in ein Gespräch mit den PatientInnen zu kommen. Die Ärztin faßt den Inhalt und den Sinn ihrer Praxis folgendermaßen zusammen: *Er (der Patient, d. V.) ist Fleisch, er ist Leib, er wird älter, er hat Beschwerden, er hat eine Sprache, er hat Eindrücke in seiner Seele und er kann sich äußern bei mir.*

In der Suche nach dem Fleisch gewordenen Wort dominieren das Anschauen, das Anfassen, das Zuhören, die Sorge einerseits und das Staunen und Bewundern andererseits. Mit der von der Ärztin benutzten Metaphorik werden PatientInnen in ihrer Besonderheit und die auf diese Besonderheit eingehende Arzt-Patient-Beziehung in den Mittelpunkt gerückt.

4.2 Nach dem Muster eines Geschäfts

Manchmal ist es ein frustrierendes Geschäft

Die Ärztin Dr. Klar beschreibt ihre Praxis als Betriebsärztin in der Metaphorik eines Geschäfts. Das Bild impliziert, es gibt einen Anbieter, der Ware anbietet und einen Kunden, dem diese angeboten wird. Der Kunde kann kommen und gehen, kaufen oder auch nicht. Um ihn zum Kauf zu animieren, muß die Ware schmackhaft gemacht werden. Die Ärztin sieht sich als Anbieterin von zwei Produktsorten: das eine Produkt heißt *eintreten für den anderen*, das zweite *über Risikofaktoren aufklären*. Eintreten für den anderen kann zum Beispiel beinhalten, eine Begründung anzubieten, weshalb ein Stapelfahrer trotz Übergewicht und Bluthochdruck seine Tätigkeit weiterhin ausüben kann, obwohl die Betriebsvorschriften dies verbieten würden. Möglicherweise mit der Intention, daß es gar nicht zu solchen Konfliktsituationen kommt, bietet sie daneben ihr Wissen über Risikofaktoren und deren Vermeidung an: *Man muß versuchen, die Leute aufzuklären.* Diese Aufklärung ist wie eine Ware *eigentlich für alle gleich*, aber sie muß individuell angeboten werden, hat doch jeder unterschiedliche Bedürfnisse, Ängste, Fragen: *(...) die menschliche Seite, die darf man überhaupt nicht vergessen, daß man auf ihn eingeht.* Das Geschäft kann daraufhin zustande kommen oder auch nicht: *Der eine sagt, ja, das ist also die tolle Idee* und *der andere sagt, ich halte überhaupt nichts von.* Die Zurückweisung ihres Angebots ist für die Ärztin ein *frustrierendes Geschäft*; es ist wie wenn man *gegen eine Mauer* redet. Es kommt nichts zurück. Verläuft das Geschäft jedoch erfolgreich, kommt etwas zurück, zum Beispiel *wenn man durchs Gelände geht (...) und die grüßen (...) oder winken einem zu und (...) das tut einem dann auch schon gut.*

Ärztliche Praxis als Geschäft angelegt, thematisiert wiederum insbesondere die Arzt-Patient-Beziehung und legt nahe, das Gegenüber als gleichberechtigten Partner zu sehen. Diesem kann etwas angeboten werden, man kann versuchen zu überreden, zu verhandeln, Kompromisse zu schließen, aber es kann nichts für dieses Gegenüber entschieden werden.

Der hat es sehr gut verstanden, mit den Leuten ein Stück zu verhandeln

Als Student sei ihm ein Internist zum Vorbild geworden, dem es gelang, *nicht nur seine körperliche, seine somatische Medizin zu machen, sondern eben auch mit den Leuten zu reden, zu sprechen, auch ein Stück zu verhandeln*, berichtet Dr. Lerner. Das Reden und Verhandeln ist inzwischen auch zum Kernstück seiner eigenen Praxis geworden. Wer redet und behandelt, bietet etwas an, nimmt die Erwartungen seiner VerhandlungspartnerInnen zur Kenntnis, erhält sein Angebot aufrecht oder verändert es, bekommt etwas zurück. Die Praxis von Dr. Lerner ähnelt der von Dr. Klar; doch stärker als seine Kollegin stellt Dr. Lerner auf den Prozeß des Verhandelns sowie auf die Teilhabe des Arztes an der Erfahrungswelt seiner PatientInnen ab. Er sagt: *Es ist nicht nur so, daß ich ihm jetzt was gebe, sondern im Grunde genommen auch was von ihm bekomme, was lerne, was erfahre.* In der Verhandlung vermittelt sich ihm die Welt seines Gegenübers, was er als Erweiterung seiner Sichtweise empfindet. Wie wichtig ihm dieses Verhandeln ist, zeigt sich auch daran, daß er es ungern mit PatientInnen zu tun hat, die mit *einem bereits vorgefertigten Konzept* in die Praxis kommen, das kein Verhandeln mehr zuläßt; *das ganze Zusammentreffen* hat dann für ihn *mit dem eigentlichen Sinn der ärztlichen Tätigkeit wenig zu tun.*

Entsprechend den Erfordernissen des Verhandelns hat für Dr. Lerner Kommunikation einen hohen Stellenwert in der Behandlung. Der Arzt spricht fünf Sprachen. Zwei dieser Sprachen hat er speziell mit dem Ziel gelernt, zu seinen, aus asiatischen Ländern stammenden PatientInnen einen *anderen Kontakt, einen innerlichen Kontakt* zu bekommen. Weiter entspricht es der Metaphorik des Verhandelns, wenn das, was zwischen Arzt und Patient kommuniziert wird, nicht allein vom Arzt festgelegt wird, wenn dieser beispielsweise einer Patientin anbietet, *wir können darüber reden, wir müssen aber nicht darüber reden.*

Ärztliche Praxis als Verhandlung gedacht, rückt die Beziehung, die Kommunikation, den Dialog in den Vordergrund. Psychosoziale Kompetenzen wie Verstehen, Empathie, emotionale Nähe gewinnen zentrale Bedeutung.

4.3 Im Modus Angriff und Verteidigung

Man läßt sich nicht an den Wagen fahren, läßt sich nicht die Butter vom Brot nehmen

Wer sich *nicht an den Wagen fahren* lassen will, will nicht beschädigt, nicht verletzt, nicht verunsichert werden; wer sich *die Butter nicht vom Brot holen* lassen will, will sich nichts wegnehmen lassen. Der Gebrauch dieser Bilder läßt darauf schließen, daß entsprechende Gefahren vermutet werden. Für die Ärztin Dr. Wagner resultieren sie aus dem Eingekeiltsein ihrer Praxis zwischen den Sparbeschlüssen im Kontext der Gesundheitsreform einerseits und der Anspruchshaltung der PatientInnen andererseits. Die Sparbeschlüsse sind in ihren Augen *rigorose starre Heckenschnitte*, die ihr von heute auf morgen eine andere Behandlungspraxis vorschreiben. *Und auf der anderen Seite haben wir,* so die Ärztin, *die maximalen Patientenanforderungen.* Gerade wenn man sich bemüht, zu den PatientInnen *da auch eine persönliche Basis aufzubauen*, ist man in Gefahr, *daß man ein bißchen gleich in Clinch genommen wird*, daß die PatientInnen *ziemlich besitzergreifend* sind und sich sagen, *die beiden* (Ärztin und Sprechstundenhilfe, d. V.), *die ziehen wir mal ein bißchen über den Tisch*, um ihre Wünsche in bezug auf Medikamente und Therapie durchzusetzen. Wenn sie sich als Kind vorgestellt habe, daß man sich als Erwachsener *nicht an den Wagen fahren (läßt) und sich nicht die Butter vom Brot nehmen (läßt)*, so sei sie nach diesen Kriterien nicht erwachsen geworden. Die Ärztin sieht sich von zwei Seiten her angegriffen und fühlt sich *kränkbar, verwundbar* und *verunsichert*.

Ärztliches Denken und Handeln im Sinne der beschriebenen Metapher fördert die Tendenz, in der Arzt-Patient-Beziehung Grenzen zu ziehen, auf der Hut zu sein, aufzupassen, um Angriffe rechtzeitig zu identifizieren und abzuwehren. Nähe, Offenheit, Intimität dagegen müssen als potentielle Gefahrenquelle erscheinen.

Die Arbeit mit den Patienten ist immer so ein Kleinkrieg

Auch der Arzt Dr. Stark rückt die Arzt-Patient-Beziehung in den Mittelpunkt des Interviews und er tut dies ebenfalls unter Verwendung von Begriffen aus einem kriegerischen Kontext. Als einen Kleinkrieg empfindet er, wenn die Diabetes-PatientInnen Zuckerwerte frisieren, gegen Diätvorschriften verstoßen oder andere PatientInnen *schummeln*, indem sie ihr Probleme verschleiern mit der möglichen Folge, daß er das Schummeln, Sündigen, Betrügen nicht durchschaut: *Man fällt dann drauf rein.* Doch eigentlich ist das für ihn eher ein *kleines Spiel,* nichts Existentielles.

Nicht mehr nur als ein Spiel dagegen empfand er die Beziehung zu einem Patienten, bei dem er ein Karzinom diagnostizierte. Angriff und Gegenangriff charakterisieren das Arzt-Patient-Verhältnis. Der Arzt wertete es als einen Angriff, als der Patient, der nach der Operation noch immer an Schmerzen litt, sich kritisch zu dem Eingriff äußerte und den Arzt sogar beschuldigte, so versteht ihn dieser, *Ich wollte ihm ans Leben, nach dem Leben trachten.* Der Arzt sah sich von dem Patienten mit Parolen beschossen: *Ich fühl mich hier angegriffen.* Er trat diesem Angriff entgegen: *Ich habe ihm ja ganz schön den Marsch geblasen.* Jemanden den Marsch zu blasen heißt, ihn in die Defensive zu drängen. Während Dr. Wagner damit rechnet, durch Angriffe seitens der PatientInnen verletzt zu werden, startet der männliche Kollege einen Gegenangriff. Je bestimmender die »Kleinkriegsmetapher« für die ärztliche Praxis wird, desto mehr dürfte es auch diesem Arzt darauf ankommen, wachsam und skeptisch zu sein, zu hinterfragen und sich abzuschotten. Andererseits müssen die Vorsichtsmaßnahmen angesichts des Wissens um das eigene Angriffspotential nicht perfekt sein.

Als Hausarzt ist man praktisch im Schützengraben

Aus dem Schützengraben heraus können Angriffe und Abwehrhandlungen erfolgen. Dr. Fuß betont in bezug auf seine Tätigkeit die Notwendigkeit der Abwehr. Abzuwehren gilt es einerseits Krankheiten und andererseits überzogene PatientInnenansprüche; letzteres hat in seinen Äußerungen das deutlich stärkere Gewicht. Dr. Fuß fühlt sich unter *einem unheimlichen Druck von seiten der fordernden Patienten.* Er nimmt deren Ansprüche wahr vor dem Hintergrund seiner Erfahrungen als Arzt in einem noch agrarisch strukturierten Land und stellt die dort praktizierte *Barfußmedizin* der *westlichen Luxusmedizin* gegenüber. Es ist aus seiner Sicht *in die Gewohnheiten des Bundesbürgers hineingewachsen, (...), daß er sich das wahrscheinlich gar nicht mehr anders vorstellen kann, daß er wegen jedem Mückenstich zum Arzt läuft.*
Besonders schwierig gestaltet sich für den Arzt die Abwehr übertriebener Erwartungen durch die Tatsache, daß er als niedergelassener Arzt in erhöhtem Maße auf die Akzeptanz der Patienten angewiesen ist. Niedergelassene Ärzte sind in seinen Augen *erpreßbar,* weil sie das Wegbleiben des Patienten befürchten müssen: *Wenn ich dem Patienten nicht plausibel machen kann (...), wenn ich ihm nicht austreiben kann, daß das eine völlig unnötige Sache ist, dann geht er schnurstracks zum nächsten.*
Dr. Fuß kennzeichnet seine Praxis als *schweißtreibende, nervenaufreibende Sache* und als *harte Knochenarbeit,* was bezogen auf die benutzte Metaphorik des Abwehrens gut nachvollziehbar ist. Ähnlich wie Dr. Wagner, die ihre Praxis zwischen Patientenansprüchen und politischen Sparbeschlüssen eingekeilt sieht, muß Dr. Fuß in seiner Praxis auf der Hut sein vor einem Zuviel an Erwartungen, er muß zum Beispiel *schauen, daß Gespräche nicht ausufern.* Zu intensive Beziehungen stellen auch für ihn eine Gefahrenquelle dar.

4.4. In Verbindung sein

Zum Glück sind wir hier leider kein Café

Die Arztpraxis ist *zum Glück* oder *leider kein Café.* Für die Ärztin Dr. Spieler gilt beides und sie ist, wie die Formulierung zeigt, darüber zugleich erleichtert und betrübt. Ärztliche Praxis spielt sich für die Ärztin in Räumen ab. Die PatientInnen kommen in den Raum der Ärztin und verlassen ihn wieder. Das mußte sie nach ihrer Niederlassung erst *kapieren, daß sie weggehen.* Andererseits betritt auch die Ärztin den Raum der PatientInnen. Sie geht *nicht nur fünf Minuten dran vorbei,* sie geht hinein und hat manchmal Mühe, wieder herauszukommen. Frauen werden nach ihrer Ansicht *mehr einbezogen, Frauen sind etwas verbändelter,* weshalb sie sich *zwischendurch mal abschirmen muß,* um ihren eigenen Raum zu schützen. Die Behandlung eines(r) Patient(in)en verlangt in ihren Augen die Herstellung eines gemeinsamen Raumes, wozu ein Vertrauensverhältnis nötig ist, denn dann entsteht ein *Spielraum.* Sie betont in dem geschilderten Fall einer Patientin ihre Freude darüber, daß sie mit der Patientin *so langsam dahin gekommen* ist, daß sie mit ihr gemeinsam Behandlungsschritte planen konnte. Doch so unverzichtbar der Ärztin die Herstellung eines gemeinsamen Raumes ist, der Aufenthalt in ihm kann auch anstrengend werden. Es handelt sich eben um kein Café, in dem man *schön einfach nur (...) plaudern könnte, es ist ja doch immer mit einem Problem verbunden.* Die Ärztin findet: *Wenn man so im Alltag drin ist, wünscht man sich sehr, daß man eigentlich mehr sich nach draußen setzt.*
Die beschriebene Metaphorik hebt ebenfalls auf die Arzt-Patient-Beziehung ab, doch unterscheidet sie deutlich zwischen dem Raum der PatientInnen, dem Raum der Ärztin und dem gemeinsamen Raum. Sie thematisiert das Betreten und Verlassen, das Auf- und Zuschließen, das Hin- und Hergehen zwischen Räumen und damit die Notwendigkeit, die Arzt-Patient-Beziehung nach dem Prinzip Bindung und Loslassen zu organisieren.

Man braucht ein Zugewendetsein

Die von Dr. Ton im Interview benutzten Metaphern zentrieren sich um das Motiv des Sich-Annäherns an PatientInnen: (...) *Man braucht ein Zugewendetsein.* Als niedergelassener Arzt entfernt man sich aus seiner Sicht von einer technikzentrierten Medizin *und geht wieder sehr zurück in das Gespräch, Anschauen und Fühlen, Riechen.* Der Arzt, der sich den PatientInnen zuwendet, will einen Zugang zu ihnen finden. Dr. Ton beschreibt seine ärztliche Praxis primär unter dem Gesichtspunkt, wie er sich solche Zugänge erschließt. Er betont die Bedeutung der Kommunikation, *Ich sehe mich (...) als einen (...), für den Kommunikation was ganz Wichtiges ist* sowie das Hören als Erkenntnisquelle, *Ich bilde mir ein, daß ich mittlerweile mehr höre als im Krankenhaus, weil ich wieder viel mehr hinhöre.* Auch die von ihm für die Diagnosefindung benutzte Technik bewertet er danach, ob sie ihn in seinem Anliegen, sich den PatientInnen anzunähern, unterstützt. Ultraschall zum Beispiel ist für ihn eine Technik, *die sehr hilfreich für den Kontakt auch ist, also, die nicht trennt, sondern eher verbindet.* Er begründet dies damit, daß eine Ultraschalluntersuchung einen körperlichen Kontakt einschließt und damit *eine ganz wichtige öffnende Geschichte (ist), wo man also in Gesprächen plötzlich tiefer kommt.*

Das Bild des Zugewandtseins betont die Verbindung, die Beziehung, den Kontakt als eine herzustellende Basis für Diagnosefindung und Therapie und unterscheidet sich damit deutlich von Bildern, die die Arzt-Patient-Beziehung unter den Gesichtspunkten Angriff und Verteidigung thematisieren. Dagegen existieren hinsichtlich des Bemühens, auf den anderen einzugehen, Ähnlichkeiten zur Geschäftsmetapher. Während diese aber das Geben und Nehmen als Beziehungsmuster impliziert, liegt der Akzent im Bild des Zugewandtseins vorrangig auf dem Geben.

Sie war bereit mitzugehen

Für Dr. Zweig spielt sich ärztliche Praxis im Modus des Gehens und Mitgehens ab. PatientInnen gehen ihren Lebensweg. Seine Aufgabe sieht Dr. Zweig darin, diesen Weg zu identifizieren. So führt er zu Beginn einer Behandlung *mehrere ruhige und nicht gestörte Gespräche, die halt den Lebensweg ein bißchen gezeigt haben.* Er fragt sich dabei, *wie weit kann, gehe ich da mit?* Mitgehen können heißt für ihn *Sympathie, also mitleiden können,* womit das emotionale Engagement des Arztes angesprochen ist. Im Unterschied zu Dr. Hofer, der seine Praxis im Bild des Gehens und Vergehens schildert und für den die PatientInnen einen von den Gesetzen der Natur vorgegebenen Weg gehen, ist Dr. Zweig der Ansicht, daß der Lebensweg verändert werden kann, ja, im

Sie war bereit mitzugehen

Interesse von Gesundheit verändert werden muß. Sein primäres Ziel ist es, die PatientInnen auf einen gesundheitsförderlichen Weg zu führen durch Änderung ihrer Lebensgewohnheiten oder durch Veränderung ihrer Beziehungen. Er unterscheidet die PatientInnen, von denen er berichtet, danach, ob sie ihm auf diesem Weg folgen oder *den Weg nicht mitgehen konnte(n) und wollte(n)*. Als ein Prinzip gilt ihm, nicht zu bedrängen, *wenn man also einen Weg, wenn man das mit einer Treppe vergleicht, muß er schrittweise gehen, und es hat keinen Sinn, wenn er geschoben wird.*

Das Motiv des Mitgehens spricht wie das Bild des Zugewandtseins die Annäherung des Arztes an die PatientInnen an; stärker jedoch betont es die Notwendigkeit, daß diese sich dem Arzt annähern, daß sie seine Fragen annehmen und seinen Anweisungen nachkommen. Insofern enthält diese Praxis weniger Wechselseitigkeit als eine Praxis, die sich am Bild des Zugewandtseins oder am Bild des Aushandelns orientiert.

Eine gute Antenne für den Patienten (haben) und auch einen guten Draht

Die ärztliche Praxis erfordert nach Dr. Fuhrer neben *guten medizinischen Kenntnissen (...) eine gute Antenne für den Patienten und (...) auch einen guten Draht*. Die benutzte Metaphorik stellt auf Empfang und Verbindung ab. Eine gute Antenne erfordert vielfältige Empfangsbereitschaften; dazu zählt Dr. Fuhrer neben der *Fähigkeit zuzuhören, (...) auch die Augen, die Mimik zu beobachten vom Patienten, Tonfall der Stimme*. Der *gute Draht* impliziert sich treffen, sich begegnen, sich verstehen. Ein Mittel, um ihn herzustellen, ist für Dr. Fuhrer das Ansprechen eigener Erfahrungen: *Wenn ich Patienten habe, die Kinder haben, rede ich auch von meinen eigenen Kindern, man kommt sich da ein bißchen leichter näher.*

Die Relevanz der *guten Antenne* und des *guten Drahtes* erklärt sich vor dem Hintergrund seines Krankheitsverständnisses. Antenne und Draht ermöglichen ihm, einen Zugang zu finden zu dem, was seiner Ansicht nach den organischen Störungen zugrunde liegt: *Wenn man dann hinterfragt, es gibt berufliche Probleme, es gibt Angstzustände, es gibt Störungen im häuslichen Bereich, Streßsituationen.* Die Thematisierung solcher Belastungen, ermöglicht durch einen *guten Draht*, signalisiert dem Arzt die Chance, dem Patienten *einen neuen Anker* hinzuwerfen, *nach dem er wieder greifen kann.*

Mit diesem weiteren Bild des Ankers kommen Aspekte der Rettungsmetapher ins Spiel. Allerdings geben die Äußerungen Dr.

Einen neuen Anker hinwerfen, nach dem er greifen kann

Fuhrers keinen Hinweis darauf, daß es ihm – wie in den übrigen beschriebenen Fällen des Rettungsmotivs – darauf ankäme, PatientInnen aus einer Gefahrenzone herauszuholen. Die von Dr. Fuhrer benutzte Metaphorik enthält darüber hinaus Aspekte des Zugewandtseins; auch das Mitgehen taucht als eine Erwartung an die PatientInnen auf, wenn er beschreibt, wie er diesen Vorschläge für eine gesundheitsunterstützende Lebensführung macht. Doch lehnt der Arzt insbesondere im Unterschied zu Dr. Ton in bezug auf die psychische Problematik der PatientInnen ein zu starkes Involviertsein des Arztes ab: *Ich mag die Dinge antippen, aber ich mag mich vielleicht nicht zu tief in diese Dinge hineinbewegen (…) zu tief und zu intensiv und zu lange.* Im Bild des guten Drahtes ist dies bereits angelegt. Ein Draht stellt eine Verbindung dar, doch ist dieser auf eine einzige Kontaktstelle beschränkt.

5. Gleichgewichtsmetapher

Der Körper ist idealerweise im Gleichgewicht

Krankheit heißt für die Ärztin Dr. Schwinger, *daß der Mensch nicht in Harmonie ist mit sich*. Harmonie, die demnach Gesundheit repräsentiert, bedeutet für die Ärztin: *Ich bin in meiner Mitte (…), da ist das Gleichgewicht.* Im Zentrum des Interviews mit Dr. Schwinger steht eine Metaphorik, die das Gesundheits- und Krankheitsverständnis der Ärztin expliziert, woraus sich Konsequenzen für ihre Praxis ableiten. Die Suche nach einer Diagnose besteht darin, mit Hilfe eines Biotensors, im Volksmund Pendel genannt, auszuloten, ob sich der Stoffwechsel eines Menschen im Gleichgewicht befindet. Gleich- und Ungleichgewichte drücken sich ihrer Ansicht nach in feinen Schwingungen aus, die der Biotensor zu registrieren vermag.

In ihrer therapeutischen Praxis arbeitet sie orientiert am Gedankenmodell des Gleichgewichts darauf hin, ein neues Gleichgewicht herzustellen. Ihre Kommunikation mit den PatientInnen zielt darauf ab, daß von deren Seite *was Positives rüberkommt, auch wenn die jetzt einem ganz traurige Familiengeschichten erzählen*. Die verbalisierte Traurigkeit gilt es in ihren Augen zwar anzunehmen, doch zugleich achtet sie darauf, daß man auf *das Positive umschwenkt*. In dieser Formulierung deutet sich an, daß die Bewegung des Pendels das Vorbild für die Gestaltung ihrer Handlungspraxis darstellt. Umschwenken, Anstöße geben, in Gang setzen, in Bewegung bringen, sind die dominierenden Elemente dieser Praxis. Doch gibt es PatientInnen, bei denen diese Praxis versagt, das sind solche, *die so in ihrer Negativität drinstecken, wo nix geht*. Es braucht für die Praxisform der Ärztin ein Gegenüber, das sich in Schwingung versetzen läßt.

Wenn eine Waagschale nicht mehr gleich hoch steht

Eine Krankheit liegt nach Ansicht des Arztes Dr. Gleich vor, *wenn etwas nicht mehr sich im Biorhythmus befindet, wenn eine Waagschale nicht mehr gleich hoch steht, sondern wenn sich etwas neigt*. Seine Aufgabe als Arzt sieht er darin, PatientInnen von ihrer Erkrankung zu *befreien*, was im Bild der Waage betrachtet heißt, die Neigung auszugleichen, ein Gegengewicht zu schaffen. Zu diesem Zweck versucht der Arzt als erstes den Ursachen für die Neigung auf die Spur zu kommen, wobei er verschiedene Ursachenstränge verfolgt: *Wenn man also nur einen Strang von Anfang an verfolgt, kann es sehr schnell (...) ein Irrläufer werden (...) ich warne vor Autobahnen, ja, man muß mal wieder auch in' Waldweg sich reinwagen und mal ein bißchen zur Seite schauen, ja*. Das Gleichgewichtsmodell ist demnach auch für den Prozeß der Diagnosefindung bestimmend; der Arzt achtet darauf, daß seine Suche nach Krankheitsursachen nicht nur in eine Richtung geht. Seine Aufmerksamkeit gilt sowohl organischen als auch psychischen Ursachen. Ebenfalls orientiert am Bild des Gleichgewichts, versucht er seine Therapie zu gestalten: *Ich arbeite mit beiden Seiten. (...) Ich versuch sowohl auf meinen schulmedizinischen Beinen nicht fanatisch zu werden, aber erst recht nicht auf meinen naturheilkundlichen Beinen.*

Die Praxis von Dr. Gleich zielt ebenso wie die seiner Kollegin Dr. Schwinger darauf ab, Ungleichgewichte zu identifizieren, um diese auszugleichen. Unter Verwendung der Gleichgewichtsmetapher werden Krankheitsverständnis, Diagnosesuche und Therapie in den Vordergrund gerückt. Während Dr. Schwinger die Herstellung eines Gleichgewichts primär auf die PatientInnen bezieht, hebt Dr. Gleich auch das Bemühen um Gleichgewicht im eigenen Handeln hervor, indem er es ausdrücklich ablehnt, sich zwischen schul- und alternativmedizinischen Diagnoseinstrumenten und Behandlungsmethoden zu entscheiden.

6. Teile-Ganzes-Metapher

Das ist ein Mosaik

Die Ärztin Dr. Stein rückt bei der Schilderung ihrer Praxis die Aufmerksamkeit für Details in den Mittelpunkt. Um herauszufinden, was einem Menschen, der in ihre Praxis kommt, fehlt, gilt es in ihren Augen, verschiedenste Aspekte wahrzunehmen, *Das ist ein Mosaik, das setzt sich aus ganz vielen Sachen zusammen, aus dem, was ich sehe, was ich spür, wenn ich ihn untersuch, aus dem, was er sagt, wie er es sagt, auch wie ich es aufnehmen kann.* Die Ärztin achtet auf Gesagtes und Nicht-Gesagtes, auf das Was und das Wie der Mitteilungen und spricht die Interaktion als Bedingung ihrer Erkenntnismöglichkeiten an. Es gilt die krankheitsrelevanten Mosaiksteine zu identifizieren sowie deren Lage, Farbe, Form, Kombinationsmöglichkeiten zu bestimmen. Die Ärztin nennt verschiedene Kompetenzen, Instrumente und Aspekte, auf die sie sich bei der Diagnosefindung stützt: die körperliche Untersuchung, das medizinische Fachwissen, das Gefühl, das der/die Patient(in) selbst hat, Erfahrungen mit anderen PatientInnen, *Wenn zwei Untersuchungen mit einem massiven Ergebnis zurückkommen, dann gibts so den Gegenausschlag,* das heißt sie rechnet beim nächsten Fall eher mit einer schwerwiegenden gesundheitlichen Störung.

Dr. Stein beschreibt ihre Praxis als einen Versuch, die Teile zu einem Ganzen zu ordnen. In bezug auf die Intention des Ordnens zeigt sich eine Ähnlichkeit zur Praxis jenes männlichen Kollegen, die mit dem Zitat *Ich versuche die Symptome zu strukturieren und zu hinterfragen* überschrieben wurde. Doch unterscheidet sich der Stil, wie dieser Arzt Ordnung herstellt, deutlich von dem der Ärztin. Seine Orientierung an einem standardisierten Anamnesefragebogen bei der Diagnosesuche bedingt ein sukzessives, wenn-dann-strukturiertes und damit lineares Vorgehen, während die Ärztin zu einem kreisförmigen Entscheidungsprozeß zu tendieren scheint, *Ich kreis das so ein,* bei dem sie mehrere Diagnosemöglichkeiten in der Schwebe hält. Die von den beiden ÄrztInnen benutzte Metaphorik stellt auf die Diagnose ab, die aber unterschiedlich weit gefaßt wird. Für den männlichen Kollegen ergibt sich diese primär aus der Summierung und Gewichtung der Krankheitssymptome, der Diagnosebegriff der Ärztin umfaßt darüber hinaus auch das Lebensgefühl und die Lebensumstände der PatientInnen.

Erst mit der Zeit entwickelt sich so ein Gesamtbild

Bausteine, aus denen sich ein Ganzes ergibt, spielen auch für die Praxis der Ärztin Dr. Bauer eine zentrale Rolle. Neben den körperlichen Symptomen wertet sie als wichtige Bausteine: die Stimme, den Gesichtsausdruck, die Haltung der PatientInnen, deren Arbeitsbedingungen und familiäre Situation, *Das ist sicher eine Vielfalt von Sachen.* Die am Tage des Interviews von jener Patientin gemachte Mitteilung, daß deren Sohn an einer Psychotherapie teilnimmt, kommentiert die Ärztin mit den Worten *Das ist jetzt (…) wieder ein Baustein im Gesamtbild.*

Deutlich stärker als ihre Kollegin Dr. Stein hebt sie die Zeit als bedeutsamen Faktor für die Konstruktion eines Gesamtbildes hervor. Es braucht Zeit, um die einzelnen Bausteine zu entdecken und zu sammeln: *Und ich bin sicher, wenn ich sozusagen mit dem Patienten, also, wenn ich den jeden Tag eine Stunde sehen würde, würde ich sehr viel mehr wahr (…) rauskriegen.* Erst im Laufe der Zeit wächst die Bereitschaft der PatientInnen, ihr *wirkliches Leben (…) zu eröffnen.* Auch braucht es auf seiten der Ärztin Zeit, bis sich bei ihr eine Ahnung von versteckten Bausteinen entwickelt, *daß man zum richtigen Zeitpunkt also spürt, da ist irgendwie was dahinter, was noch bedeutender ist* und das auch anspricht.

Mit Hilfe der Thematisierung von Zeit als entscheidendem Faktor in ihrer Praxis arbeitet die Ärztin heraus, daß sich ein Gesamtbild erst nach und nach aus *tausend Faktoren* zusammensetzt. Im Zuge des Zusammensetzens dieser Faktoren ergibt sich eine Diagnose, die zwar auch eine Bestimmung der organischen Störung enthält; diagnostiziert wird darüber hinaus ähnlich wie bei Dr. Stein die Gesamtsituation der PatientInnen. Diagnosefindung so verstanden ist nicht zu einem bestimmten Zeitpunkt abgeschlossen, sondern ein fortwährender Prozeß, was Dr. Bauer durch das zusätzlich von ihr eingeführte Bild des Begleitens unterstreicht, *ich würde mich hier so mehr als Begleitung sehen.* Wer begleitet, erhält dabei nicht nur Einblick in die Situation des anderen; begleiten impliziert auch unterstützen. Insofern gewinnt der Prozeß der Diagnosefindung auch therapeutischen Charakter.

7. Kontrollmetapher

(...) weil ich mit ihr nicht klarkomme

Die Ärztin Dr. Funke kommt im Interview auf eine Patientin zu sprechen, die sie nicht behandeln möchte, *weil ich mit ihr nicht klarkomme.* Der Wunsch klarzukommen, tritt als bestimmendes Element ihrer Praxis hervor. Klarkommen wollen impliziert einerseits, ich möchte etwas durchschauen, durchleuchten, es soll nichts im ungewissen bleiben und andererseits, es soll funktionieren. Im Sinne dieser Wortbedeutungen stellt die Ärztin Ansprüche an ihre Praxis. Die Situation, in der ihr ein Patient mit Beschwerden gegenübertritt, verlangt in ihren Augen *Du mußt schalten, sofort!* Medizinische Ratschläge, die sie erteilt, sollen sich schnell durchsetzen. *Das muß aber auch funktionieren irgendwie, das muß funktionieren!* Auch der Gesundungsprozeß soll reibungslos vonstatten gehen: *Ich will meine Patienten gesund haben – oder gesund machen.* Entsprechend der benutzten Metaphorik nimmt sie ihre PatientInnen wahr. Am liebsten sind ihr die, *die ganz klar reinkommen und sagen, das tut mir weh und ich kann ganz konkret drauf reagieren.* In der Metaphorik des Klarkommens denkend und handelnd sind versteckte krankheitsrelevante Details eine unliebsame Störung; das Suchen nach solchen Details wird nicht als selbstverständlicher Bestandteil ärztlicher Praxis gesehen.

Das Motiv des Klarkommens dürfte zumindest auch gespeist sein von der von der Ärztin formulierten *Angst, daß ich es nicht packe.* Nicht packen heißt, ich kriege es nicht in Griff, es gerät mir außer Kontrolle. Es ist dies die Angst der Anfängerin. Dr. Funke arbeitet seit eineinhalb Jahren als niedergelassene Ärztin, während zum Beispiel Dr. Bauer, die in ihrer Praxis selbstverständlich mit unklaren, schwer durchschaubaren Krankheits- und Lebenssituationen rechnet, schon zwölf Jahre in der niedergelassenen Arztpraxis tätig ist. Dr. Funke ist als Anfängerin in derselben Situation wie Dr. Reiner; doch während sich diese, orientiert an der Metaphorik des Reinwachsens, Fehler und Unsicherheit gestattet, stellt die von Dr. Funke benutzte Metaphorik des Klarkommens auf sofortiges fehlerfreies Funktionieren ab. Gemeinsam ist den beiden »Anfängerinnen«, daß ihre Metaphorik primär die eigene Person thematisiert, während die interaktiven Momente in der Arzt-Patient-Beziehung tendenziell in den Hintergrund treten.

Das in den Griff zu kriegen

Etwas in den Griff zu kriegen meint, den Über- und Durchblick zu haben, sich zu behaupten, am Steuer zu sitzen, eine Situation zu managen. Voraussetzungen dafür sind Organisations-, Durchsetzungs- und Führungsfähigkeiten. Ähnlich dem Motiv des Klarkommens zielt das In-den-Griff-Kriegen darauf ab, Kontrolle über eine Situation zu erreichen. Die Ärztin Dr. Herz, die ihre Praxis überwiegend orientiert an der Metaphorik des In-den-Griff-Kriegens schildert, spricht in Übereinstimmung mit dieser Metaphorik davon, daß sie ihre Praxis *führt*. Im Zusammenhang mit dem Führen thematisiert sie ausführlich die Sicherung der ökonomischen Existenz ihrer Praxis. Die betriebswirtschaftliche Seite im Griff zu haben ist in ihren Augen für ÄrztInnen eine Bedingung dafür, *daß sie nicht untergehen*. Auch die Arbeitsorganisation in ihrer Praxis wird von der Ärztin aus der Perspektive des In-den-Griff-Kriegens geschildert. Der Versuch, in der eigenen Praxis mit einer zweiten Ärztin zusammenzuarbeiten, war *organisatorisch gar nicht so einfach (...) in den Griff zu kriegen*. Die gleichmäßige Verteilung der PatientInnen gelang dadurch, *daß meine Damen versuchen, auch so zu kanalisieren*.

Die geschilderte Praxis in bezug auf die PatientInnen zeigt ebenfalls Übereinstimmungen mit der Metaphorik des In-den-Griff-Kriegens. Dr. Herz möchte, daß auch diese mit ihrem *Leben fertig werden*. In diesem Interesse erteilt sie medizinische Ratschläge, die sich *die Patienten zu Herzen nehmen sollen*, anderenfalls sagt sie ihnen: *Wir kommen nicht zurecht.*

Die benutzte Metaphorik drängt zu eindeutigen klaren Regeln und Entscheidungen, die von der Ärztin insbesondere auf die ökonomischen und organisatorischen Strukturen bezogen werden, aber auch in der Arzt-Patient-Beziehung zum Tragen kommen. Das in dieser Metaphorik sich zeigende Kontrollmotiv kann in diesem Fall nicht mit Anfangsängsten begründet werden, doch ist auch für diese Ärztin eine Verunsicherung gegeben, die aus dem Gesundheitsreformgesetz und der Niederlassungsbeschränkung resultiert. Dr. Herz beschreibt insbesondere das In-den-Griff-Kriegen der betriebswirtschaftlichen Seite ihrer Praxis als unverzichtbares Mittel, um angesichts der gesetzlichen Neuregelungen *einigermaßen obenauf zu bleiben*.

8. Entdeckermetapher

Und eben die Kristallkugel ...

Wenn er ein Bild von sich malen sollte (was er dann auch tut), würde er eine *Amöbe* malen, *die versucht, den Patienten zu umschließen und rauszufinden, was ist*. Dr. Rückert benutzt für die Beschreibung seiner Praxis eine Metaphorik, die auf Entdecken und Rätsellüften abstellt. Er unterscheidet zwischen der Geschichte, die die PatientInnen *vordergründig erzählen* und einer *zweiten Geschichte*, die oft nur als *Nebeninformation* mitgeteilt wird und er geht davon aus, *diese kleinen Nebeninformationen sind nämlich die wichtigen*. Sie verweisen aus seiner Sicht auf die im Verborgenen liegende Seite der gesundheitlichen Störung. Wenn Dr. Rückert von zwei Geschichten spricht, denkt er an psychosomatische Störungen, die für ihn 80% aller Krankheiten ausmachen, die in einer Praxis für Allgemeinmedizin behandelt werden. Herauszufinden was ist, bedeutet für den Arzt das Geheimnis der zweiten Geschichte zu lüften, wozu er ein breites Spektrum an Erkenntnismethoden einsetzt. Neben dem in der Schulmedizin gebräuchlichen hierarchisch aufgebauten Diagnosebaum benutzt er als Diagnosetechnik die Hypnose, er entwickelt Empathie, versucht sich in die PatientInnen *hineinzufühlen, hineinzudenken* oder er *läßt einen Ballon steigen*, das heißt er arbeitet in bezug auf vermutete krankheitsförderliche Lebensbedingungen konfrontativ. Am liebsten aber wäre ihm als Erkenntnisinstrument *die Kristallkugel, wo man reinschaut und sagt ›ich sehe hier‹ (...) wie bei der Wahrsagerin, wo man eben sagt, ich sehe hier den Prinzen oder die Krankheit (...), wo man also eine Diagnose auf Anhieb stellt*.

Die Metaphorik des Entdeckens gibt dem Suchen, dem genauen Beobachten und Hinhören, der Empathie einen hohen Stellenwert; sie drängt dazu, mit verschiedenen Erkenntnismöglichkeiten zu experimentieren. Angepeilt wird durch sie primär die Diagnose, die aber nach Meinung des Arztes bereits einen therapeutischen Effekt hat, was der Verweis auf das Märchen vom Rumpelstilzchen deutlich macht: *Das ist ja wie beim Rumpelstilzchen. Wann hat es seine Kraft verloren? ... weil der Name fiel, hat es seine Kraft verloren.*

IV. Krankheitsbearbeitung im Zeichen von Metaphern

> Wenn mir etwas gelingt, gelingt es von dem Augenblick an, in dem ich nicht mehr bewußt weiß, was ich tue.
>
> Francis Bacon

Zunächst soll der Handlungskontext in seinen spezifischen Merkmalen und Anforderungen charakterisiert werden, innerhalb dessen sich ÄrztInnen und PatientInnen gegenübertreten. Unschärfe, Komplexität und Dynamik kennzeichnen das Handlungssetting. Unschärfe kann in bezug auf die Symptome und deren Ursachen und in bezug auf die allgemeine Befindlichkeit der PatientInnen existieren. Sie ist angelegt in der Komplexität des Menschen als psychophysische Einheit (vgl. Büttner 1991, S. 51) sowie in den gesundheitsrelevanten Wechselbeziehungen, die zwischen dem Individuum und seinem Umfeld existieren. Die Dynamik des Handlungskontextes erwächst aus dieser Komplexität, die sich nicht durch statische, sondern durch veränderliche Zusammenhänge auszeichnet sowie aus den Konsequenzen der ärztlichen Intervention (vgl. Dörner 1994, S. 64 ff.).

In dieser diffusen, schwer durchschaubaren und unberechenbaren Situation ist von ÄrztInnen ein Können gefordert, das der Arbeitspsychologe Winfried Hacker als Expertenkönnen bezeichnet hat (vgl. Hacker 1992, S. 21). Dieses umfaßt folgende Übersetzungsleistungen:

(1) Die unscharfe Problemsituation ist in eine bearbeitbare zu übersetzen. Es gilt zu bestimmen, was der Fall ist, anders gesagt eine Diagnose[1] zu stellen

(2) Die Diagnose ist in eine Therapieentscheidung zu transformieren

(3) Die therapeutische Entscheidung muß in therapeutisches Handeln überführt werden.

Die Frage ist: Wie tun ÄrztInnen dies? Das Erkenntnisinteresse ist

---

[1] Der Begriff Diagnose bezeichnet nicht nur die Bestimmung der Erkrankung, sondern alle handlungsrelevanten Definitionsleistungen des Arztes.

in dieser Studie auf das Wie ärztlicher Praxis gerichtet. Nach Hakker verlangt die Bearbeitung komplexer Probleme ein »opportunistisches Vorgehen«, das er folgendermaßen charakterisiert (vgl. ebd., S. 35):

- Es erfolgt keine systematische und vollständige Problemzerlegung, ehe zur Bearbeitung übergegangen wird (das heißt die genannten Übersetzungsleistungen müssen nicht notwendig hintereinander, sondern können auch simultan erledigt werden).
- Das Vorgehen wechselt unregelmäßig zwischen mentalen und externalen Verdeutlichungsversuchen von Problemaspekten (zum Beispiel zwischen Blickdiagnose und Laboruntersuchung).
- Der Perspektivenwechsel erfolgt im Zuge eines erfahrungsgestützten Entdeckens und Erschließens lösungsrelevanten Wissens oder durch Einsichten, die zu unvorhergesehenem neuen Wissen über das Problemgebiet und zu neu erkannten Anforderungen führen.
- Das neu entdeckte Wissen veranlaßt eine Problemreformulation sowie einen Wechsel im Vorgehensplan.
- Die Problembearbeitung schreitet nicht notwendig vom Allgemeinen zum Besonderen voran.
- Im Verlauf einer komplexen Problemlösung sind mehrmals Entscheidungen über Lösungsvarianten vorzunehmen.

Die Informatikerin Christiane Floyd, die sich mit der Frage beschäftigt, inwieweit ärztliche Praxis durch medizinische Expertensysteme ersetzt werden könnte, weist ergänzend darauf hin, daß ÄrztInnen mit Hilfe und durch das Zusammenwirken impliziten und expliziten Wissens handeln und daß sie in der Situation in Fühlungnahme mit der Spezifik der Situation handeln, im Unterschied zu einem technischen System, dessen Handlungsprogramm der Situation vorausgehend entworfen wird (vgl. Floyd 1991, S. 29).

Die Diagnose hat in der Medizin einen hohen Stellenwert. Der Mediziner Felix Anschütz spricht von einem »diagnostischen Imperativ« (Anschütz 1987, S. 114), der das ärztliche Denken beherrscht.[2] Angesichts des komplexen, unscharfen und dynami-

---

2 Diagnose heißt bei Anschütz »Durchschauung des Krankheitsbildes«, womit der Diagnosebegriff enger gefaßt ist, als er in dieser Studie

schen Charakters der Situation sind ÄrztInnen keine Diagnosen in Form von Gesetzesaussagen, sondern lediglich in Form von Wahrscheinlichkeitsaussagen möglich (vgl. 1987, S. 116). Sie können zur Überzeugung einer Möglichkeit kommen, müssen aber handeln, als ob das eine Wirklichkeit wäre (vgl. Koch 1924, S. 25).

1. Diagnose

Die Verfahren der Diagnosesuche lassen sich danach unterscheiden, ob sie sich schwerpunktmäßig auf die Bestimmung des Krankheitsbildes und die krankmachenden Faktoren oder auf die Bestimmung des Krankheitsbildes und die gesundheitsstabilisierenden bzw. -fördernden Faktoren richten. Die zweite Variante zeigt sich im empirischen Material im Vergleich zur ersten nur peripher. Die Suche nach den krankmachenden Faktoren kann sich äußern als Suche nach dem Grundübel, als Suche nach organischen Ursache-Wirkungs-Ketten oder als Suche nach soziopsychosomatischen Konstellationen.

Die einzelnen Gruppen werden zunächst jeweils allgemein skizziert und anschließend anhand repräsentativer Fallbeispiele in ihren verschiedenen Variationen vertiefend dargestellt. Die einbezogenen Beispiele beziehen sich auf das Vorgehen einzelner ÄrztInnen in einem von diesen beschriebenen Fall. Das heißt noch nicht, daß diese den Prozeß der Diagnosesuche stets auf dieselbe Weise gestalten, obschon ihre Äußerungen darauf verweisen, daß in dem berichteten Fall allgemeine Prinzipien und Orientierungen zum Tragen kommen, die in Beziehung stehen zu einer bestimmten Schlüsselmetapher.

Mit der Analyse der verschiedenen Verfahren der Diagnosesuche ist nicht deren Bewertung intendiert, doch machen Beschreibung

Verwendung finden soll. Anschütz unterscheidet zwischen Anhiebsdiagnose, Vermutungsdiagnose, vorläufiger Diagnose und Abschlußdiagnose. Die Anhiebsdiagnose beruht auf dem ersten Eindruck, den der Kranke macht, die Vermutungsdiagnose auf einer körperlichen Untersuchung und einer Anamnese, die vorläufige Diagnose berücksichtigt das Ergebnis eingehender Laboruntersuchungen und den Einsatz bildgebender Verfahren, die Abschlußdiagnose kann erst nach erfolgreicher Therapie oder einer diagnostisch vorhergesehenen Verschlechterung gestellt werden (vgl. Anschütz 1987, 115).

Bestimmung des Krankheitsbildes und der krankmachenden Faktoren	und der gesundheitsstabilisierenden/-fördernden Faktoren
Die Suche nach dem Grundübel/der Lebenswunde	– Das *Fiedrige* identifizieren
	– Entwicklungspotentiale identifizieren oder stimulieren
– emotional-mentale Suchverfahren	
– leiblich-sinnliche Suchverfahren	
Die Suche nach organischen Ursache-Wirkungs-Ketten	
– standardisierte hierarchisch-sequentielle Suchverfahren	
– partiell standardisierte Suchverfahren	
Die Suche nach soziopsychosomatischen Konstellationen	
– im Modus des Zugewendetseins und des Sich-Einlassens	
– im Modus der Lebensbegleitung	

und Interpretation erkennbar, worauf sich bei Gebrauch eines bestimmten Verfahrens die Aufmerksamkeit der einzelnen Ärzt-Innen richtet. So können sich die LeserInnen ein eigenes Urteil bilden.

1.1 Die Suche nach krankmachenden Faktoren

1.1.1 Die Suche nach dem Grundübel/der Lebenswunde

Diagnosefindungsverfahren, die dieser Gruppe zugerechnet sind, richten sich auf Faktoren, die überwiegend in nicht-medizinischen Begriffen beschrieben werden. Das gesuchte Übel kann eine Wunde, die Lebensangst, eine Blockade, ein Rätsel sein. Es sind dies Bezeichnungen aus magisch-spirituellen, homöopathisch, na-turheilkundlich und psychotherapeutisch geprägten Sinnzusammenhängen. Ich unterscheide zwischen emotional-mentalen und leiblich-sinnlichen Suchverfahren.

Emotional-mentale Suchverfahren

Dr. Färber[3] (*... daß ich nach den Wunden da bei denen suche*)[4] berichtet von einer Patientin, Mitte 30, Arzthelferin, die ihr als *sehr attraktiv und gepflegt* gegenübertrat. Im Kontrast dazu gewann sie bereits in der ersten und auch in späteren Begegnung(en) den Eindruck, *daß sie* (die Patientin, d. V.) *auf einem tiefen energetischen Level* war und *immer so in den Seilen hing, ohne Kraft und Schwung.* Die Patientin klagte über Schlafstörungen, Erschöpfung, konnte keinen Alkohol vertragen und litt an einer Candida-Erkrankung, die ihre sexuelle Beziehung zu ihrem Freund beeinträchtigte.

Candida könnte bereits als Diagnose gelten, doch nicht für diese Ärztin. Im Sinne ihrer Schlüsselmetapher sucht sie nach dem krankmachenden Punkt, dem Grundübel, der Wunde. Als Mittel der Suche dient ihr die Frage. Sie fragt: *Was ist denn Ihr Problem? Wo stehen Sie denn?* Mit dem Ziel, die Patientin zu motivieren, bei dieser Suche mitzuwirken, vermittelt sie ihr *so ein Gefühl von wir zwei Frauen wir reden jetzt mal, mehr so von Freundin zu Freundin.* Der von der Ärztin initiierte Erkenntnisprozeß soll der Patientin *einen Punkt (...) bringen, an dem sie festmachen kann.*

Dr. Färber: *Am liebsten mag ich diesen Punkt in meiner Arbeit.*

I: *Weshalb?*

Dr. Färber: *Weil ich es phantastisch finde, einen Menschen in seiner Kompliziertheit und seinem Chaos ..., 'ne Erkenntnis zu finden, (...) mit ihm diesen Punkt zu erarbeiten.*

Die Ärztin ist, wie sie sagt, mit einem hohen emotional-mentalen Engagement in den Prozeß der Diagnosesuche involviert. Sie drückt das in ihrem Körperbild aus, in dem das Herz eine dominante Stellung einnimmt; es ist ein strahlendes Herz, ein Herz, das in Berührung sein möchte. Um nicht zu sehr unter den Einfluß negativer Schwingungen zu geraten, die von einem kranken Men-

---

3 Dr. Färber ist praktische Ärztin und zum Zeitpunkt des Interviews seit vier Jahren in einer niedergelassenen Arztpraxis tätig, die vor eineinhalb Jahren eine Gemeinschaftspraxis wurde.

4 Es handelt sich hierbei um die Schlüsselmetapher, die eine Variante der Retter- und Heilermetapher darstellt.

schen ihrer Ansicht nach ausgehen können, meidet sie dagegen die körperliche Berührung, auch die körperliche Untersuchung.

Dr. Färber findet sukzessive im Zeitraum von ein bis zwei Monaten heraus, daß die Patientin eingekreist ist von psychosozialen Konflikten (Partnerschaftsprobleme, Arbeitslosigkeit, Identitätsprobleme). Der ermittelte Punkt besteht in der Abwehrschwäche der Patientin: *Der Pilz kann sich immer wieder einnisten, weil sie*

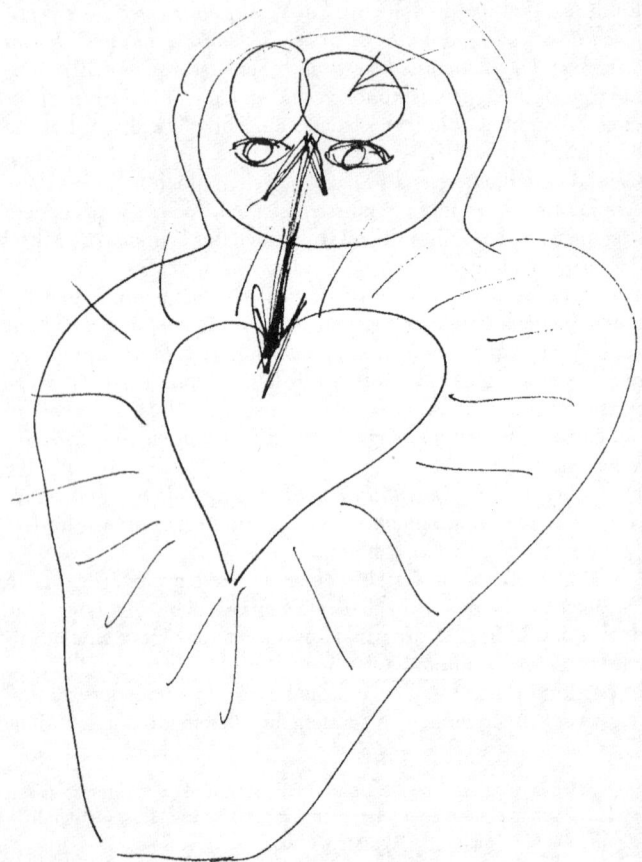

Ein Herz, das in Berührung sein möchte

sich nicht genug wehren kann. Die Benennung der Abwehrschwäche und der psychosozialen Konflikte stellt die Diagnose der Ärztin dar. Die Diagnose stützt sich ihrer Ansicht nach auf *so 'ne Verbindung aus 'ner Intuition, wenn ich so mich aufmach für den Menschen (…), Erfahrung und dem, wie ich ihn wahrnehme.* Aus dieser Formulierung geht u. a. hervor, daß sie allgemeines Erfahrungswissen mit dem besonderen Fallwissen zu verknüpfen sucht. Empathie, Intuition, Erfahrung bilden die wesentlichen Erkenntnisbedingungen für die Ärztin. Laboruntersuchungen werden von ihr als Methode der Erkenntnisgewinnung nicht erwähnt; die Patientin hatte bereits eine schulmedizinische Behandlung hinter sich.

Fazit

Schon beim ersten Eindruck, den die Ärztin von der Patientin gewinnt, deutet sich die gestaltende Kraft der Schlüsselmetapher an. Die an der Patientin wahrgenommene Kraft- und Schwunglosigkeit interpretiert sie als Zeichen einer existierenden Wunde, nach der sie sucht, indem sie an der *perfekten Fassade* kratzt, wodurch ein *ganz ganz armes kleines Mädchen rauskam*, das verwundete Mädchen. Diagnosesuche und Diagnose werden von der Ärztin in Begriffen beschrieben, die überwiegend nicht aus dem Repertoire schulmedizinischer Fachsprache stammen, sondern aus einem Wissenskontext, der magisch-spirituelle Züge trägt. Den Fokus ihres Denkens und Handelns bildet die Wunde, die eine psychosoziale Qualität hat. Erwähnenswert erscheint mir auch, daß sie sich auf die Behandlung von Candida und Ekzemerkrankungen bei Frauen spezialisiert hat. Die ihre Praxis strukturierende Schlüsselmetapher bietet im Hinblick auf diese Krankheiten Erklärungs- und Handlungsangebote.

Leiblich-sinnliche Suchverfahren

Die Patientin, eine Lehrerin, von der Dr. Flusser[5] (*die Bahnen ins Fließen bringen und dann eben auch diese Blockierungen lösen*)[6] berichtet, wird von ihr als *eine sehr selbstbewußte Frau*, als eigent-

---

5 Dr. Flusser arbeitet zum Zeitpunkt des Interviews als niedergelassene Allgemeinärztin seit eineinhalb Jahren in einer Gemeinschaftspraxis
6 Schlüsselmetapher, die eine Variation der Retter- und Heilermetaphorik darstellt.

lich sehr aufgeschlossen ihrem eigenen Körper gegenüber und als *kooperativ* beschrieben. Sie kam in die Sprechstunde wegen Blasenbeschwerden und eines Ekzems am rechten Fuß, nachdem sie schon *bei Pontius und Pilatus* war.

Die Ärztin nimmt die existierenden Diagnosen als Ausgangspunkt für eine Intervention, eine Akupunktur, welche eine Therapie darstellt, der Ärztin aber zumindest auch als Erkenntnismethode dient. Letzteres klingt in der Art und Weise an, wie sie die Methode begründet: *Das sind halt so Geschichten, wo man dann Stück für Stück mit mehreren Therapieformen dann eben dahinterkommen muß, was eben die Ursache ist.* Die Akupunktur löst eine *massive Verschlimmerungsreaktion* aus, was die Ärztin als wichtige Rückkoppelung interpretiert und sie dazu anregt, der Patientin weitere Fragen zu stellen: *Wir haben also die ganze Geschichte durchgeforstet*, mit dem Ergebnis, *daß das u. a. halt ein sehr belasteter Blasenmeridian bei ihr ist.* Doch auch diese Diagnose genügt der Ärztin noch nicht, *also so ganz schlüssig wird's net* und so greift sie zu einer dritten, wiederum leibbezogenen therapeutischen Methode, der Osteopathie-Therapie[7], die neben einer Gelenkuntersuchung die Untersuchung des Bauchraums erfordert, bei der die Ärztin Strukturen im Unterbauch feststellt, die sie als *Blockierungen/Verklebungen* bezeichnet. Dies nun ist für sie eine sehr grundlegende Störung, was sich daraus ergibt, wie sie mensch-

---

7 Die Osteopathie-Therapie wurde von dem amerikanischen Mediziner Andrew Still (1924-1971) entwickelt und gründet in der Auffassung, daß die Knochen und das Knochengerüst sehr viel mit Erkrankungen zu tun haben. Im Mittelpunkt steht ebenso wie bei der Chiropraktik die Wirbelsäule. Aber auch Arbeits- und Lebensumstände werden in die Diagnose einbezogen. Osteopathie-TherapeutInnen sprechen von osteopathischen Verletzungen, die sich in verschobenen Gelenken, Verdikkungen des Bindegewebes und Schwellungen zeigen können. Diese Verletzungen werden mit den Händen durch Abtasten aufgespürt. Die Osteopathie-Therapie wird daher auch Handgriffmedizin genannt. Die osteopathische Verletzung kann die Ursache eines gestörten Blutkreislaufs sein, mit der Konsequenz, daß die Organe nicht mehr ausreichend ernährt werden. Durch einen aus dem Gleichgewicht geratenen Bewegungsapparat werden auch andere Körperfunktionen gestört: Herzschlag, Atmung, Blutdruck. Die Osteopathie-Therapie zählt zu den alternativen Heilmethoden. In den USA sind die OsteopathInnen den ÄrztInnen gleichgestellt (vgl. Blom 1989, 240 ff.; Gesundheitsbrockhaus 1984, 580).

liches Leben definiert: *Dafür sind wir Menschen, es rührt sich immer was und bewegt sich immer was.* Blockierungen unterbinden die lebendige Bewegung. Blockierungen sind der Fixpunkt in ihrer Schlüsselmetapher. Die Ärztin schließt das Diagnosefindungsverfahren nach der Entdeckung der Blockierung mit einem nochmaligen Hinterfragen ab und erfährt dabei, daß ein von der Patientin erlebtes Geburtstrauma deren Beschwerden ausgelöst hat. Im Verlauf ihres Hinterfragens hat sie außerdem herausgefunden, daß Streß und Unzufriedenheit im Beruf die Beschwerden verstärken. Die Diagnosesuche nahm zwei bis drei Monate in Anspruch. Die körperliche Untersuchung und das Hinterfragen bilden die beiden miteinander kombinierten und sich wechselseitig inspirierenden Suchverfahren. Die Ärztin beginnt jeweils mit einer leibbezogenen Intervention, deren Ergebnis ihr sagt, wonach sie fragen muß. Wie einen Zopf flicht sie die Befunde aus beiden Suchverfahren zusammen. Sie richtet dabei ihre Aufmerksamkeit abwechselnd auf *Problemfelder organischer und psychischer Art*, nimmt also, wie Hacker schreibt, im Zuge des Suchprozesses mehrmals einen Perspektivenwechsel vor, dem jeweils eine neue Entscheidung über den zu gehenden Weg zugrunde liegt.

Ebenso wie Dr. Färber sucht Dr. Flusser nach etwas ganz Bestimmtem, das aber im Unterschied zur psychosozialen Wunde einen gegenständlichen Charakter hat, nach der Blockade. Gegenständliches kann angefaßt werden. Die Hände sind für die Ärztin im Prozeß der Diagnosefindung *das Wichtigste. Wenn ich einen Patienten nicht anlangen mag,* sagt sie, *dann ist es ganz schlimm, dann kann ich dem auch net helfen.* Der Geruchssinn *ob ich den riechen kann oder net* spielt eine Rolle für ihre Bereitschaft, PatientInnen anzufassen. Außerdem sind für sie ihre Augen ein wichtiges Erkenntnisinstrument, vor allem das innere Auge, mit dem sie wiederum die Krankheit als etwas Gegenständliches vorstellt: *Irgendwie denke ich mir des zu sehen, (...), ob da Blockierungen da sind.*

Elemente der Diagnose sind neben Blasenbeschwerden und Ekzem die Blockierungen und Verklebungen im Unterbauch sowie das Geburtstrauma und beruflicher Streß als Hintergrund der körperlichen Beschwerden. Die Ärztin legt nicht eindeutig fest, was Ursache und Wirkung ist und ob Organisches Psychisches bedingt oder umgekehrt. Sie sagt: *Da greift eins ins andere.* Den Hauptansatzpunkt ihres Denkens und Handelns allerdings bilden die festgestellten Blockierungen, die vorrangig organischer Art sind (*ihre Muskulatur im Beckenboden ist völlig starr, das Becken bewegt sich nicht*), aber für die Ärztin auch Psychisches symbolisieren, nämlich die Fähigkeit des Hergeben-Könnens, das in der Geburt aktualisiert wird.

Fazit
Auch in diesem Fall beeinflußt die Schlüsselmetapher, wie die Ärztin die Patientin wahrnimmt. Wenn die Ärztin die Patientin als *aufgeschlossen* und *kooperativ* charakterisiert, so nennt die Ärztin damit wichtige Voraussetzungen für ihre Praxis, sagt sie doch an anderer Stelle: *Ich kann nix testen, nix machen an einem Patienten, wenn der verspannt wie nix.* Offenheit signalisiert ihr Kooperationsbereitschaft, die sie benötigt in Form von Rückmeldungen und Antworten auf ihre Fragen: *Es geht nur, wenn er* (der Patient, d. V.) *auch mitmacht und wenn er mich auch Sachen machen läßt oder wenn er mir auch die Rückkopplung gibt.*
Ebenso wie Dr. Färber rekurriert diese Ärztin bei der Beschreibung der Diagnosefindung wenig auf die schulmedizinische Terminologie. Die von ihr verwendeten Begriffe stammen aus dem Wissenskontext der Homöopathie und der manuellen Heilkunde. Therapeutische Methoden werden von ihr auch als Erkenntnisinstrumente genutzt. Deutlich unterscheidet sie sich von Dr. Färber darin, daß sie den Leib-Körper ins Zentrum ihrer Aufmerksamkeit rückt, was besondere, nämlich leibbezogene manuelle Suchverfahren erfordert.
Dr. Färber und Dr. Flusser arbeiten zusammen in einer Gemeinschaftspraxis, wodurch es ihnen möglich ist, die PatientInnen entsprechend ihrer Kompetenzdomänen aufzuteilen. *Wenn ich weiß*, bemerkt Dr. Flusser, *es sitzt tiefer und es ist mehr über Gesprächsthematik zu lösen, dann schick ich die Patienten zu meiner Kollegin, weil das vielleicht nicht so meine Welt ist.*
Alle Diagnoseverfahren, die diesem Diagnosetypus zugeordnet sind, ähneln sich darin, daß sie auf die Suche nach einer Basisproblematik in Form einer Wunde, einer Lebensangst, eines Ungleichgewichts, eines Rätsels abstellen. Organische Symptome, Basisproblematik und psychosoziale Lebensumstände bilden eine Trias. Die Basisproblematik ist angesiedelt im Schnittpunkt zwischen dem Individuum und seinem psychosozialen Umfeld und steht für einen ungelösten Konflikt. Je nachdem, welche Qualität die

Basisproblematik für den einzelnen Arzt hat, finden eher auf die Psyche oder eher auf den Leib gerichtete Suchmethoden Anwendung. Hat die Basisproblematik beide Qualitäten, so werden beide Arten von Suchmethoden miteinander kombiniert, was zu einem häufigen Perspektivenwechsel im Verlauf der Diagnosesuche führt. Durchwegs wird keine vollständige Problemzerlegung vorgenommen, ehe zur Problembearbeitung übergegangen wird.

1.1.2 Die Suche nach organischen Ursache-Wirkungs-Ketten

Die dieser Gruppe zugeordneten Diagnosefindungsverfahren korrespondieren mit der Strukturmetaphorik, allerdings nicht im Sinne der Negation, sondern der Befürwortung von Struktur. Auch die Diagnosefindungsverfahren jener ÄrztInnen, deren Schlüsselmetaphorik unter dem Titel »Im Modus Angriff und Verteidigung« subsumiert wurde, sind dieser Gruppe zugerechnet worden. Die Angriffs- und Verteidigungsmetaphorik, die die Beziehungsebene betrifft, führt zusätzliche interaktive Gesichtspunkte in den Prozeß der Diagnosefindung ein.

Standardisierte hierarchisch-strukturierte Suchverfahren
Ein 48jähriger Mann, angemeldet durch dessen Frau, kommt in die Sprechstunde von Dr. Ernst[8] (*das sind drei oder vier Schienen...*).[9] Der Arzt erwähnt als Vorinformationen einen zurückliegenden Hörsturz, Probleme in der Firma sowie die Bemerkung der Ehefrau *er* (der Patient, d. V.) *gefällt ihr net*. Weiter berichtet der Arzt, der Patient sei normalgewichtig, ein sportlicher Typ, rauche und trinke nicht.
Der Patient erhielt einen Termin um 6.30 Uhr, um ihn *mit sehr viel Ruhe untersuchen* zu können. Er *wird aufgenommen mit Computer, das geht ganz fix, dann wird ein sogenanntes Anamnesenband erstellt*. Schon bei der Formulierung der Fragen folgt Dr. Ernst den Implikationen seiner Schlüsselmetapher: *Und die Fragen gehen immer nach dem schon vorher gestellten Bahnensystem, in welche*

---

8 Dr. Ernst arbeitet als niedergelassener Internist seit dreizehn Jahren in einer Einzelpraxis.
9 Schlüsselmetapher, zugeordnet der Metapherngruppe strukturorientiertes Handeln.

Bahn gehört denn der? Verschiedene Bahnen sind denkbar. *Ein 40-bis 50jähriger Mann mit Hörsturz kann herzgeschädigt sein, er kann kreislaufgeschädigt sein, er kann stoffwechselgeschädigt sein, er kann schilddrüsengeschädigt sein, er kann psychisch geschädigt sein.* Der Patient vermutet (im Zusammenhang mit der drohenden Firmenauflösung) psychische Gründe für seine Beschwerden, was der Arzt verneint, weil er sich nicht vorstellen kann, *daß ein Heizungsgeräusch im Ohr wirklich nur psychisch sein soll.* Die ärztliche *Schiene ist Hörsturz, Kreislauf; hat er einen erhöhten Blutdruck?* Die einzelnen Elemente der Schiene stehen zueinander in einer kausalen Beziehung. Es bleibt allerdings unklar, weshalb sich der Arzt für diese Schiene entscheidet, die eine sogenannte Anhiebsdiagnose (vgl. Anschütz 1987, S. 115) darstellt.

Gemäß dieser Schiene führt Dr. Ernst eine Blutdruckmessung durch und erstellt ein EKG. Darüber hinaus untersucht er eine Vielzahl an Körperteilen und -funktionen, *weil,* wie er betont, *ich nur durch die grundsätzliche Untersuchung, die wir gelernt haben, Dinge erkennen kann.* Und er fährt fort: *Ich brauch den Augenhintergrund, ich brauch die Ohrspiegelung, ich brauch die Mundhöhle,* die Nase, den Hals, die Adern, den Brustkorb, den Bauch, den Rücken, die Beine, die Reflexe. *Ich brauch' die Pulse von der Halsader, vom Arm, von den Händen, von der Leiste, von den Kniegelenken und vom Fuß.* Diese, *nach den Regeln der internistischen Untersuchungskunst* angewandten Suchverfahren, erfolgen mit dem Ziel, die Anhiebsdiagnose durch eine Vermutungsdiagnose und schließlich durch eine vorläufige Diagnose zu ersetzen. *Ich muß irgendwann zu dem Punkt kommen, wo ich ein' Strich mach und sag, dringender Verdacht auf ...*

Die die Diagnosesuche strukturierende Schienenmetapher korrespondiert mit einem systematischen, planvollen, analytischen, regelgeleiteten, rational begründeten Denken und Handeln, das auf die Identifizierung kausaler Zusammenhänge abzielt. Es orientiert sich an den in der Schulmedizin geltenden Standards.

Als diagnoserelevante Befunde wertet Dr. Ernst einen erhöhten Blutdruck, die durch das EKG ermittelte Herzwandverdickung einhergehend mit Rhythmusstörungen sowie einen Knoten in einer vergrößerten Schilddrüse. Seine vorläufige Diagnose lautet: *Gefäßkrankheit.* Diese könnte schlimmstenfalls in Form einer koronaren Herzerkrankung vorliegen, deren *schlimmste Folge natürlich der Herzinfarkt* ist. Der Arzt denkt in seiner Schiene weiter; dadurch, fremd befunde

DOC → 〇 ← PAT

Blick
Fragen ←→ Anamnese
körperliche
Untersuchung

Körperlich

Technisch

DOC Interpretation Pat

In welche Bahn gehört denn der?

daß eine Schiene auf ein bestimmtes Ziel zuläuft, kann eine relativ präzise Prognose gestellt werden. Die vergrößerte Schilddrüse wertet er als Zeichen einer möglicherweise erhöhten Hormonproduktion, die den erhöhten Blutdruck erklären könnte. Der Patient wird zur weiteren Abklärung der durch die Befunde gelegten Schienen an einschlägige Fachärzte delegiert. Der Arzt zieht damit auf seiner Kompetenzschiene eine klare Grenze und bleibt gerade dadurch seiner Schiene in bezug auf die vermuteten pathologischen Zusammenhänge treu, denn er delegiert an Kollegen, die seiner Schiene durch erweiterte Informationen zuarbeiten können. Eine Alternative wäre gewesen, einen Psychotherapeuten einzuschalten, der die vom Patienten genannten psychosozialen Umstände bezüglich ihrer Bedeutung für die gesundheitliche Befindlichkeit des Patienten hätte prüfen können.

Fazit

Die Schlüsselmetapher (*Da sind drei oder vier Schienen ...*) lenkt die Aufmerksamkeit des Arztes in der ersten Begegnung auf sog. Risikofaktoren (Rauch- und Alkoholkonsum), die Hinweise liefern können auf die einzuschlagende Schiene. Die Schienenmetapher entspricht dem in der Schulmedizin dominierenden kausalen Denkmodell, das ein systematisches standardisiertes Vorgehen bei der Diagnosefindung ermöglicht, ja, fordert. Da die nötigen Untersuchungen feststehen, können sie unmittelbar hintereinander im Verlauf einer Konsultation durchgeführt werden; es braucht keinen experimentierenden Suchprozeß, wie er für die Diagnoseverfahren der ersten Gruppe typisch ist. Die Diagnosefindung verläuft linear, wobei sich die Richtung bei Vorliegen neuer Befunde ändern kann.

Gegenstand der Untersuchungen ist der Leib-Körper, genauer der Körper, da das Interesse den funktionalen körperlichen Zusammenhängen gilt. Entsprechend entwickelt der Arzt einen Blick, der den Körper in Einzelteile zerlegt und die Beziehungen zwischen den Teilen zu identifizieren sucht. Dies markiert einen entscheidenden Unterschied zu einem Diagnosesuchverfahren, wie es Dr. Flusser praktiziert, die ihr Interesse ebenfalls auf die Körperlichkeit richtet, jedoch in einer Weise, die keine Isolierung von Einzelaspekten gestattet. Die von ihr benutzten Begriffe Blockierung, Verklebung, Verhärtung bezeichnen diffuse, ganzheitliche Komplexe bzw. Zustände.

Partiell standardisierte Suchverfahren

Eine 80jährige Frau wird von ihren Familienangehörigen in die Sprechstunde von Dr. Flieger[10] (*... aber im Kopf muß er das ganze Schema haben*)[11] gebracht, *weil sie*, wie der Arzt erzählt, *seit sechs Wochen hustet und weil sie das Husten so stark anstrengt, daß sie nimmer richtig schläft.*

Eine an wissenschaftlichen Standards orientierte Diagnosesuche zeichnet sich nach Ansicht des Arztes dadurch aus, daß man bei Vorliegen der Symptome Husten und Atemnot nacheinander einige *anständige Schritte* macht, die eine Röntgenuntersuchung, ein EKG, eine Echokardiographie, manuelle Untersuchungen, Laboruntersuchungen sowie eine Schilddrüsenuntersuchung umfassen. Doch verfährt Dr. Flieger bei dieser Patientin anders. Er beschränkt sich auf die Durchführung manueller Untersuchungen, die Erstellung eines EKGs und die Untersuchung der Schilddrüse, was er folgendermaßen begründet: *In solchen Fällen, die nicht ganz selten passieren, geht die Diagnostik sicher so, daß man sich an ähnliche Fälle erinnert.* Der Arzt rekurriert auf Musterfälle; der Vergleich mit ähnlichen Fällen läßt nach Patricia Benner schnell erkennen, was als relevant zu werten ist (Benner 1994, S. 209). *Bei einer Frau in diesem Alter*, so der Arzt, *die bisher am Herzen nichts hatte, wo das EKG normal ist und die körperliche Untersuchung auch, die also kein Wasser in den Beinen hat und keine blauen Lippen, ist für mich nach meiner Erfahrung als Doktor die Wahrscheinlichkeit einer Schilddrüsenüberfunktion so hoch, daß ich des* (die Schilddrüsenuntersuchung, d. V.) *sofort mache.* Diese vorläufige Diagnose basiert auf wenigen Meßwerten sowie auf dem persönlichen Augenschein, wobei dem Arzt auch wichtig ist, welche Merkmale die Patientin nicht aufweist. Er kombiniert die gemessenen Werte und die visuellen Eindrücke in Abstimmung mit seiner Erfahrung und nennt das seinen *diagnostischen Spezialweg*, fügt jedoch hinzu: *Aber im Kopf muß er* (der Arzt, d. V.) *das ganze Schema haben.* Auch Dr. Flieger ist ein systematisches, zerlegendes, schematisiertes, hierarchisches Denken eigen, wie es zu einer strukturorientierten Metaphorik gehört. Sein Vorgehen bei der Diagnosesuche

---

10 Dr. Flieger arbeitet als niedergelassener Internist seit zwölf Jahren in einer Einzelpraxis.

11 Schlüsselmetapher, zugeordnet der Metapherngruppe strukturorientiertes Handeln.

beschreibt er als ein Weitergehen auf einem Weg: *Mit Kopf, Schulter, Beinen, Armen, so geht er weiter.* Allerdings gestattet er sich auf diesem Weg erfahrungsgespeiste Sprünge. Eine strukturorientierte Praxis fordert vor allem kognitive Kompetenzen, als *rein rational* bezeichnet der Arzt sein Vorgehen und fügt hinzu: *Bei der Diagnostik würde ich also das Herz schön auslassen.* Er befürchtet, ganz im Unterschied zu den beiden Ärztinnen der ersten Gruppe, daß ein emotionales Engagement seine Erkenntnismöglichkeiten behindert.

Der Arzt kann seine Vermutungsdiagnose in dem beschriebenen Fall durch eine Untersuchung der Schilddrüse bestätigen. Das Vorliegen einer Diagnose ist für ihn im Hinblick auf die Therapie unverzichtbar: *Man kann eine Krankheit nicht behandeln, wenn man nicht weiß, was es ist.*

Fazit

Die beschriebene Wahrnehmung der Patientin enthält keinerlei die Persönlichkeit charakterisierenden Elemente, was sich dadurch erklären könnte, daß diese für das Krankheitsschema des Arztes keine Bedeutung haben und dieser zwischenmenschliche Nähe als erkenntnisbehindernd erlebt. Ebenso wie Dr. Ernst befindet er sich mit seinem Schema im Kopf in Übereinstimmung mit den schulmedizinischen Standards. Angeregt durch seine Erfahrung entfernt er sich von diesen zwar partiell, doch bewegt sich sein Denken und Handeln gleichwohl in diesem Schema. Die auf den Körper der Patientin gerichtete Perspektive ist nicht anders als bei Dr. Ernst eine analysierende, Einzelfaktoren voneinander isolierende Praxis. Die Krankheit wird in den organischen Strukturen des Individuums verortet.

Gemeinsam ist den verschiedenen, dieser Gruppe zugeordneten Diagnoseverfahren, daß sie nach funktionalen, kausal strukturierten, eindeutig benennbaren Ursache-Wirkungs-Ketten fahnden und nicht etwa nach einem nur global benennbaren Grundtatbestand. Das Suchmuster wird im Bild eines Diagnosebaumes beschrieben. Es zu entwickeln, erfordert vor allem kognitive Kompetenz, nämlich planendes, kombinierendes, systematisierendes Denken. Mentale und externe Verdeutlichungsversuche wechseln einander im Verlauf der Konstruktion der Ursache-Wirkungs-Kette ab. Die Orientierung an einem standardisierten Suchprogramm ermöglicht, dieses in einem Zug durchzuführen.

Diagnose und Therapie sind voneinander getrennt; das heißt es erfolgt eine Problemzerlegung ehe zur Bearbeitung des Problems übergegangen wird. Das beschriebene Vorgehen läßt kaum ein emotionales Involviertsein erkennen, zumindest wird dieses nicht, wie in der ersten Gruppe, als Erkenntnisquelle gesehen. Das Ziel, Ursache-Wirkungs-Ketten zu konstruieren, fließt stets in die Wahrnehmung der PatientInnen ein, indem sich die Aufmerksamkeit auf Zeichen richtet, die der Konstruktion dieser Ketten dienen.

Die eingangs erwähnte Angriffs- und Verteidigungsmetaphorik variiert die Wahrnehmung insofern, als vermutet wird, PatientInnen könnten bei der Schilderung ihrer Symptomatik übertreiben, täuschen, mogeln oder zuviel an Untersuchungen wollen. So steht bereits die erste Begegnung im Zeichen des ärztlichen Anliegens, Wahres vom Falschen und Notwendiges vom Überflüssigen zu unterscheiden. Eine genauere Analyse dieser Metaphorik erfolgt im Zusammenhang mit der Thematisierung der Arzt-Patient-Beziehung.

1.1.3 Die Suche nach soziopsychosomatischen Konstellationen

Den dieser Gruppe zugeordneten Diagnoseverfahren dienen folgende Typen von Schlüsselmetaphern als Erzeugungs- und Ordnungsgrundlage: die Beziehungsmetapher, die Teile-Ganzes-Metapher sowie die Gleichgewichtsmetapher. In Übereinstimmung mit den Implikationen der metaphorischen Dispositionen haben die einzelnen Variationen dieser Diagnosesuchverfahren eine starke interaktive Ausrichtung. Sie grenzen sich nicht strikt gegen die Suchverfahren der ersten beiden Gruppen ab, sondern integrieren Elemente aus diesen Gruppen.

Im Modus des Zugewendetseins und des Sich-Einlassens
Dr. Ton[12] (*Man braucht ein Zugewendetsein*)[13] berichtet von einer jungen Frau, Mutter von zwei Kindern, die vor vier bis fünf Monaten in seine Sprechstunde kam. Sie wirkte auf ihn *sympa-*

---

12 Dr. Ton arbeitet zum Zeitpunkt des Interviews als niedergelassener Internist seit fünf Jahren in einer Praxisgemeinschaft.
13 Schlüsselmetapher, die eine Variation der Beziehungsmetaphorik darstellt.

thisch, interessant (*da kommt jemand Interessantes*) und *so ein bißchen wie eine Maus, die in der Enge ist, so ein bißchen spitzes ängstliches Gesicht und schon so leidend*, ein erster Eindruck, der bei dem Arzt das Gefühl auslöst, *hoppla, der geht's schlecht, da gehts's wirklich um was und laß dich jetzt mal so drauf ein*. Die Schilderung des ersten Eindrucks spiegelt einen auf die ganze Person gerichteten Blick wider; das Äußere wird als Ausdruck einer psychischen Befindlichkeit interpretiert, die der Arzt als Aufforderung zu einem auch zwischenmenschliche Kontakte einschließenden Engagement versteht. Der erste Eindruck enthält damit bereits eine Verhaltensanweisung. Als Symptome nennt die Patientin Oberbauchschmerzen, immer wieder Übelkeit, Kreislaufprobleme; dem Arzt bietet sich ein *unklares Bild*.

Die Diagnosesuche beginnt mit einem Gespräch, bei dem der Arzt in Übereinstimmung mit seinem ersten Blick *sehr schnell auf Streß und solche Dinge zu sprechen kommt*. Er erfährt, *daß sie mit der Erziehung der Kinder und gleichzeitig noch so eine Aushilfstätigkeit als Lektorin in einem Verlag, schlecht bezahlt, unzufrieden* (war). Dies sagt ihm, daß es keine *angeflogene Oberbauchgeschichte* ist, sondern *daß ein Hintergrund da ist*. Die körperlichen Beschwerden stehen für den Arzt in Beziehung zu einem *sozialen menschlichen Kontext*, der mit einer *rein technischen Methode* nicht aufzuspüren ist. Es braucht aus seiner Sicht *ein Zugewendetsein, diese Neugier, das totale Interesse, einen Weg zu finden*. Die Beziehung ist das zentrale Medium im Prozeß der Diagnosesuche, was aber nicht ausschließt, medizinische Untersuchungen durchzuführen. In der ersten Begegnung findet eine manuelle Untersuchung des Oberbauches statt. Außerdem verabreicht der Arzt ein pflanzliches Medikament gegen Gastritis, das dem Arzt als Erkenntnisinstrument dient (die Wirksamkeit des Medikaments würde für eine Gastritis sprechen). Nicht sofort, sondern hintereinander nimmt der Arzt eine Blut-, eine Stuhl- und eine Ultraschalluntersuchung vor. Die Durchführung dieser Untersuchungen erfolgt in Absprache mit der Patientin. Der Arzt sagt: *Wir machen an dem Punkt aus, was wir als nächstes tun*. Der Arzt beschreibt die körperlichen Untersuchungen unter dem Gesichtspunkt ihrer Zumutbarkeit für die Patientin und in ihrer Bedeutung für die Arzt-Patient-Beziehung. Er betont, daß eine Blutentnahme mit einer Verletzung verbunden sei und er technisch keine *Breitseite* abziehen will, um, so könnte man dies verstehen, der Patientin Überflüssiges zu ersparen. Ausführlich spricht er über die Ultraschalluntersuchung und charakterisiert sie als ein medizintechnisches Verfahren, das *nicht trennt, sondern eher verbindet.* Diese Untersuchung gehe mit einer körperlichen Berührung einher, die *fast was mit Streicheln zu tun hat* und daher eine *öffnende Geschichte* darstelle, die Vertrauen fördert, das wiederum die Gesprächsbereitschaft erhöht. Außerdem vermittelt ihm diese Berührung *sachliche Informationen, wie weich ist der Bauch, wie fühlt sich die Haut an, ist sie spröde, schuppig.*

Dr. Ton wechselt im Verlauf der Diagnosesuche sehr deutlich zwischen Blickwinkeln, die auf das Organische und auf das Psychosoziale, auf exakt Benennbares und auf Diffuses/Vages bezogen sind. Es sind weder lineare Erklärungsketten, nach denen er sucht, noch hat er die Idee von einer Basisproblematik, von der alles ausgeht; vielmehr geht es ihm um das Aufspüren von Wechselbeziehungen in einem soziopsychosomatischen Komplex. Die Durchführung und Interpretation der medizintechnischen Untersuchungen fordern von dem Arzt systematisierende, analysierende kognitive Kompetenzen; die beziehungsorientierten Suchverfahren dagegen empathische und kommunikative Fähigkeiten sowie die Aufmerksamkeit für nonverbale Botschaften. In diesem Zusammenhang sind auch die Sinne wichtig; der Arzt betont das Zuhören, das Anschauen, das taktile Fühlen und Erspüren.

Schon mit dem ersten Blick diagnostiziert der Arzt: *Da geht's um was.* Einen weiteren Mosaikstein der Diagnose bildet die Feststellung aufgrund der Anamnese, daß es sich um keine angeflogene Oberbauchgeschichte handle, sondern um eine Erkrankung mit psychosozialem Hintergrund. Der Arzt schildert es als ein zentrales Anliegen, rasch zu einer Vermutungsdiagnose zu kommen: *Ich hab total den Ehrgeiz, wenn ein Patient kommt, daß ich nach dem Gespräch (...) einen mehr oder weniger harten Verdacht hab.* In Verbindung mit den negativen Befunden der durchgeführten Untersuchungen kommt der Arzt nach einigen Wochen zu der Überzeugung: *Es ist ein funktionelles Problem da*, das heißt eine psychosomatische Störung im leichten Stadium. Diese vorläufige Diagnose basiert nicht auf harten, sondern auf unklaren Daten, die für den Arzt in der Medizin nicht ungewöhnlich sind, *in der Medizin ist aus meiner Sicht ganz viel unsicher.* Gleichwohl tut er sich schwer, diese Diagnose zu akzeptieren, zumal die Beschwerden der Patientin nicht abnehmen. Er spricht von *Hilfsdiagnose* und *Allerweltsdiagnose*. Die Unschärfe der Anfangssituation wird durch diese Diagnose nicht reduziert. Sie beseitigt nicht den Zweifel des Arztes, er könnte etwas übersehen haben, *schlummert nicht irgendwo ein kleiner Tumor* oder die funktionelle Störung könnte in ein Magengeschwür umschlagen.

In Verbindung mit seiner eigenen Skepsis wirkt die auch von der Patientin geäußerte Unzufriedenheit als Handlungsregulativ. Der Arzt schlägt der Patientin einen Krankenhausaufenthalt vor, bei dem ein neues Suchprogramm gestartet werden soll, das einerseits invasivere Suchmethoden im schulmedizinischen Sinn beinhaltet, aber auch die psychosozialen Seiten der körperlichen Beeinträchtigung berücksichtigt. Anders als Dr. Ernst, der sich von einer Delegation eine Präzisierung seiner Befunde verspricht, will Dr. Ton durch eine Delegation Möglichkeiten zu einer Revision seines Urteils eröffnen. Allerdings achtet auch er durch Auswahl eines entsprechenden Kollegen darauf, daß sich in der Delegation seine beiden Blickwinkel fortsetzen. Das neugestartete Suchprogramm bestätigt seine Diagnose.

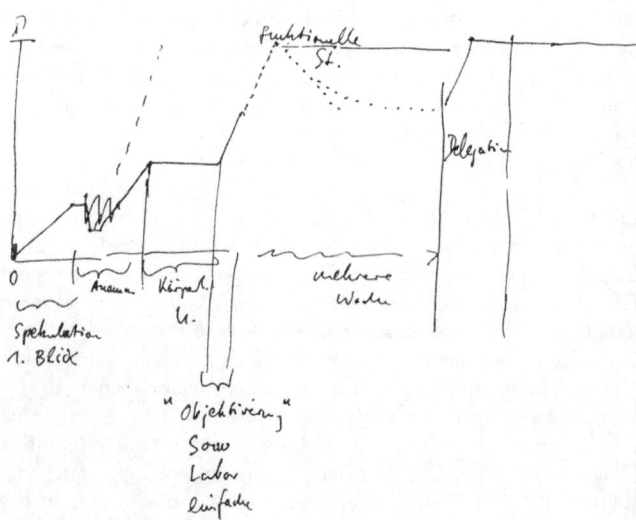

Der Diagnoseprozeß gestaltet sich stufenartig

Fazit

Schon der erste Blick thematisiert die Beziehung zwischen Arzt und Patientin sowie die Frage, in welche Richtung, nämlich in Richtung Lebensumstände, zu suchen ist. Die Art und Weise, wie der Arzt sich auf die Patientin bezieht, steht im Zeichen des Zugewendetseins, das ein zentrales Motiv seiner Schlüsselmetaphorik darstellt. Der Arzt bedient sich bei der Diagnosefindung einerseits des schulmedizinischen Handlungsrepertoires, wobei er aus diesem wie aus einer Werkzeugkiste einige Werkzeuge auswählt. Wesentlicher für die Suche ist das Gespräch, das aber keinen professionellen Standards aus dem psychotherapeutischen Wissens- und Handlungskontext folgt, sondern sich aus der Bereitschaft des Arztes speist, sich auf die Patientin einzulassen sowie aus seiner Offenheit und seiner Neugier. Die Diagnose entwickelt sich nicht linear, auch nicht im Muster eines Zopfes (s. Dr. Flusser), sondern in einem stufenartigen Prozeß, der Einschnitte/Einbrüche aufweist und sich vor- und rückwärts bewegt. Jede Stufe und jeder Einbruch markiert neue Entscheidungen. Was dieses Verfahren wesentlich von den bisher geschilderten Suchverfahren unterscheidet, ist, daß die Entscheidungen des Arztes in Kommunikation mit der Patientin getroffen werden, was dem Motiv des Zugewendetseins entspricht. Anders als bei den Verfahren der zweiten Gruppe wird die Krankheit nicht allein im Körper lokalisiert. Der Arzt versucht das Wechselspiel zwischen psychosozialem Hintergrund und funktioneller Störung aufzuspüren. Für ihn konstituiert sich die Krankheit zwischen diesen zwei Polen im Unterschied zu den beiden Ärztinnen der ersten Gruppe, die eine Dreiheit im Auge haben.

Im Modus der Lebensbegleitung

Dr. Bauer[14] (*Erst mit der Zeit entwickelt sich ein Gesamtbild*)[15] wählt, um ihr Vorgehen bei der Diagnosesuche exemplarisch darzustellen, eine Patientin (alleinerziehende Mutter von zwei Kindern, geschieden, Lehrerin) aus, die seit sieben Jahren in ihre Praxis kommt. Sie beschreibt die Patientin als *überlastet*,

14 Dr. Bauer arbeitet zum Zeitpunkt des Interviews als niedergelassene Allgemeinärztin mit psychotherapeutischer Zusatzausbildung seit zwölf Jahren in einer Gemeinschaftspraxis.
15 Schlüsselmetapher, die eine Variation der Teile-Ganzes-Metaphorik darstellt.

schon auch gescheit, aber nicht extrovertiert, also jemand, der sein Päckl trägt, als manchmal *ein bißchen ungeduldig und hektisch* auch *eher unruhig, trauriger Gesichtsausdruck, Blässe*, das *Ausgepowerte* und *Zurückhaltende* repräsentierend. Überraschend für die Ärztin war die Begegnung mit der Patientin am Tag des Interviews, die nach eineinhalb Jahren wieder in die Praxis gekommen war. Sie habe den Eindruck gewonnen, *Donnerwetter die hat sich gut gemacht*, sie *sah so richtig kernig aus* und habe trotz einer Erkältung *an sich ganz munter in die Welt reingeschaut*. Eher beiläufig erwähnt die Ärztin die körperlichen Beschwerden, die die Patientin in gewissen Abständen in ihre Praxis führen: *Ich hab sie immer nur so in Erinnerung, also als verschnupft und Husten und manchmal also Stirnhöhlengeschichten.* Die beschriebene Wahrnehmung gibt über die Jahre hinweg gesammelte Eindrücke wieder, die nicht nur ein Krankheitsbild beschreiben.

Die Diagnosesuche der Ärztin ist breit und langfristig angelegt; sie stellt auf die Erfassung von Lebensumständen ab. Ihr Interesse gilt *Sachen, die zur Sprache kommen, wenn man sich Zeit läßt.* Für diese Art von Suche ist das Gespräch ein wichtiges Medium. Dieses vermittelte der Ärztin einen Einblick in die problematische Arbeitsplatzsituation der Patientin. Bei einem Hausbesuch lernte sie die häuslichen Verhältnisse der Patientin kennen, die sie beschreibt als *eine unheimlich dumpfe Atmosphäre von (...) kleinen Kindern, die rumkrabbeln.* Am Tag des Interviews erfährt sie nicht nur Neues aus der gescheiterten Ehe und deren Bewältigung, sondern auch davon, daß der kleine Sohn der Patientin an einer Therapie teilnimmt. Daß sie letzteres erst relativ spät erfährt, scheint sie zu irritieren. Sie fragt sich: *Hab ich mir da zu wenig Zeit genommen?* Jedenfalls ist diese Information für sie wieder *ein Baustein im Gesamtbild.*

Ihre Diagnosesuche stellt weniger auf eine spezifische Erkrankung ab als auf die Konstruktion dieses Gesamtbildes. Sie wechselt dabei zwischen Aktivsein und Passivität, wartet ab, ehe sie eine bestimmte Frage stellt, eine Frage, *die so 'ne Tür aufmacht zu einer nächsten Sache.* Die hier benutzte räumliche Metaphorik grenzt den Raum der Patientin vom Raum der Ärztin ab. Ein Zutritt zum *Patientinnenraum*, etwa um Konflikte zu besprechen, ist nach Ansicht der Ärztin nicht jederzeit sinnvoll, es gilt vielmehr *zu erspüren, ob der Patient es wissen will oder heute chon wissen will oder erst das nächste Mal.* Der Faktor Zeit spielt als Bedingung ihres Denkens und Handelns eine zentrale Rolle.

Ähnlich wie Dr. Ton versucht die Ärztin die psychosoziale Situation der Patientin zu erkunden, doch während diese für Dr. Ton lediglich als Erklärungshintergrund für die akuten Krankheitssymptome von Bedeutung sind, interessiert sich Dr. Bauer all-

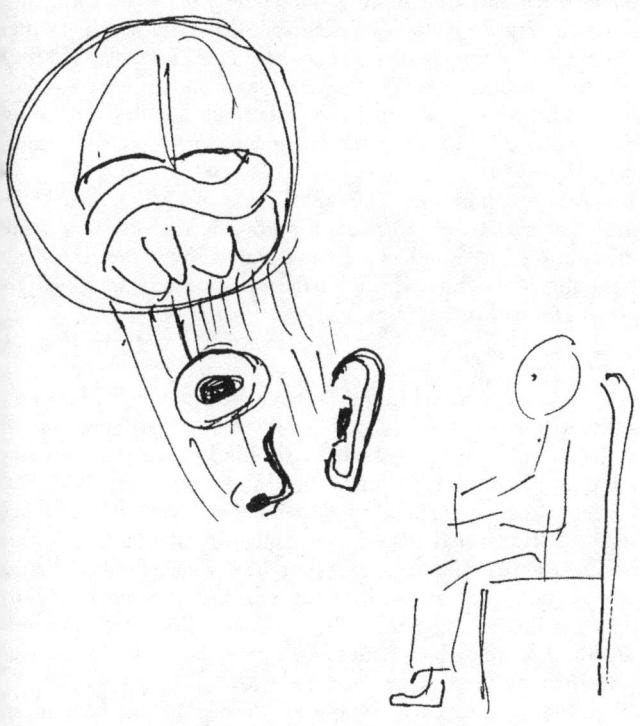

Mit allen Sinnen ein Gesamtbild konstruieren

gemein für diese Situation, um aus deren Kenntnis heraus sowohl sich verändernde Befindlichkeiten der Patientin besser zu verstehen als auch das ärztliche Handeln auf den lebensweltlichen

Kontext abzustimmen. Sie begibt sich nicht nur gedanklich, sondern auch durch Hausbesuche in diese Lebenswelt hinein. Das Erkunden dieser Situation erfordert neben kommunikativer und empathischen Fähigkeiten empfindsame Sinne. Ohr und Nase sind der Patientin in dem von der Ärztin angefertigten Körperbild am nächsten. Die Ärztin möchte nicht nur das Was, sondern auch das Wie hören, das Wie – *es zeigt eine Haltung* – sei fast noch wichtiger. Der Geruch lasse darauf schließen, ob bei einem Menschen *die Basis gesund oder krank* ist. Das Auge sammelt visuelle Fakten, zum Beispiel darüber: *Wie ist er (der Patient, d. V.) angezogen, was hat er für eine Haut?* Der *zentrale Apparat*, in dem diese Eindrücke zusammenlaufen, ist das Gehirn, doch wird dieses nicht nur als intellektuelles Organ gedacht: *Das Hirn ist ja auch Herz eigentlich, das ist ja auch Gefühl.*

Die Ärztin definiert die bei der Patientin wiederkehrenden Erkrankungen der Atemwege als Erschöpfungskrankheiten. Wenn die Anforderungen in Familie und Beruf aus Sicht der Ärztin ein bestimmtes Maß überschritten haben, *dann hat sie halt auch irgendwann mal auf der Nase gelegen.*

Fazit

Nicht nur vom ersten Eindruck, den die Ärztin von der Patientin gewann, sondern von vielen Eindrücken über die Jahre hinweg berichtet die Ärztin. Mit Hilfe dieser Eindrücke hat sie ein Gesamtbild konstruiert, das die Patientin in ihrer lebensweltlichen Eingebundenheit zeigt und auf dessen Basis sie Veränderungen auf seiten der Patientin besser erkennen und beurteilen kann. Sie greift bei der Konstruktion dieses Gesamtbildes weniger auf medizinisches Handwerkszeug zurück; vielmehr bringt sie ihre psychotherapeutischen Kompetenzen ins Spiel. Der Prozeß der Diagnosesuche gestaltet sich als Lebensbegleitung, die ihr ein sukzessives Erkennen und Intervenieren ermöglicht.

Die Diagnose entwickelt sich ebenso wie bei Dr. Ton nicht linear, aber auch nicht wie bei diesem in Stufen; eher kann man von Wellen sprechen, die ausgelöst werden durch die Fragen der Ärztin in Verbindung mit der Gesprächsbereitschaft der Patientin. Die Beziehung stellt auch hier eine unverzichtbare Bedingung der Erkenntnis dar. Die Klärung der unscharfen, komplexen und dynamischen Problemsituation, in der die Patientin steht, vollzieht sich nur nach und nach über einen langen Zeitraum hinweg; da die Klärung psychotherapeutisch betrachtet bereits eine Form der Bearbeitung darstellt, kann man sagen, daß Diagnose und Therapie ineinandergreifen. Im Unterschied zu Dr. Ton beunruhigt die Ärztin die diffuse Problemlage nicht. Eine Erklärung dafür könnte sein, daß sie es im Fall der Patientin mit relativ harmlosen Leiden zu tun hat; andererseits könnte auch Erschöpfung als Indiz einer schwerwiegenden organischen Störung vermutet werden. Doch die Ärztin ist sich sicher, daß sich die Krankheitssymptome im Kontext der Lebenssituation erklären lassen. Diese Sicherheit gewinnt sie möglicherweise aus dem von ihr entwickelten Gesamtbild sowie aus ihren professionellen psychotherapeutischen Kompetenzen.

Die Diagnoseverfahren dieser Gruppe verbindet, daß sie auf das Verstehen des Menschen und seiner körperlichen Beschwerden im Kontext seiner Lebensumstände abzielen. Anders als Verfahren, die auf die Erklärung organischer Ursache-Wirkungs-Ketten abstellen und dazu eindeutig benennbares Faktenwissen benötigen, setzt das Verstehen das Sich-Hineindenken und Sich-Hineinfühlen in die gesamte Problemlage der PatientInnen voraus, was nicht ohne intensive Interaktion zu bewerkstelligen ist. Auch die Verfahren der ersten Gruppe, die auf die Identifizierung einer Basisproblematik abzielen, verlangen Interaktion, jedoch mehr in dem Sinne, daß die PatientInnen mitmachen sollen; die zuletzt beschriebenen Verfahren werden oft erst in der Interaktion festgelegt. Eine weitere Ähnlichkeit zwischen den Verfahren der ersten und der dritten Gruppe besteht in der Einbeziehung der Lebensumstände als krankheitsrelevante Faktoren. Während jedoch auf diese in den Suchprozessen der dritten Gruppe das Hauptinteresse gerichtet ist, interessieren sie bei den Verfahren der ersten Gruppe lediglich als Anhaltspunkt für das Eigentliche, die Basisproblematik etwa in Form einer Lebenswunde.

Der vage, schwer meßbare Charakter der gesuchten Erkenntnisse bedingt, daß sehr viel mehr auf der Grundlage von Ahnungen und Vermutungen gehandelt werden muß als bei Anwendung diagnostischer Verfahren, die auf lineare Zusammenhänge abstellen. Die Suche gestaltet sich aus diesem Grund langwieriger und unberechenbarer, sie hat keinen geradlinigen Verlauf. Unter dem Gesichtspunkt, daß das Problemverstehen eine Form der Problembearbeitung darstellt, sind Diagnose und Therapie nicht strikt voneinander getrennt.

Die Wahrnehmung der PatientInnen korrespondiert stets mit dem Anliegen, deren psychosoziale Situation zu erkunden und zu verstehen. Es wird auf Details geachtet, die als Zeichen dieses Hintergrunds gedeutet werden sowie als Zeichen der Kommunikationsbereitschaft der PatientInnen, auf die der Arzt oder die Ärztin bei ihrer Arbeitsweise angewiesen sind.

1.2 Die Suche nach gesundheitsstabilisierenden und -fördernden Faktoren

Während die bisher skizzierten Diagnoseverfahren auf die Identifikation krankmachender Faktoren abzielen, sollen nun Verfahren vorgestellt werden, die sich auf die Ermittlung bzw. Herstellung gesundheitsstabilisierender und -fördernder Faktoren richten. Das heißt nicht, daß die krankhaften Prozesse ignoriert werden, doch das Hauptaugenmerk richtet sich auf die Gesundheitspotentiale, die als Gegenkräfte mobilisiert werden. Dieser Handlungsansatz korrespondiert dem in der neueren gesundheits- und pflegewissenschaftlichen Diskussion bedeutsam gewordenen Denken, das primär die Erhaltung bzw. Wiederherstellung von Gesundheit thematisiert (vgl. Badura 1993, S. 64 f.; Schachtner 1996, S. 198 ff.). Diese Diskussion schließt an dem von dem Medizinsoziologen Aaron Antonovsky stammenden salutogenetischen Gedankenmodell an, dessen Kernstück die Frage bildet: Unter welchen Bedingungen bleiben oder werden Menschen gesund? Eine solche Perspektive lenkt das ärztliche Erkenntnisinteresse auf die im Subjekt und/oder in seiner sozial-ökologischen Umgebung vorhandenen gesundheitsförderlichen Wirkkräfte. Wie bereits erwähnt, zeigte sich diese Orientierung nur bei wenigen in dieser Studie ermittelten Diagnoseverfahren. Im folgenden werde ich zwei Beispiele darstellen, die sich nicht prinzipiell, sondern nur tendenziell voneinander unterscheiden.

1.2.1 Das *Fiedrige* identifizieren

Seit zwei bis drei Monaten kommt eine 50jährige alleinstehende Jugoslawin in die Sprechstunde von Dr. Berg[16] (*So diese Sorge um die Abgestürzten …*).[17] Die Patientin spricht, so berichtet die Ärztin, fast perfekt deutsch; sie lebt seit 30 Jahren in Deutschland. Den ersten Eindruck, den die Ärztin von der Patientin gewann, schildert sie so: *Die kam also zur Tür rein, so richtig leidend schon vom Gesichtsausdruck, auch ganz mager, gebeugte Haltung und so richtig schleppender Gang.* Sie nennt der Ärztin als Beschwerden *alles tut ihr weh, der ganze Körper tut ihr weh,* sie geht *seit Monaten nimmer aus dem Haus* und sie bietet dafür eine Diagnose an: *Sie hat dann irgendwas so von wegen Rheuma gesagt.* In dem geschilderten Eindruck, den die Ärztin von der Patientin gewann, versammeln sich ausschließlich krankheitsrelevante Faktoren, doch erschöpfen sich die ersten Wahrnehmungen der Ärztin nicht in diesem Eindruck, wie das von ihr gezeichnete Bild zum Erkenntnisweg offenbart. In diesem Bild erscheint die Patientin als ein *Hahn*, der einerseits *dunkel und düster (ist) und alles hängt so* und andererseits hat er für die Ärztin *noch irgendwas Helles.* Sie sagt: *Das hab ich irgendwo so gespürt, daß da irgendwas Fiedriges und irgendwas Strahlenderes ist,* das sie hoffen läßt, *bei der ist vielleicht auch noch irgendwas rauszuholen.* Die Formulierung *Alles hängt so* besagt, daß die Patientin etwas nach unten zieht, daß sie, um aus der Perspektive der der Ärztin eigenen Schlüsselmetapher zu sprechen, absturzgefährdet ist; das *Fiedrige* und Strahlendere aber weist nach oben und signalisiert Rettungschancen. Die Ärztin ist in ihrer Sorge um die Abgestürzten angesprochen.

Dem ersten Eindruck folgen eine körperliche Untersuchung, Röntgenaufnahmen sowie eine Laboruntersuchung; die körperlichen Befunde sind negativ. Auch finden Gespräche statt, ob in Form einer Anamnese oder beiläufig, geht aus den Äußerungen der Ärztin nicht hervor. Jedenfalls erfährt die Ärztin, daß die Patientin schon einige Jahre arbeitslos ist, alleine lebt und *eigentlich niemand so recht* hat. Diese Informationen bestärken die

---

16 Dr. Berg arbeitet zum Zeitpunkt des Interviews als niedergelassene praktische Ärztin seit acht Jahren in einer Gemeinschaftspraxis.

17 Schlüsselmetapher, die eine Variation der Retter- und Heilermetapher darstellt.

Ärztin in ihrer Vermutung, daß die Patientin depressiv ist, daß sie sich in einem *depressiven Sumpf* befindet, in dem sie mit ihr nicht rumsteigen will. Dieses Motiv lenkt die Suche der Ärztin einmal mehr in Richtung eventuell vorhandener Rettungschancen: *Ich dacht mir, vielleicht kann ich an irgendwas anknüpfen, was noch so für sie positiv ist.* Sie bedient sich bei dieser Suche konfrontativer Fragen. Sie fragt die Patientin, was diese machen würde, wenn sie keine Schmerzen hätte, um herauszufinden, ob sie Perspektiven hat und sie fragt, ob es einmal besser war und was da anders war und ob das wieder herzustellen sei. Im Verlauf dieser Suche gibt es einen *dramatischen Einbruch*, als die Patientin mit Atemnot und akuten Brustschmerzen in die Sprechstunde kommt und die Ärztin sie mit Verdacht auf Herzinfarkt ins Krankenhaus einweist. Der Verdacht bestätigt sich nicht, die dort durchgeführten Untersuchungen bleiben abermals ohne organischen Befund.

Das hab ich irgendwo so gespürt, daß da irgendwas Fiedriges ist

Dr. Berg agiert in einem vagen Feld. Intuition, Sinne sowie ihre Zuneigung zur Patientin gewinnen für sie in diesem Feld eine wichtige erkenntnisfördernde Funktion. Sie hört die schleppende Stimme und sieht den schleppenden Gang als Zeichen einer Depression. Sie hat, wie sie in ihrem Körperbild ausdrückt, ein lachendes Auge, wenn sie Rettungschancen erkennt und ein weinendes, wenn *nichts zu bewegen* ist. Wiederholt spricht sie davon, etwas zu spüren, zum Beispiel hat sie bei der Patientin *gespürt, da ist irgend noch ein Boden da.* Dieses Spüren speist sich aus dem Vergleich mit anderen PatientInnen, bei denen *nix anklingt*, also aus der Erfahrung sowie aus dem emotionalen Involviertsein in die Begegnung mit der Patientin *Ich hatte für die Frau was übrig, ich mag die gern, die Frau.* Die emotionale Nähe habe sie das kaum sichtbare *Fiedrige* und Strahlendere erkennen lassen. An die kognitiven Kompetenzen der Ärztin sind angesichts der vagen und unsicheren Krankheitsdaten hohe Anforderungen gestellt. Dr. Berg meint, ihr Gehirn sei *manchmal etwas verwickelt und verworren, bis es das alles so zusammenkriegt.*

Die Diagnose umfaßt krankheits- und gesundheitsbezogene Faktoren. Die Ärztin stellt aufgrund ihres ersten Eindrucks eine Anhiebsdiagnose: *Die saß vor mir und ich hat die noch gar nicht untersucht und ich hatte sofort das Gefühl, das ist eine somatisierte Depression bei der Frau.* Als explizite Gründe für diese Diagnose führt die Ärztin die diffuse Schmerzlage der Patientin an, *dann macht mich das eigentlich immer stutzig, wenn jemand so an allen Ecken und Enden Schmerzen hat, da denke ich schon immer, da steckt irgendwas anderes dahinter* sowie die gebeugte Haltung der Patientin und deren Mitteilung, sie würde das Haus nicht mehr verlassen. Die von ihr und im Krankenhaus ermittelten negativen Untersuchungsbefunde bewertet sie als Bestätigung ihrer Anhiebsdiagnose.

Simultan dazu diagnostiziert die Ärztin Faktoren, die sie als Gegenpotential charakterisiert *Ich glaube, da sind noch so Töne, die man zum Schwingen bringen kann.* Als Zeichen dieses Potentials wertet die Ärztin, daß sich die Patientin bunter anzieht als andere depressive PatientInnen, daß sie zwei Edelweiß gezüchtet hat, die sie ihr als Geschenk mitbringt, daß sie mit ihrem Hund wieder spazierengeht und daß eine Beziehung zwischen Ärztin und Patientin herstellbar ist: *Wo eine Beziehung möglich ist, ist immer so eine Hoffnung, daß man dann auch noch was rausziehen kann.* Alle von der Ärztin genannten gesundheitsstabilisierenden Faktoren sind auf ein Gegenüber bezogen, auf eine Pflanze, ein Tier, einen Menschen. Diese Bezogenheit geht mit einem Sich-Öffnen einher, das der depressiven Tendenz zum Sich-Abschließen entgegenwirkt.

Fazit

Bereits der erste Eindruck enthält zwei Grundinformationen, die für das der Ärztin eigene, in ihrer Schlüsselmetaphorik angelegte Rettungsmotiv bedeutsam sind. Sie sieht die Patientin in einer gefährdeten Situation und zugleich sieht sie Chancen, dieser Situation zu entkommen. Die Aufmerksamkeit der Ärztin gilt dem, was schon da ist an positiven Momenten, um, so legt das metaphorische Konzept der Ärztin nahe, daran ihr Rettungsseil anzuknüpfen. Die wiederholt von ihr benutzten Begriffe ›rausholen‹ und ›rausziehen‹ sprechen für ein solches Anliegen. Bei der Suche nach lebensbejahenden, gesundheitsförderlichen Momenten bedient sich die Ärztin ihrer Erfahrung, der Beobachtung sowie konfrontativer Fragen. Um manifeste organische Schäden auszuschließen, greift sie auf ausgewählte Suchmethoden aus dem schulmedizinischen Handlungsrepertoire zurück. Die Ärztin stellt, basierend auf Wahrnehmung und Intuition, eine Anhiebsdiagnose, die sie im weiteren Verlauf des Suchprozesses vertieft und differenziert. Auch wenn Dr. Berg bei der Diagnosefindung weniger das Kranke als das Gesunde im Auge hat, erinnert mich ihre Sichtweise an die der Ärztinnen aus der ersten Gruppe, deren Schlüsselmetaphorik ebenfalls das Retter- und Heilermotiv integrierte. Das *Fiedrige* und Strahlendere ist wie die Wunde oder die Blockierung ein nur vage beschreibbares Ganzes, das am Schnittpunkt zwischen Individuum und sozialem Umfeld angesiedelt ist. Während jedoch die Wunde eine mißlungene Interaktion signalisiert, steht das *Fiedrige* für eine möglicherweise gelingende Interaktion. Die Wunde ist etwas zu Beseitigendes, das *Fiedrige* etwas zu Förderndes.

1.2.2 Entwicklungspotentiale stimulieren

In die Sprechstunde von Dr. Lebert[18] (... *daß eine Entwicklung möglich wird*)[19] kommt eine *40jährige Asthmatikerin*, wie der Arzt sagt. Er beschreibt seinen ersten Eindruck von der Frau so: *Sie*

18 Dr. Lebert arbeitet zum Zeitpunkt des Interviews als niedergelassener praktischer Arzt mit einer Zusatzausbildung in Naturheilverfahren seit zwölf Jahren in einer Gemeinschaftspraxis.
19 Schlüsselmetapher, die eine Variation der Prozeßmetaphorik darstellt.

erschien mir als eine – eher stark zurückgenommene Frau, die (...)
einen leicht verschreckten Eindruck machte und ein bißchen – zart
auch vom Wesen her. Es bestand eine große Atemnot schon so beim
Reinkommen. Diese, den ersten Eindruck auszeichnenden Elemente betonen die körperlichen Beeinträchtigungen und die Schwäche der Patientin. Die Patientin war, wie Dr. Lebert bemerkt, *schulmedizinisch quasi austherapiert* und äußerte den Wunsch nach einer Akupunktur. Dieser Wunsch signalisiert Selbstbewußtsein auf seiten der Patientin, das der Arzt aber nicht als solches registriert. Das stärkere Gewicht hat für ihn das erste, die Gesamterscheinung der Patientin erfassende Bild. In diesem Bild (stark zurückgenommene Frau) steckt für ihn die größere Herausforderung, denn falls es sich bestätigt, sieht der Arzt für sich einen engen Handlungsspielraum.

Der Arzt kommt dem Wunsch der Patientin nach einer Akupunkturbehandlung nicht sofort nach, da eine naturheilkundliche Behandlung, wie er erklärt, *die Reaktionsfähigkeit des Körpers voraussetzt.* Es komme darauf an, *daß ein Körper reagieren kann, aber die Reaktionen halt im Rahmen bleiben*, das heißt in der Therapie wird mit Gesundheitspotentialen gearbeitet. Unter der Voraussetzung, daß der Körper reagiert, könne dieser die durch die Akupunkturnadel gegebene Information aufnehmen, die dann auf die Störung Einfluß nehme. Nicht die Frage, ob Asthma vorliegt oder nicht und welche Ursachen dieses gegebenenfalls hat, bewegt den Arzt bei der Diagnosefindung, sondern die Frage, ob die eine Akupunktur ermöglichenden Potentiale vorliegen. Es muß offenbleiben, ob bereits das von dem Arzt vorgenommene Abhören der Lunge, des Herzens, das Messen des Blutdrucks und die Untersuchung des Rachens diesem Zweck dienen. Er berichtet von diesen Untersuchungen erst auf Nachfrage und ohne sie zu begründen. In deutlichem Zusammenhang mit seinem Anliegen, die Reaktionsfähigkeit des Leib-Körpers zu prüfen, steht die Suche nach Hautzeichen, bei der er auf Methoden des Dermographismus[20] zurückgreift. Diese beinhalten zum Beispiel, mit dem Fingernagel über den Rücken zu streichen, um die körperliche Erregbarkeit zu testen; die Bildung von Quaddeln würde eine

---

20 Dermographismus ist die Lehre vom Erscheinen weißer oder roter Streifen oder Striemen auf der Haut nach Bestreichen der Haut mit einem harten oder spitzen Gegenstand (s. Duden 1992, 201).

Übererregbarkeit anzeigen. Mit dem Ziel, Gesundheitspotentiale zu identifizieren, achtet der Arzt auch darauf, wie sich die Patientin auszieht. Dies liefert ihm sowohl Informationen über ihr *körperliches Vermögen* als auch über ihre Schamgefühle. Die Patientin erschien ihm *nicht sehr g'schamig (...), sondern (konnte) relativ offen damit* (mit ihrer Nacktheit, d. V.) *umgehen.* Die Formulierung legt nahe, daß er dies als positives Zeichen wertet. Die Bedeutung, die er dieser Offenheit zumißt, spricht dafür, daß für ihn auch psychosoziale Ressourcen eine Bedingung für die Anwendung von Akupunktur darstellen. In diesem Sinne kann seine Bemerkung verstanden werden, daß manche PatientInnen psychosoziale Unterstützung benötigen, daß Akupunktur nur *greifen kann, wenn jemand ist, an dem sich der Patient festhalten kann.* Die Suche nach körperlichen und psychosozialen Gesundheitspotentialen in und außerhalb einer Person steht in Verbindung mit dem Motiv der Schlüsselmetapher, eine Entwicklung möglich zu machen. Entwicklung impliziert das Vorhandensein eines Potentials. Entwicklungen zu erfassen, verlangt von dem Arzt eine genaue Beobachtung des Leib-Körpers[21], der Bewegung, der Gestik, des Auftretens, des Verhaltens der Patientin über einen längeren Zeitraum hinweg sowie erfahrungsgestützte intuitive Fähigkeiten zur Deutung der naturgemäß unscharfen Signale. Teilweise nennt er in bezug auf den Leib-Körper aber auch eindeutige Signale (rote Streifen, schwitzende Hände), was die Übersetzung der unscharfen Problemsituation in eine bearbeitbare erleichtert.

Der Arzt diagnostiziert in der Anfangsphase, *daß der Körper insgesamt nicht sehr geschwächt ist* und daß *sowohl psychisch als auch körperlich durchaus noch eine Stabilität vorhanden war und auch Reaktionsfähigkeit.* Diese Diagnose wird später ergänzt durch die Erkenntnis des Arztes, daß die Patientin *doch eigentlich deutlich aktiver ist und auch ein Stück selbstbewußter als das erstmal schien.* Möglicherweise begann der Arzt die psychischen Dispositionen anders zu sehen, als er entgegen dem ersten Eindruck auf der körperlichen Ebene eine Stabilität vorgefunden hat; möglicherweise hat sich die Patientin in der Beziehung zu dem Arzt auch verändert; möglicherweise hat beides zusammengespielt. Der Arzt nennt die Beziehung als einen Faktor, der der

---

21 Dr. Lebert achtet nicht nur auf Körpermechanismen, sondern auch auf leibliche Expressivität.

Patientin ermöglicht habe, ein anderes Verhalten zu entwickeln bzw. zu zeigen: *Ich denke, daß mein Verhalten ihr tatsächlich ein Stück Sicherheit gegeben hat, (…), ein Stück mehr Vertrauen in ihren Körper und vielleicht war es ihr dadurch auch möglich, mehr Selbstvertrauen zu zeigen.* Zumindest spricht dies für die Intention des Arztes, selbst zur Entfaltung von Entwicklungs- bzw. Gesundheitspotentialen beizutragen.

Fazit

Der erste Eindruck, den der Arzt von der Patientin gewinnt, steht seinem Wunsch, Entwicklung zu ermöglichen, entgegen. Dieser Eindruck erfordert, soll er entkräftet werden, starke Gegenbeweise. Das könnte erklären, weshalb dem Arzt die anfänglich festgestellte psychische und körperliche Stabilität der Patientin nicht ausreicht, um eine Akupunkturbehandlung zu beginnen, sondern er die psychische Verfassung der Patientin noch zu festigen sucht, ehe er mit einer Akupunktur beginnt. Während sich für Dr. Berg die gestellte Anhiebsdiagnose im Verlauf der Behandlung bestätigt, revidiert Dr. Lebert seine Anhiebsdiagnose aufgrund dessen, was er anders bzw. neu an der Patientin wahrnehmen kann. Auch hier spielt die Zeit eine Rolle als ein Möglichkeitsraum, in dem sich Dinge verändern können, jedoch nicht als eine Bedingung, um sich ein Gesamtbild von der Patientin zu schaffen, wie dies Dr. Bauer anstrebt. Dr. Lebert konzentriert sich bei der Suche nach Gesundheitspotentialen auf die Patientin; auf das soziale Umfeld geht er jedenfalls im Interview nicht näher ein. Bei der Entwicklung seiner Diagnose kombiniert er relativ präzise Befunde aus den dermographischen Untersuchungen mit vagen Eindrücken aus der kommunikativen Begegnung mit der Patientin, die, so deutet sich an, für ihn das stärkere Gewicht haben.

Nicht die Suche nach dem Kranken, sondern nach dem Gesunden steht bei den Diagnoseverfahren dieser Gruppe im Vordergrund. Relevant aus dieser Perspektive können für einen Arzt oder eine Ärztin Zeichen verschiedenster Art werden wie Körperreaktionen, Selbstbewußtsein, Offenheit, emotionale Stabilität, Kontaktbereitschaft, Mobilität, gezeigte Lebensfreude, bunte Kleidung oder Tätowierungen, die von einer weiteren Ärztin als Ausdruck ästhetischer Wünsche interpretiert werden. Die Suche nach Gesundheitspotentialen konzentriert sich in allen Fällen auf das Individuum. Denkbar wären im Rahmen dieser Gruppe auch Verfahren, die sich auf Gesundheitsressourcen im Lebensumfeld richten, doch kommen solche Verfahren im vorliegenden empirischen Material nicht vor.

Da nicht feststeht, was bei einzelnen PatientInnen als Gesundheitspotential zu werten ist, dieses Potential sich häufig nicht sofort und nicht eindeutig zeigt, gestaltet sich die Diagnosefindung als langfristiger Prozeß, in dem Ahnungen, Intuition und Erfahrung eine wichtige erkenntnisunterstützende Funktion gewinnen. Darüber hinaus tritt die Beziehung zwischen Arzt und Patient und zwar die emotional nahe Beziehung als Bedingung der Erkenntnis hervor. Mit dem Erkunden der Gesundheitspotentiale, das heißt der Diagnose setzt bereits ein therapeutischer Prozeß ein, da die Aufmerksamkeit für diese Potentiale als Unterstützung erfahren werden kann.

Die beschriebene Orientierung an den Gesundheitspotentialen wirkt schon im ersten Blick, der auf die PatientInnen fällt, indem sie die Aufmerksamkeit auf jene Merkmale lenkt, die darüber Auskunft geben können, ob solche Potentiale vorhanden sind oder nicht bzw. ob sie herstellbar sind oder nicht.

1.3 Zusammenfassende These

Die befragten ÄrztInnen suchen die komplexe, unscharfe, dynamische Problemsituation, in der PatientInnen stehen, in eine bearbeitbare zu übersetzen, indem sie fragen: Was ist los? Was ist der Fall? In der ärztlichen Praxis dominiert der individuelle Fall. Die Antwortsuche folgt den Implikationen der jeweiligen Schlüsselmetaphorik, die Aktionsräume eröffnet und begrenzt. Sie beginnt vom ersten Augenblick der Begegnung an. Der erste Eindruck steht in Verbindung mit dem, was PatientInnen ausdrücken, doch beeindruckt den Arzt oder die Ärztin nicht alles. Der ärztliche Blickwinkel wählt aus und deutet. Die geschilderten ersten Eindrücke lassen erkennen, daß der Blick des Arztes primär auf jene Aspekte fällt, die im Kontext seines metaphorischen Konzepts bedeutsam sind. Dies können Aspekte sein, die Hinweise liefern auf die Lebensumstände der PatientInnen, auf vorhandene Risikofaktoren, auf ein verdecktes Grundübel, auf die Kooperations- und Beziehungsbereitschaft. Mit diesen Aspekten sind Krankheitsbilder, Krankheitsursachen, Suchrichtungen, Arbeitsmöglichkeiten angesprochen.

Der erste Eindruck beschreibt eine erstmalige Erfahrung mit einem(r) Patient(in)en, der, wie Ludwig Eckstein auf der Basis seiner empirischen Studien feststellt, zu späteren Eindrücken in einer besonderen Beziehung steht (vgl. Eckstein 1937, S. 2), sei es, daß er bestimmte Sichtweisen ausgrenzt, den Suchprozeß in eine bestimmte Richtung lenkt oder die Anwendung bestimmter Suchmethoden nahelegt. Der erste Eindruck hat, wie in der Hypothesentheorie der sozialen Wahrnehmung beschrieben, den Charakter einer Erwartungshypothese (vgl. Frey/Lilli 1993, S. 63 f.). Je stärker diese ist, desto mehr und desto begründetere Informationen sind nötig, um die Erwartungshypothese zu widerlegen. Ich erinnere an Dr. Lebert und sein Zögern im Falle einer Patientin, mit einer Akupunkturbehandlung zu beginnen, die ihm längst Beweise für ihre psychische Stabilität geliefert hatte. Im ersten Augenblick ihrer Begegnung aber war sie ihm zart und schwach erschienen und dieser Augenblick ging ihm nach.

Die im ersten Eindruck gewonnenen Informationen beeinflussen, welche Diagnoseverfahren gewählt werden. Sind es eindeutig benennbare und meßbare Informationen, so finden standardisierte, systematisch strukturierte Verfahren Anwendung. Handelt es sich um verdeckte, verschwommene, schwer beschreibbare Informationen, so stützt sich die weitere Diagnosesuche stärker auf Ahnungen, Sinneseindrücke sowie auf den Dialog oder es werden systematische und unsystematische Verfahren miteinander verknüpft. Die Anwendung standardisierter Methoden verleiht der ärztlichen Praxis eine stringente, kausale, explizit begründbare Logik, die sich geradlinig entwickelt; die Suche auf der Basis von Ahnungen und Dialog fördert eine experimentierende, tastende, vor- und rückwärts sich bewegende, springende Logik. In den jeweils sich entwickelnden Suchmustern kommen die konzeptuellen Implikationen der Schlüsselmetaphern zum Tragen. Diese Implikationen sind verknüpft mit verschiedenen Zeitperspektiven. Zeiteffiziente sind von zeitintensiven Implikationen zu unterscheiden. Ein Kratzen an der Fassade, wie eine Ärztin die Diagnose beschreibt, verweist auf einen hohen Zeitaufwand; dagegen kann, wenn einmal die richtigen Bahnen gestellt sind, die Diagnosefindung schnell vonstatten gehen. Je unschärfer und je verborgener die gesuchten Daten, je breiter das Spektrum der interessierenden Daten und je größer die ihnen zugeschriebene Dynamik, desto mehr Zeit beansprucht die Diagnosesuche. Zeit erweist sich als eine Bedingung der Erkenntnis.

Auch die vergangene Zeit, die Zeit in Form von Erfahrung beeinflußt die Erkenntnischancen. Erfahrung wird mobilisiert, wenn ein aktueller Fall mit einem früheren verglichen wird, um die Unterschiede als prinzipielle oder als graduelle zu bewerten, die eine ähnliche oder identische Diagnose gestatten. Dieser Vergleich läuft nicht geplant und systematisch ab, es handelt sich vielmehr um eine spontane Verkoppelung von Beobachtungen und Eindrücken, der das entspringt, was man Intuition nennt. Je stärker ÄrztInnen involviert sind in eine Situation, desto größer scheinen die Chancen intuitiver Erkenntnis zu sein. Die Nähe zu den Problemen verstärkt die Intensität der Problemerfahrung, sie spricht Empfangsbereitschaften auf der kognitiven, der leiblichen und der emotionalen Ebene an. Intuitive Erkenntnis und intuitives Handeln zeichnen für Dreyfus ExpertInnen aus (vgl. Dreyfus/Dreyfus 1994, S. 21 f.). ExpertInnen sehen eine Situation und wissen, was los ist oder was zu tun ist. Franz Breuer hat dieses Phänomen auch bei PsychotherapeutInnen festgestellt und als »Verhaltensautomatisierung« (Breuer 1979, S. 131) bezeichnet. Verhaltensautomatisierungen, von Breuer auch Fertigkeiten genannt, verkürzen seiner Ansicht nach Entscheidungsprozesse, sie gewährleisten eine größere Flüssigkeit und Stabilität des Handlungsablaufs sowie eine präzisere Anpassung an Aufgabenerfordernisse (vgl. a.a.O., S. 134). Intuitive Erkenntnis bzw. Verhaltensautomatisierung schützen ÄrztInnen nicht vor Fehlern. Fehler und neuartige Situationen provozieren die Reflexion, der zunächst ein geplantes regelorientiertes Handeln folgen kann, ehe im Hinblick auf die neue Problematik ein neuer Erfahrungsfundus geschaffen ist, der die Regel überflüssig macht.

Der von Felix Anschütz behauptete diagnostische Imperativ läßt sich anhand der von mir vorgenommenen Analyse bestätigen, vorausgesetzt, der Begriff Diagnose wird nicht nur auf die Durchschauung des Krankheitsbildes beschränkt, sondern weiter gefaßt im Sinne der Frage, was der Fall ist. Für einen Teil der ÄrztInnen ist diese Frage beantwortet, wenn organische Ursache-Wirkungs-Ketten aufgedeckt sind, anderen geht es um die Identifizierung von Wechselbezügen innerhalb soziopsychosomatischer Konstellationen oder um die Bestimmung eines Grundübels als Krankheits-

herd; wieder andere setzen auf die Entdeckung von Gesundheitspotentialen. Einem Teil der ÄrztInnen kommt es auf exakte, eindeutige und relativ abgeschlossene Diagnosen an, andere arbeiten
mit diffusen Diagnosen, die in der Schwebe gehalten werden. Zu
letzterem neigen eher – so fällt auf – ÄrztInnen, die in Gemein-
schaftspraxen tätig sind. Es könnte sein, daß das Wissen um die
leichte Erreichbarkeit von KollegInnen, die um Rat gefragt werden
können, was oftmals als Vorteil einer Gemeinschaftspraxis betont
wird, eine offenere Diagnoseform erlaubt, während das Wissen um
die Alleinverantwortung zu stärkerer Festlegung drängt.

Es ist zu überlegen, ob sich die Verschiedenheit der Diagnosesuchverfahren nicht aus der Spezifik der Krankheitsbilder erklärt.
Dagegen spricht, zumindest was ihre grundsätzliche Ausrichtung
angeht, daß sie an metaphorische Konzepte gekoppelt sind, die
nicht nur im Hinblick auf den besonderen Fall entwickelt wurden,
sondern der Praxis der einzelnen ÄrztInnen allgemein als habi-
tuelles Schema zugrunde liegen. Dies schließt nicht aus, daß Ärzt-
Innen im Hinblick auf den besonderen Fall ihre Praxis variieren,
doch stecken die Implikationen ihrer metaphorischen Konzepte
der Variationsbreite Grenzen, was jene Ärztin, die nach den Wunden der PatientInnen sucht, explizit ausdrückt, indem sie sagt: *Ich
biete etwas Spezielles an und biete das für einen ganz speziellen
Menschenschlag an, der das auch wirklich übernehmen kann, da
hab' ich auch meine Erfolge.*

2. Therapie

Über die Therapie wird von den ÄrztInnen sehr viel weniger
gesprochen als über die Diagnosefindung.[22] Der Anspruch, die
Fallproblematik zu erkennen und zu benennen, scheint die Ärzt-
Innen in besonderer Weise herauszufordern. Die Dominanz dieses
Anspruchs charakterisiert nach Edward Shorter die moderne Me-
dizin im Unterschied zur traditionellen, die er historisch in der

22 Die Darstellung therapeutischer Muster im folgenden läßt dies mögli-
    cherweise nicht so deutlich erkennen. Es wurden Fallbeispiele ausge-
    wählt, bei denen die Therapie einen vergleichsweise hohen Stellenwert
    hat, da sich Fallbeispiele, die wenig über Therapie enthalten, nicht für
    eine Analyse eignen.

Zeit von Galen (Galenische Säftelehre) bis Mitte des 19. Jahrhunderts ansiedelt (vgl. Shorter 1991, S. 17). In der traditionellen Medizin stand die Therapie in Form von Purgation, Aderlaß und Schröpfen (Blutwegnahme) im Mittelpunkt, die nach Shorter dem menschlichen Körper überwiegend schädlich war. Fortschritte in der Histologie, Pathologie und Mikrobiologie leiteten die moderne Medizin ein (Mitte des 19. Jahrhunderts bis zur Mitte des 20. Jahrhunderts); sie ermöglichten zum ersten Mal eine Differentialdiagnose, das heißt die Zuordnung einzelner Symptome zu einem definierten Krankheitsbild. Dagegen gab es laut Shorter ungleich weniger Fortschritt in bezug auf die therapeutischen Möglichkeiten. Erst ab den 50er Jahren des 20. Jahrhunderts kam zum diagnostischen das therapeutische Können. Dies markiert, so Shorter, den Beginn der postmodernen Medizin (vgl. 1991, S. 45). Wenn heutige ÄrztInnen beim Reden über ihre Praxis dem diagnostischen Können mehr Raum geben als ihrem therapeutischen, so spricht dies für die nachhaltige Wirkung des vorangegangenen medizinischen Paradigmas. Diagnostische Erfolge werden von den befragten ÄrztInnen mit Stolz berichtet; die Lust an der Erkenntnis ist aus manchen Äußerungen deutlich herauszuhören. Exemplarisch zitiert sei jener Arzt, der gerne die Fähigkeiten einer Wahrsagerin hätte, die sich magischer Erkenntnismittel zu bedienen versteht. Er schwärmt von der *Kristallkugel, wo man reinschaut und sagt »ich sehe hier (…)«, wie das die Wahrsagerin macht, das wäre natürlich schon schön.* Er lacht.

Die Analyse der therapeutischen Praxis macht Rückgriffe auf Interviewausschnitte nötig, die den LeserInnen bereits bekannt sind. Praxis ist ein ganzheitliches Gebilde, das sich gegen eine analytische Betrachtung, wie sie der Wissenschaft eigen ist, sträubt. In der Praxis mischen sich Motive, Ziele, Sichtweisen, Orientierungen, Strategien, so daß bei der Beschreibung der ärztlichen Praxis oft mit einem Satz oder einem Wort verschiedene Dinge angesprochen sind. Wenn eine Ärztin erklärt, sie möchte einer Patientin den *roten Faden* bringen, *an dem sie das aufdröselt,* so bezeichnet das Wort *aufdröseln* sowohl das therapeutische Ziel als auch die Art und Weise wie man ans Ziel gelangt. Ich versuche dem holistischen Charakter von Praxis Rechnung zu tragen, indem ich sie anhand von Fallgeschichten untersuche, in denen die Zusammenhänge erhalten bleiben. Gleichwohl verlangt der wissenschaftliche Ansatz, der beinhaltet Praxis zu interpretieren, zu kategorisieren sowie Wechselbezüge zu benennen, die analytische Perspektive, die den Gegenstand der Betrachtung zerlegt. In dem Bemühen, den Charakter von Praxis als ein Ganzes nicht zu verfälschen, werde ich die Einzelelemente immer wieder in die Fallgeschichten einbinden.

2.1 Therapiemuster

Die die Gruppeneinteilung der Diagnosefindungsverfahren begründenden Intentionen lassen sich für die Gruppierung der identifizierten Therapiemuster beibehalten. Auch die bereits eingeführten Fallbeispiele erweisen sich sinnvoll zur Darstellung der im empirischen Material gefundenen therapeutischen Muster, weil sie diese besonders deutlich verkörpern. Die Muster stellen so etwas wie Idealtypen dar, die allerdings nicht theoretisch, sondern aus der Empirie heraus entwickelt wurden mit der Konsequenz, daß sie sich nicht in allen Aspekten voneinander unterscheiden. Einige der bereits bekannten Fallbeispiele sind (in bezug auf die therapeutische Praxis) aufgrund großer Ähnlichkeit zu einem therapeutischen Muster zusammengefaßt worden; Variationen innerhalb einer Gruppe werden zum Teil durch Einführung neuer Fallbeispiele sichtbar gemacht. Die Bezeichnung der therapeutischen Muster orientiert sich an dem in diesen Mustern gesetzten Akzenten. Der Akzent kann auf dem Ansatzpunkt der Therapie, auf deren Gestaltung oder auf dem Ziel der therapeutischen Intervention liegen.

2.1.1. Das Grundübel beheben/abmildern/entschärfen

Emotional-mental orientierte Therapiemuster
Der therapeutische Ansatzpunkt in dem von Dr. Färber (..., daß ich nach den Wunden da bei denen suche) geschilderten Fallbeispiel, ist die Lebenswunde der Patientin in Form von Abwehrschwäche. Die therapeutische Intervention beinhaltet zweierlei. Zum einen geht es der Ärztin darum, die Abwehrschwäche bewußt zu machen: Ich sag, schauen Sie mal, Sie halten oder Sie haben dauernd einen Parasiten in sich. Der nährt sich von Ihnen (...). Und das haben Sie meistens auch in Ihrem Leben, ein Partner,

der saugt oder Familienumstände, von denen sie sich nicht abgrenzen können. Zum anderen will sie die Abwehrfähigkeit stärken: *Ich helf ihnen oft (...), sich besser abzugrenzen.* Die Verwendung des Plurals in dieser Äußerung deutet darauf hin, daß der Stärkungsgedanke ein allgemeines therapeutisches Prinzip für die Ärztin darstellt.

Die von der Ärztin angewandten therapeutischen Mittel, die der Umsetzung dieses Gedankens dienen, sind das Gespräch, die Eigenbluttherapie[23] und die Bach-Blütentherapie.[24] Das Gespräch dient, wie erwähnt, der Bewußtmachung der Abwehrschwäche und, wie die Ärztin an anderer Stelle bemerkt, als Forum für die Entwicklung von Zukunftsperspektiven. Sowohl der Benennung der Lebenswunde als auch der Benennung von Lebensalternativen wird ein therapeutischer Effekt zugeschrieben. Die Eigenbluttherapie zielt auf die Stärkung des körperlichen Abwehrsystems ab und bindet die Patientin mehrere Wochen an die Praxis, was der Ärztin die Beobachtung der Patientin ermöglicht. Der Schwerpunkt aber, *etwas, worauf ich sehr viel Wert lege,* liegt auf dem Bach-Remedium (Heilmittel), das das psychische Erleben der Patientin beeinflußt. Dies überrascht nicht, ist doch das psychische Defizit, die Abwehrschwäche, für die Ärztin der wunde Punkt. Die Blütentherapie soll das geschwächte psychische System stärken und dadurch die gestörte Harmonie zwischen dem Subjekt und seiner Umwelt wieder herstellen. Diesem therapeutischen Konzept liegt die Annahme zugrunde, daß eine Besserung der psychischen Störung, die körperlichen Symptome (in diesem Fall Candida) zum Verschwinden bringt.

Die Entscheidung, welche Therapie Anwendung finden soll, trifft die Ärztin; im Fall der Bach-Blütentherapie wählt die Patientin

---

23 Bei der Eigenbluttherapie wird Blut entnommen, das, angereichert mit einem homöopathischen Mittel, wieder injiziert wird.

24 Es handelt sich um eine Form der Kräuterheilkunde. Edward Bach (1880-1936), ein englischer Arzt, entdeckte, daß man einer großen Anzahl (38) von Blumen Heilkraft zuschreiben kann. Er fand heraus, daß erwärmter Tau die Eigenschaften der Pflanzen, auf denen er sich sammelt, übernimmt und versuchte, selbst Tau zu gewinnen, indem er die Blumen, besprengt mit Brunnenwasser für mehrere Stunden in der Sonne unter eine Glasglocke setzte. Das gewonnene Wasser wurde eine halbe Stunde gekocht, mit Weingeist versetzt und als Heilmittel eingesetzt. (vgl. Blom 1989, 74 f.).

die Blüten aus und zwar auf folgende Art und Weise. Die Ärztin sagt: *Konzentrieren Sie sich auf Ihre Situation, konzentrieren Sie sich auf die Person, mit der Sie das Problem haben und aus dieser Atmosphäre raus holen Sie sich intuitiv selber was.* Die Ärztin beabsichtigt durch diese Beteiligung, die Patientin in die Verantwortung für die Therapie einzubeziehen: *Damit verstärk ich so ein bißchen auch dieses Selbstverantwortungsthema.* Das Selbstverantwortungsthema ist ein Thema im Hinblick auf die zu erwerbende Abgrenzungskompetenz. Die Ärztin versucht also bereits die Therapie so zu gestalten, daß diese Kompetenz geübt werden kann. Um sicherzugehen, daß die Patientin richtig gewählt hat, benutzt die Ärztin ein Pendel, *damit krieg ich einen sehr individuellen Zugang zu den Leuten, weil natürlich jeder was Verschiedenes braucht.* Die Ärztin faßt ihre Praxis in dem Satz zusammen: *Ich versuch', ihr einen Punkt zu bringen, an dem sie festmachen kann und dann 'ne Art roten Faden, an dem sie das aufdröselt.* Der Punkt, die Abwehrschwäche, erscheint im Kontext dieses Satzes zugleich als Rettungsanker, an dem die Patientin das von der Ärztin erhaltene Rettungsseil, den roten Faden, festmachen kann, um sich zu retten. Dieser Satz läßt deutlich das die Schlüsselmetaphorik der Ärztin kennzeichnende Rettungsmotiv erkennen. Mit der Formulierung *das aufdröseln* ist angesprochen, wie die Rettung erfolgen soll. *Das aufdröseln* impliziert bewußtmachen, also diagnostizieren, das zugleich, wie erwähnt, die Therapie eröffnet. Therapie durch Bewußtmachung siedelt diese auf einer emotional-mentalen Ebene an. Eine andere Ärztin, die ebenfalls mit dem Bach-Remedium arbeitet, betont das Bewußtmachen als Therapie noch stärker. Sie sagt: *Ich geb' denen (den PatientInnen, d. V.) manchmal Schulaufgaben mit nach Haus, sowas zum Nachdenken.* Der Begriff *aufdröseln* enthält darüber hinaus Implikationen in bezug auf die Struktur des Bewußtwerdungsprozesses. Aufdröseln ist eine konzeptuelle Metapher, die an mühsame Fingerarbeit denken läßt, bei der Verknotungen zu lösen sind und die angesichts zu fester Knoten ins Stocken geraten kann.

Dr. Färber schildert die Therapie als *ein Auf und Ab*, das es notwendig machen kann, die therapeutischen Mittel zu verändern: *Wir schauen, ob sie eine neue Mischung braucht und wie es ihr geht.* Das *Auf und Ab* beschreibt den Rhythmus der Therapie und verweist auf ihre Langfristigkeit. Die Ärztin versucht die dafür

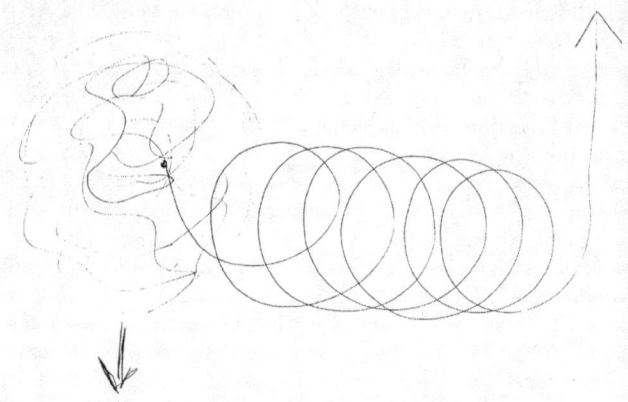

Ich versuch ihr einen Punkt zu bringen ...
und dann 'ne Art roten Faden, an dem sie das aufdröselt

erforderliche Ausdauer zu stimulieren: *Ich geb ihm* (dem Patienten, d. V.) *so 'ne grüne Farbe, sowas Gutes und was Positives, daß er an seinem roten Faden dranbleiben kann. Dranbleiben* soll er nicht nur solange bis die Symptome verschwinden, sondern bis *die Abwehrlage wirklich gut ist.* Die stabile Abwehrlage signalisiert ein wiederhergestelltes Gleichgewicht zwischen dem Subjekt und seiner Umgebung. Gadamer betrachtet die Etablierung eines neuen Gleichgewichts als die zentrale ärztliche Aufgabe, in deren Lösung sich ärztliches Tun vollendet (vgl. Gadamer 1993, S. 56). Noch stärker als Dr. Färber betont die ähnlich arbeitende Ärztin Dr. Schwinger das Gleichgewichtsmotiv. Sie spricht explizit im Bild der Waage. Gesundheit heißt für sie *Ich bin in meiner Mitte* und sie fügt hinzu: *Wenn man diese Waage wieder nimmt, da ist das Gleichgewicht.* Das Gleichgewichtsmotiv spielt bei beiden Ärztinnen bereits in die Gestaltung des therapeutischen Prozesses hinein. Es zeigt sich in dem Anspruch der Ärztinnen, den PatientInnen Positives zu vermitteln, das, wie Dr. Schwinger ausführt, als Gegenpol gedacht ist zur *Negativstimmung,* in der manche PatientInnen stecken. Das Gleichgewichtsmotiv findet seinen sichtbaren Ausdruck in dem von beiden Ärztinnen verwendeten Pendel, das durch seine Schwingungen für ständigen Ausgleich sorgt. Selbst das von Dr. Schwinger angefertigte Körperbild scheint dieses

Die Herstellung eines Gleichgewichts als therapeutisches Ziel

Motiv aufzunehmen. Gestik und Worte weisen deutlich in eine Richtung, so als ob sie den/die Betrachter(in) auffordern wollten, in diese Richtung mitzuschwingen.

Leiblich-sinnlich orientierte Therapiemuster

Die Therapie von Dr. Flusser (*Die Bahnen ins Fließen bringen und dann eben auch diese Blockierungen lösen*) konzentriert sich ebenfalls auf die Beeinflussung eines Basisproblems, das aber weniger ein emotional-mentales als ein leiblich-sinnliches ist, auf die Blockierung, die Verhärtung, die Verklebung. Die Therapie der Ärztin stellt darauf ab, das blockierte Leben wieder ins Fließen zu bringen. Ihre therapeutischen Instrumente sind die Akupunktur, die Osteopathie-Therapie und das Gespräch. Die Akupunktur-Methode, die zunächst auch zur Diagnose der körperlichen Konstitution der Patientin genutzt wird, wird im Verlauf der weiteren Behandlung zum ausschließlich therapeutischen Instrument, das die Osteopathie-Therapie ergänzt, welche im Zentrum des therapeutischen Bemühens steht. Osteopathisch wurde, wie die Ärztin berichtet, der *Beckenbereich behandelt und die Blase behandelt und der Beckenboden behandelt.* Das Wort behandeln ist wörtlich zu verstehen. Die Ärztin bemühte sich in dem von ihr geschilderten Fall durch Ab- und Betasten des Leib-Körpers (durch ihre geschulte, sensibilisierte Hand), die Blockierungen nicht nur zu identifizieren, sondern auch zu beseitigen. Folgender Satz, der zugleich ihre Schlüsselmetapher zum Ausdruck bringt, bezeichnet das Kernstück ihrer Therapie: *Man kann versuchen, die Bahnen ins Fließen zu bringen und dann eben auch die Blockierungen oder Verklebungen zu lösen.* Der Begriff *lösen* ähnelt dem Begriff *aufdröseln*, den Dr. Färber verwendet. Beide Begriffe kennzeichnen die Therapie als einen Prozeß, bei dem etwas ins Rollen gebracht wird. Beide Begriffe sprechen die Hand als das dafür nötige Mittel an, doch während das Aufdröseln mehr der Hand der Patientin überlassen ist, fordert das Lösen der Blockierung die Hand der Ärztin. Die Hand hat für Dr. Flusser eine therapeutische Bedeutung, die über das Lösen von Blockierungen hinausgeht, was sich in ihrer Bemerkung andeutet: *Das ist für viele wichtig, daß sie mal jemand anfaßt* und sie fährt fort: *Dadurch fühlen sie sich schon gut aufgehoben.* Das Anfassen löst nicht nur Blockierungen, sondern löst auch Gefühle aus, die eine emotionale Verbindung zwischen Ärztin und Patientin konstituieren. Diese Art von Verbindung beglaubigt, wenn man Merleau-Ponty folgt, die leiblich-sinnliche Existenz des Menschen. »Ein menschlicher Körper ist vorhanden«, so Merleau-Ponty, »wenn es zwischen Sehendem und Sichtbarem, zwischen Berührendem und Berührtem, zwischen einem

Auge und dem anderen, zwischen einer Hand und der anderen zu einer Art Begegnung kommt (...)« (Merleau-Ponty 1967, S. 17). Der Ärztin ist es ein therapeutisches Anliegen, daß sich der Patient *bewußtmacht, was mit ihm los ist und was er dagegen tun kann.* Sie benutzt das Gespräch, um ihm dieses Anliegen zu vermitteln. Sich über den eigenen Zustand bewußt zu werden, wird also auch hier als ein Bestandteil der Therapie gesehen. Das Gespräch eröffnet aus der Sicht der Ärztin darüber hinaus die Möglichkeit, die Wirkung der therapeutischen Interventionen rückzukoppeln. Es hat somit regulierende Funktion. Bewußtmachen und Rückkoppelung stellen emotional-mentale Elemente des therapeutischen Prozesses dar, die die leibbezogenen Interventionen begleiten und ergänzen. Je nach Rückkoppelung werden die therapeutischen Eingriffe dosiert. Bei PatientInnen mit zarter Konstitution, die Ärztin spricht von *sanften Pflänzchen,* kann man ihrer Meinung nach *nur sanft arbeiten.* So müssen also im Verlauf der Therapie immer wieder aufs neue Entscheidungen getroffen werden.

Das Abwarten der Rückkoppelungen signalisiert, daß mit der Therapie nicht ein fertiges Programm umgesetzt wird, sondern es sich bei dieser um eine sukzessive, Pausen beinhaltende Einflußnahme auf die Basisprobleme handelt. *Man merkt,* erklärt die Ärztin, *daß man es nur Stück für Stück machen kann.* Die Osteopathie-Therapie setzt an einem körperlichen Problempunkt an und gelangt darüber zum nächsten oder wie die Ärztin es ausdrückt: *Das ist eben das Schöne, daß in der Osteopathie, indem man eine Verhärtung löst, man entweder auf eine zweite dahinterliegende stößt oder eben dann wieder einiges ins Rollen bringt, was dann plötzlich wieder einen Schubs gekriegt hat.* Diese Schilderung des therapeutischen Prozesses läßt an eine Kettenreaktion denken, die der Intention, etwas in Bewegung zu bringen, entspricht. Die Bewegung ist für die Ärztin ein Indiz für Lebendigkeit und Gesundheit. Ich erinnere daran, daß sie den Menschen als ein Wesen definiert, bei dem *sich immer was (rührt) und sich immer was (bewegt).* Die Ärztin geht nicht davon aus, daß sich zerstörte Strukturen regenerieren lassen, doch könne durch die Therapie *einiges ins Lot* kommen.

Die therapeutischen Muster dieser Gruppe verbindet, daß sie entsprechend ihrer Schlüsselmetapher an einer Basisproblematik ansetzen, die es zu beseitigen oder zu entschärfen gilt. Der unterschiedliche Charakter der jeweils identifizierten Problematik zieht unterschiedlich orientierte Therapien nach sich. Die Lebenswunde verlangt nach einer Intervention auf einer emotional-mentalen Ebene, die Blockierung nach dem manuellen Zugriff. Beide Therapieformen werden im Modus des Werdens geschildert, das aber keinen kontinuierlich-linearen Verlauf hat, sondern sich in Schüben vollzieht.

2.1.2 Ursache-Wirkungs-Ketten durchkreuzen/durchbrechen

Standardisierte hierarchisch-strukturierte Therapiemuster
Dr. Ernst (*Das sind drei oder vier Schienen …*) schildert sein therapeutisches Vorgehen allgemein anhand der Visualisierung seines Erkenntnisweges. Der Endpunkt der Diagnosesuche, nämlich die Interpretation der medizinischen Befunde, beschreibt zugleich den Beginn der Therapie, in den Worten des Arztes: *Und jetzt gehen von dieser technischen Untersuchung und körperlichen Untersuchung geht wieder eine Bahn, eine Straße zur Interpretation.* Diese Formulierung besagt, daß nun eine neue Schiene gelegt wird, die von der bisherigen wegführt. Gegenüber den PatientInnen bekommt die Interpretation die Form einer Erklärung, die bezweckt, diesen die Abweichung ihrer Werte von den Normalwerten aufzuzeigen und ihnen die Bedeutung dieser Abweichung klarzumachen. Die PatientInnen sollen dadurch *den Befund als relevant erkennen.* Die Bewußtmachung der Krankheitsproblematik ist auch hier ebenso wie in den therapeutischen Mustern der ersten Gruppe ein unverzichtbares Element, allerdings spielen die PatientInnen dort eine ungleich aktivere Rolle. Sie sind es, die *aufdröseln* bzw. sich klarwerden müssen, was für sie gut ist. In dem nun geschilderten therapeutischen Modell liefert der Arzt die entsprechenden Informationen. Er sagt: *Der Patient muß – mehr oder weniger von mir geleitet werden.* Die ärztliche Rolle hängt mit der Art der Information zusammen, über die ein Bewußtsein erlangt werden soll. Waren es bei den bisher vorgestellten therapeutischen Mustern diffuse leiblich-emotionale Zustände, deren Bedeutung eng an das subjektive Erleben der PatientInnen geknüpft ist, so sind es hier Meßwerte, deren Bedeutung im schulmedizinischen Fachwissen definiert ist, über das in erster Linie der Arzt verfügt. Zur Unterstützung des Bewußtwerdungsprozesses erhalten PatientInnen die ärztliche Erklärung zusätzlich schriftlich: *Wenn er*

das verstanden hat, nimmt er das *Zetterl* mit und überlegt zu Hause. Das *Zetterl* enthält über den Vergleich zwischen gemessenem Befund und Normalbefund hinaus Antworten auf die Frage: *Was kann er (der Patient, d. V.) tun, daß es vielleicht anders wird? Und was können wir beide machen und für die Zukunft?* Die Antworten liefert wiederum der Arzt. Dieser spricht von einem *Hirtenbrief.* Ein Hirtenbrief stellt in der katholischen Kirche eine Verlautbarung des Bischofs dar, mit der Prinzipien zur Lebensgestaltung ausgegeben werden. Er hat einen hohen Stellenwert im hierarchischen Gefüge der Kirche. Der Hirtenbrief als therapeutisches Instrument enthält Anweisungen zur Lebensführung, um die Risikofaktoren auszuschalten und so indirekt die diagnostizierte organische Störung zu beeinflussen. Es ist anzunehmen, daß der Gebrauch des Begriffes Hirtenbrief gegenüber den PatientInnen in einem vorwiegend katholischen Einzugsbereich die Bedeutung aus dem religiösen Kontext mittransportiert. Der Arzt sagt: *Allein dieser blödsinnige Begriff Hirtenbrief, den ich so lässig hinsag', ist ein Signal für ihn, daß des (die Anweisungen, d. V.) heraushebt.* Mit dem Hirtenbrief wird der antizipierte Krankheitsverlauf durchkreuzt; er verkörpert eine Gegenschiene, die den PatientInnen als Alternative angeboten wird. Diejenigen, die dem Angebot folgen, sieht der Arzt als *die Patienten, die auf meiner Schiene laufen.*

Die therapeutische Schiene kann nach erfolgter Diagnose als ein relativ festes Programm entworfen werden, zielt sie doch auf die Beeinflussung von Meßwerten ab, wofür es in der Schulmedizin standardisierte Lösungsvorschläge gibt. Es muß also nicht Stück für Stück im dialogischen Wechselspiel zwischen Arzt und PatientIn eine Lösung ausgelotet werden.

Eine Variante des standardisierten hierarchisch-strukturierten Therapiemusters bringt Dr. Flieger (*Aber im Kopf muß er das ganze Schema haben*) zur Sprache, der sich in derselben medizinischen Tradition sieht wie Dr. Ernst, aber sich partiell – wie bereits bei der Diagnosefindung – davon abweichende Schritte gestattet. Er wendet sich gegen ein standardisiertes Vorgehen, indem er sagt: *Auch da gibt's eigentlich keine feste Linie.* Warum ihm eine feste Linie nicht als sinnvoll erscheint, verdeutlicht er anhand eines Beispiels: *Alte Leute, die Blutzuckerwerte haben, die so an der Grenze des Hinnehmbaren sind, da hat man die Entscheidung,* so der Arzt, *sollen die Insulin spritzen, was ihnen vielleicht ein biß-*

chen die Lebensqualität verbessert, daß sie sich weniger müd fühlen oder soll man diesen täglichen Stich und das tägliche Eindringen einer Sozialschwester, was die nicht haben wollen, bleiben lassen und dafür eine schlechtere Zuckereinstellung in Kauf nehmen, das ist bei jedem anders. Er setzt gegen den schulmedizinisch vorgeschriebenen Weg die Lebensumstände und die ihm bekannten bzw. antizipierten Wünsche der PatientInnen und konstituiert somit für sich eine Entscheidungssituation, bei der zwischen dem durch die empfohlene Therapie möglicherweise erreichbaren Erfolg und den mit der Therapie verbundenen Beeinträchtigungen abzuwägen ist. Neu ist der Gesichtspunkt, daß dem standardisierten Therapiemuster ein Wert gegenübergestellt wird, der sich auf die Lebenswelt und das Lebensgefühl der PatientInnen bezieht und der das schulmedizinische Muster außer Kraft setzen kann. Dieses situative Herausspringen aus einem standardisierten Muster entspricht dem Anliegen des Arztes, nicht zu schematisch zu werden, wach zu bleiben für das Besondere, um sich von diesem anregen zu lassen, aber dabei immer das ganze Schema im Kopf zu haben.

Der Ansatzpunkt des therapeutischen Schienenmodells sind nicht erlebte, gefühlte, ertastete leiblich-sinnliche bzw. emotional-mentale Zustände, sondern gemessene organische Befunde. Die Notwendigkeit zur Therapie ergibt sich aus der Abweichung der ermittelten Meßwerte von den Normalwerten, sei es durch Abbau von Risikofaktoren durch Ernährung, Lebensführung, Medikamente oder durch Bekämpfung bzw. Beseitigung einer manifest gewordenen organischen Veränderung etwa in Form eines Karzinoms. Entsprechend der präzise definierten Ausgangssituation und der präzisen Zielformulierung läßt sich die Therapie systematisch nach dem Muster einer Schiene gestalten, welche einer stringenten, kausalen, eindeutig explizierbaren Logik folgt. Diese Logik orientiert sich an schulmedizinischen Standards, die von außen an die PatientInnen herangetragen werden im Unterschied zu Kriterien, die aus diesen selbst kommen, wie in der von Dr. Flieger thematisierten Variation, die das Schienenmodell partiell aufbricht.

2.1.3 Soziopsychosomatische Wechselbeziehungen benennen und beeinflussen

Lebensbewältigungsorientierte Therapiemuster
Wird eine gestörte/belastende soziopsychosomatische Konstellation als krankmachendes Bedingungsgefüge diagnostiziert, so steuert dies auch die therapeutische Intervention, die den Charakter einer Unterstützung zur Lebensbewältigung bekommt. Im Blick auf gestörte psychosoziale Wechselbeziehungen zeigt sich eine Ähnlichkeit mit den emotional-mentalen Therapiemustern, doch wird von diesen stärker auf die Lebenswunde abgehoben, deren Ursprung über die momentane Überforderungssituation hinausweist.

In den ermittelten soziopsychosomatisch orientierten Therapiemustern werden akute organische Symptome teils homöopathisch, teils allopathisch behandelt. Doch hat die Symptombehandlung bei der Schilderung des therapeutischen Vorgehens durchwegs eine periphere Stellung. Ins Zentrum werden die Beziehung und das Gespräch gerückt. Dr. Ton (*Man braucht ein Zugewendetsein*), dessen therapeutisches Modell einer soziopsychosomatischen Perspektive folgt, erwähnt, daß er bereits beim ersten Anblick der Patientin die Beziehung als erforderliches Mittel der Behandlung in Erwägung gezogen hat. Seine spontane Idee war: *Es braucht eine Beziehung, um das Problem zu lösen.* In seinen weiteren Ausführungen definiert er die Beziehung als Mittel der Erkenntnis, das er von technischen Erkenntnismitteln abgrenzt, doch die Formulierung *um das Problem zu lösen* enthält zugleich erkennbare therapeutische Implikationen. Der Arzt beschreibt wiederholt seine Interventionen in doppelter Funktion, so zum Beispiel die Sonographie, bei der in seinen Augen ein Körperkontakt entsteht, der die Mitteilungsbereitschaft der PatientInnen fördert und zugleich eine ähnliche Wirkung hat wie das *Handauflegen*, wie *diese alten Heilergeschichten*. Die Berührung erscheint damit ähnlich wie in den leiblich-sinnlichen Therapiemustern als ein heilendes Element. Auch die durch die Berührung geförderte Mitteilungsbereitschaft sieht er nicht nur unter dem Gesichtspunkt, daß ihm Informationen geliefert werden, sondern auch als eine Chance für die PatientInnen, die sie belastenden Dinge auszusprechen. Ausgesprochen und bewußtgemacht, verlieren sie ihre belastende Wirkung, so ist wohl seine Annahme, auch wenn er sie nicht explizit formuliert. Insgesamt beschreibt der Arzt die therapeutischen Möglichkeiten, die die Beziehung und das Gespräch eröffnen, nicht sehr konkret. Dies könnte so gedeutet werden, daß er schon das Vorhandensein einer Beziehung, dieses Zugewendetsein und Sich-Aufmachen für den anderen als Therapie begreift. In dieser Art von Beziehung drückt sich die Anerkennung des anderen und seiner Probleme aus. Es braucht, so die Psychoanalytikerin Jessica Benjamin, die Anerkennung durch ein Gegenüber für die Entwicklung von Selbstbewußtsein und Autonomie. Sie schreibt: *Anerkennung ist die entscheidende Reaktion, die ständige Begleitmusik der Selbstbehauptung* (Benjamin 1990, S. 24). Anerkennung kann somit ein Gegengewicht bilden zu Lebensumständen, die das Selbstbewußtsein angreifen, weil sie einen Menschen in die Enge treiben. In dieser Situation befindet sich nach Ansicht des Arztes die von ihm behandelte Patientin, die er beschreibt als *eine Maus, die in der Enge ist.*

Ausführlicher als Dr. Ton schildert Dr. Bauer (*Erst mit der Zeit entwickelt sich so ein Gesamtbild*), wie sie die Beziehung für die Therapie nutzt. Auch sie betont das Zur-Sprache-Bringen von belastenden Lebensumständen als Bestandteil der Therapie: *Also es spielt schon eine große Rolle, wenn sie über ihre Konflikte reden können.* Gesprächsthemen sind in dem von ihr berichteten Fall einer Patientin mit einer häufig wiederkehrenden Stirnhöhlenproblematik die gescheiterte Ehe, die Erziehung der Kinder sowie die Arbeitsplatzsituation: *Wir haben uns dann oft über die Arbeitsplatzsituation unterhalten, so Lebensbewältigungsgeschichten und ihre Konflikte, wie sie sich da durchboxt, ob sie kündigt oder nicht kündigt.* Dies hat für die Ärztin einerseits diagnostischen Wert, geht es ihr doch, wie bereits erwähnt, um eine Diagnose der Lebenssituation, zugleich nutzt sie das Gespräch, um *Hinweise zu geben, wie sie (die Patientin, d. V.) 'ne bedrückende soziale Situation für sich verbessern oder ändern kann.* Diese können sich auf psychische Kompetenzen beziehen, auf *Verarbeitungsgeschichten* sagt die Ärztin oder auf praktische Lebenshilfen, *die entscheidend was ändern in der Belastung mit der Wohnungssituation (...) und auch mit der Kinderbetreuungssituation.* So wie die Diagnosefindungsverfahren dieser Ärztin auf die Konstruktion eines Gesamtbildes abzielen, so ist auch ihre Therapie auf die Gesamtsituation der Patientin hin ausgerichtet. Diese setzt sich aus vielen Mosaiksteinen in Form von Hilfen zur Lebensbewältigung zusammen, die die Ärztin in einem langfristig konzipierten Therapieprozeß, die Ärztin spricht von *Begleitphase*, anbietet: *Also es gibt so stufenweise 'ne Möglichkeit, jemanden drauf hinzuweisen, wie man das bewältigen kann.* Der Umgang mit organischen Störungen ist in diesem therapeutischen Konzept lediglich *eine* Aufgabe neben der Bewältigung sozialer und materieller Lebensprobleme. Mit organischen Störungen umzugehen, muß nach Ansicht der Ärztin nicht unbedingt heißen, diese aus dem Leben zu verbannen. In dem von der Ärztin geschilderten Fall heißt Umgehen-Können, *wenn sie* (die Patientin, d. V.) *des einbauen kann in ihr Leben und so akzeptieren kann und es ist nicht sozusagen ein zusätzlicher Schlag oder eine zusätzliche Belastung*.

Ansatzpunkt lebensbewältigungsorientierter Therapiemuster ist die gestörte Interaktion zwischen dem Individuum und seiner Umwelt, die aber nicht auf ein grundsätzliches Unvermögen auf seiten des Individuums zurückgeführt wird, sondern auf eine situativ gegebene Diskrepanz zwischen gesteigerten Anforderungen und den momentan vorhandenen Bewältigungsstrategien. Die therapeutischen Hilfen zur Lebensbewältigung können unterschiedlich weit gefaßt sein. Während sich Dr. Ton für die Stärkung der psychischen Kompetenzen durch Zuwendung beschränkt, bezieht Dr. Bauer auch die Erörterung lebenspraktischer Alternativen in ihr therapeutisches Konzept ein. Die unterschiedliche Reichweite der Therapie spiegelt sich in der jeweiligen Schlüsselmetaphorik wider, die die therapeutische Praxis des Arztes bzw. der Ärztin strukturiert. Im Bild des Sich-Zuwendens und Sich-Einlassens (Dr. Ton) handelnd, ist die Aufmerksamkeit primär auf das Individuum gerichtet, während eine von der Idee eines Gesamtbildes inspirierte Praxis potentiell über das Individuum hinausweist.

Alle bislang vorgestellten therapeutischen Muster beziehen sich auf ein diagnostiziertes Defizit, das es durch therapeutische Maßnahmen zu beheben gilt. Es kann sich um ein organisches, ein psychisches oder ein psychosoziales Defizit handeln; der angenommene Charakter des Defizits bestimmt die Form der therapeutischen Intervention. Lediglich im therapeutischen Ansatz von Dr. Bauer wird ein zweiter Akzent gesetzt, so wenn die Ärztin davon spricht, daß ihr die Patientin von Anfang an als jemand erschienen sei, *der sein Päckl macht.* Die Ärztin, so vermittelt die

Bemerkung, sieht auf seiten der Patientin sowohl Belastungen als auch Selbsthilfepotentiale, die sie in ihre Behandlungsstrategie einbezieht.

2.1.4 Gesundheits- und Entwicklungspotentiale fördern: Ressourcenorientierte Therapiemuster

Selbsthilfepotentiale bilden in ressourcenorientierten Therapiemustern nicht nur einen Akzent, sie stehen vielmehr in deren Mittelpunkt. Der geschärfte Blick für die Selbsthilfepotentiale, der sich bei Dr. Berg (*So diese Sorge um die Abgestürzten ...*) und Dr. Lebert (*... daß eine Entwicklung möglich wird*) bereits bei ihrer Diagnosesuche zeigt, setzt sich in ihren therapeutischen Bemühungen fort. Während jedoch Dr. Berg mit ihrer Therapie an den Potentialen ansetzt, die sie schon in der ersten Begegnung mit der Patientin wahrzunehmen glaubt und die sie als *irgendwas Fiedriges und irgendwas Strahlenderes* bezeichnet, wartet Dr. Lebert im Falle der von ihm behandelten Asthma-Patientin zunächst ab, ob sich solche Potentiale zeigen bzw. er versucht sie zu stimulieren. Sein therapeutischer Ansatz stellt auf etwas ab, was noch nicht da ist, noch nicht erkennbar ist, aber möglicherweise entsteht.

Die von Dr. Berg verfolgte therapeutische Strategie steht unter dem Motto des Rausholens und Rausziehens, Begriffe, die sie wiederholt zur Charakterisierung ihres Tun benutzt und deren Bedeutung in Übereinstimmung stehen mit ihrem Rettungsmotiv. Sie möchte aus der Patientin, die sie als depressiv diagnostiziert, andere Seiten, nämlich die strahlenden, herausholen, und sie möchte die Patientin aus ihrer Wohnung herausholen. Körperliche Aktivitäten haben nach Ansicht dieser Ärztin *sehr viel Antidepressives*, so daß sie sich generell bei der Behandlung depressiver PatientInnen die Frage stellt: *Was kann ich noch mobilisieren, daß die irgendwas Schönes machen; wenn sie einen Mann haben, daß sie mal zum Tanzen gehen, oder was weiß ich, schwimmen?* Im Fall der Schmerzpatientin verordnet sie Wassergymnastik, *daß sie sich halt ein bißl bewegt und außer Haus geht*. Daß die Ärztin zumindest in Krisensituationen auch auf schulmedizinische Methoden zurückgreift, zeigt die von ihr geschilderte Episode, in der die Patientin in die Sprechstunde kam, *nach Luft gejapst, gerungen hat, ganz blau* war und die Ärztin diese Symptome als mögliche Anzeichen eines Herzinfarktes interpretierte. Mit der Einweisung in ein schulmedizinisch orientiertes Krankenhaus hat sie die Weichen in Richtung einer schulmedizinischen Behandlung gestellt, zu der es dort aber mangels entsprechender Befunde nicht kam.

Körperliche Aktivität und Bewegung bilden die Ressourcen, die die Ärztin zu stärken sucht. Sie implizieren ein Sich-Wegbewegen vom bisherigen Ort, der der Ärztin als *depressiver Sumpf* erscheint. Das *Fiedrige* und Strahlende, das ihr die Möglichkeit hierzu anzeigt, paßt zu dieser Intention, weist es in seiner Metaphorik doch bereits über den einzelnen hinaus. Neben dem räumlichen Sich-Wegbewegen versucht die Ärztin ein zeitliches Sich-Wegbewegen vom Status quo zu initiieren, indem sie die Patientin fragt, *ob sie denn irgendwie sich vorstellen könnte, ja, was sie denn machen würde, wenn sie zum Beispiel keine Schmerzen mehr hätte*. Diese Frage zielt einerseits auf die Diagnose vorhandener Lebensreserven ab, andererseits kann sie solche mobilisieren, indem sie die Patientin dazu anregt, sich eine andere Zukunft vorzustellen. Wünsche nach etwas anderem können Kräfte wachsen lassen. Was wäre, wenn …?, diese Frage ist nach Bruno Hildenbrand und Rosemarie Welter-Enderlin die entscheidende Frage, die den therapeutischen Prozeß vorantreibt (vgl. Hildenbrand 1996, S. 34), ist doch das Wesen dieser Frage das Offenlegen und Offenhalten von Möglichkeiten (vgl. Gadamer 1960, S. 283).

Der therapeutische Ansatz von Dr. Lebert stellt in dem von ihm berichteten Fall zunächst auf die psychischen Ressourcen ab, die es aus seiner Sicht erst zu wecken gilt, erscheint ihm die Patientin in der ersten Begegnung doch als *eher stark zurückgenommen* und *zart auch vom Wesen her*. Als Zeichen psychischer Ressourcen auf seiten der Patientin, die sich ihm im Verlauf der Behandlung nach und nach zeigen, wertet er das zunehmende Selbstbewußtsein und Selbstvertrauen der Patientin, ihre Keßheit und Aktivität sowie ihre Fähigkeit, bei Terminabsprachen ihre Position zur Geltung zu bringen. In Verbindung mit der festgestellten körperlichen Reaktionsfähigkeit bilden diese psychischen Dispositionen für den Arzt die Voraussetzung dafür, daß die bisherige Cortisontherapie durch eine Akupunkturtherapie ersetzt wird, die wiederum die körperliche Stabilität sichern soll.

Sowohl für Dr. Lebert als auch für Dr. Berg bildet die Beziehung

Über eine kurze Strecke eine Entwicklung miteinander machen

ein therapeutisches Instrument. *Wo eine Beziehung möglich ist,* bemerkt Dr. Berg, *ist immer so meine Hoffnung, daß man dann auch noch was rausziehen kann von dem, was da ist.* Zum Herausziehen braucht es die Beziehung, muß das, was herausgezogen werden soll, doch berührt werden. Der Ärztin geht es weniger um eine körperliche als um eine emotionale Berührung: *Ich mag die gern die Frau, ich hab irgendwie zu der eine ganz gute Zuneigung entdeckt (…), also es ist irgendwo eine ganz gute Basis zwischen uns entstanden.* Dr. Lebert, der bei seiner Patientin zunächst noch keine Ressourcen erkennen kann, versucht mittels einer vertrauensvollen Beziehung diese Ressourcen zu wecken. Er schildert die Beziehung als einen wechselseitigen Prozeß, indem er der Patientin *ein Stück mehr Vertrauen in ihren Körper* geben konnte, sich aber auch selbst verändert hat in bezug auf die Wahrnehmung der Patientin. Kranke Menschen zu behandeln heißt für ihn *über eine kurze Strecke eine Entwicklung miteinander machen.* Hier zeigt sich u. a. die Anwendung der Schlüsselmetaphorik auf die eigene Person.

Dr. Berg setzt in ihrem therapeutischen Ansatz auf Bewegung, Aktivität, Mobilität; auch das Entwicklungsmodell von Dr. Lebert enthält den Bewegungsaspekt, welcher aber psychische Stabilität voraussetzt. Weiter unterscheiden sich die beiden Therapiemuster in ihrem Zeitrhythmus. Die Entwicklungs- und die damit verbundene Lernidee schließt Rückschläge ein, wie die folgende Bemerkung des Arztes dokumentiert: *Um etwas zu lernen und ganz deutlich wird das ja bei Kindern, die laufen lernen wollen, die nehmen durchaus in Kauf, fünf-, zehnmal auf die Schnauze zu fallen, Hauptsache, sie können laufen lernen. Und ich denk', das gilt auch noch in anderen Lebensabschnitten.* Für Dr. Berg dagegen sind Rückschläge ein Schlag gegen ihre therapeutischen Intentionen. In diesem Sinne bezeichnet sie die Einweisung der Patientin in ein Krankenhaus als einen *dramatischen Einbruch.* Sie wünscht sich eine rasche Wirksamkeit ihrer therapeutischen Maßnahmen, die von ihr beabsichtigte Rettung soll schnell vonstatten gehen. Schlägt ihre Therapie nicht an, erweisen sich ihre Rettungsversuche als vergeblich, so merkt sie: *Da möchte ich mit dem Kopf durch die Wand.*

Ressourcenorientierte Therapiemuster schließen an das Gedankenmodell der Salutogenese an und unterstellen, daß auch kranke Menschen über ein Gesundheits- und Entwicklungspotential verfügen, das es als Gegengewicht gegen die krankhaften Prozesse zu stärken gilt. Diese Annahme korrespondiert mit dem von dem amerikanischen Gemeindepsychologen Julian Rappaport formulierten Empowerment-Ansatz. Der Begriff Empowerment steht für ein Entwicklungsziel und für einen Entwicklungsprozeß und bezeichnet die Gewinnung bzw. Wiedergewinnung von Stärke, Energie, Phantasie zur Gestaltung des eigenen Lebens und der eigenen Lebensverhältnisse (vgl. Rappaport 1985, S. 270). Empowerment entsteht nach Rappaport in der Interaktion des Subjekts mit den zwischen ihm und der Gesellschaft vermittelnden Strukturen wie Familie, Nachbarschaft, Kirchengemeinde. Er geht davon aus, daß sich in der Interaktion mit diesen Strukturen das Subjekt stützende soziale Konfigurationen bilden. Eine Strukturbezogenheit in diesem Sinn weisen die vorgestellten ressourcenorientierten Therapiemuster nur bedingt auf. Wenn Dr. Berg ihre Patientin anregt, das Haus zu verlassen, so ist damit zumindest die Möglichkeit einer Interaktion angepeilt; die Patientin von Dr. Lebert wiederum erwirbt in der Beziehung zum Arzt Kompetenzen wie Selbstvertrauen und Selbstbewußtsein, die sie bei der Gestaltung von Interaktionen im lebensweltlichen Umfeld nutzen kann. Die Einzelfallorientierung, wie sie die ärztliche Praxis in ihrer augenblicklichen Verfaßtheit kennzeichnet, setzt der Reichweite ärztlichen Agierens Grenzen. Im Interesse einer lebensweltorientierten Krankheitsbearbeitung wäre es wünschenswert, wenn sich die ärztliche Praxis mit der Praxis anderer helfender Berufe verbindet.

Gemeinsam ist den vorgestellten Therapiemustern, ob sie sich vorrangig auf den diagnostizierten Mangel oder auf die diagnostizierten Stärken beziehen, daß sie einen Wandel auf der Ebene des individuellen Falles ansteuern. Der Charakter des Wandels wie auch die Art und Weise ihn herbeizuführen, ist eingebunden in die metaphorischen Konzepte der einzelnen ÄrztInnen. Wer nach Wunden sucht, will diese heilen, wer Krankheiten auf leiblich-sinnliche Blockierungen zurückführt, muß diese lösen, wer sich um die Abgestürzten sorgt, will sie retten, wer Nicht-Entwicklung mit Tod gleichsetzt, muß Entwicklung möglich machen, wer krankhafte Prozesse als Schiene imaginiert, muß eine Gegenschiene legen. Aus diesen metaphorischen Implikationen erwachsen weitere Konsequenzen, die die Auswahl der therapeutischen Instrumente, die Arzt-Patient-Beziehung, den Rhythmus und die Zeitperspektive der Therapie betreffen. Je eingegrenzter und je exakter bestimmt der Gegenstand der Therapie ist, desto geplanter und systematischer kann diese ablaufen, je vielschichtiger und unbestimmter dieser dagegen ist, desto dynamischer muß sie sich gestalten, desto mehr muß experimentiert werden und desto offener ist die therapeutische Zeitperspektive.

2.2 Theorie und Therapie

Medizinische Theorie stellt auf das Allgemeingültige ab, therapeutische Praxis dagegen auf das Besondere, auf den einzelnen Fall. Das Besondere zeigt sich u. a. in der Erscheinung und im Auftreten der PatientInnen, in den sichtbaren oder geschilderten Symptomen, in der, wie ein Arzt sagt, *Geschichte, die die Patientin jetzt zu mir hereingetragen hat mit ihrer Person, mit ihrem Körper,* in der Dynamik der individuellen Problemlage. Die theoretische Wissensbasis setzt sich zusammen aus dem in der medizinischen

Ausbildung an der Hochschule oder in der selbstunternommenen Fortbildung erworbenen professionellen Fachwissen sowie aus der Summe der in der Praxis gemachten Erfahrungen, die sich in Verbindung oder in der Abweichung vom universitären Wissen zu allgemeinen Prinzipien, Sichtweisen, Präferenzen, Handlungsstrategien verdichten können. Ein Indiz für den Rückgriff auf Erfahrungen ist, daß die Mehrzahl der befragten ÄrztInnen bei der Schilderung eines Fallbeispiels immer wieder in den Plural verfällt. Während des Interviews erschien mir dies problematisch, weil ich es als gedankliches Weggehen von dem individuellen Fall deutete. Die Auswertung jedoch ergab, daß sie den einzelnen Fall permanent mit anderen Fällen, denen sie in ihrer bisherigen Praxis begegnet waren, in Beziehung setzen. Der Plural drückt aus, daß das in der Begegnung mit vielen Einzelfällen gewonnene Erfahrungswissen wie ein zweiter Film mitläuft und ihnen als ständige Vergleichsbasis dient. Der aktuelle Fall wird daraufhin betrachtet, ob sich Übereinstimmungen oder Abweichungen zeigen zu bisherigen Erfahrungen, ob er so wie ein anderer Fall oder eben anders zu beurteilen und zu behandeln ist. Wenn Dr. Berg bemerkt, *das ist immer mein Einstieg*, so heißt dies, ich beginne meine Therapie in diesem Fall genauso wie in anderen Fällen. Sie beginnt, wie sie bei einer vorliegenden Depression immer beginnt, weil die Krankheitsproblematik in dem aktuellen Fall von ihr ebenfalls als Depression diagnostiziert wird. Die identische Diagnose erlaubt, auf therapeutische Strategien aus dem Erfahrungsfundus zurückzugreifen. Gleichzeitig konstatiert die Ärztin, daß sich der aktuelle Fall von vielen bisherigen Fällen unterscheidet und zwar insofern, daß sie bei depressiven PatientInnen oft das Gefühl habe, *da gibts nix mehr, das ist irgendwie schon abgestorben oder tot*, während sie im Fall der aktuell behandelten Patientin spürt, *daß da irgendwas Fiedriges und irgendwas Strahlenderes ist*. Diese Abweichung sagt ihr, daß sie die Therapie partiell anders gestalten kann. Sie interpretiert die Abweichung als eine Voraussetzung für die Herstellung einer Beziehung, die sie als therapeutisches Element nutzen kann.

Das Besondere und das Allgemeine bilden zwei entgegengesetzte Pole, die es aufeinander zu beziehen gilt, wobei die Widersprüchlichkeit der beiden Pole, die sich wechselseitig stimulieren, aufrechtzuerhalten ist (vgl. Hildenbrand/Welter-Enderlin 1996, S. 14). ÄrztInnen stellt sich die Frage: Welche theoretischen bzw. erfahrungsgestützten Therapiemodelle passen auf diesen Fall? Das in der professionellen Ausbildung erworbene Wissen liefert die expliziten Modelle und Regeln. Die in der praktischen Erfahrung gewonnenen Wissensbestände enthalten darüber hinaus sprachlich schwer erfaßbares und begründbares Wissen etwa in bezug auf die Aussagekraft von Körperhaltungen, Gesten, Blicken, die die verbalisierten Symptome stumm kommentieren. Die Wirksamkeit solchen Wissens zeigt sich häufig bei der Schilderung des ersten Eindrucks. *Und die* (die Patientin, d. V.) *kam also zur Tür rein, so richtig leidend schon vom Gesichtsausdruck*, bemerkt Dr. Berg. Die Ärztin wertet das Sichtbare als Zeichen einer inneren Befindlichkeit, ein Rückschluß, bei dem sie sich nicht auf einzelne Fakten beruft. Die Formulierung legt vielmehr nahe, daß der von ihr benannte Zusammenhang etwas ist, was sie einfach weiß. Ob ein Gesichtsausdruck traurig, bitter oder fröhlich ist, weiß man, wenn man einer Vielzahl von Gesichtern mit Aufmerksamkeit begegnet ist und durch Vergleich gelernt hat, Nuancen zu lesen.

Die Nutzung der theoretischen Wissensbestände im therapeutischen Prozeß verlangt die Fähigkeit der Urteilskraft. Die Urteilskraft ist es, die das professionelle Handeln zu einem solchen macht (vgl. 1996, S. 42). Um sie kompetent auszuüben, ist es nötig, die Theorie flexibel und in einem gewissen Sinn respektlos zu behandeln, das heißt sie im Hinblick auf die Fallspezifik zu modellieren. Die Theorie kann der Praxis keine Vorschriften machen, sie kann sie nur stimulieren. Doch kann die Praxis auf diese Stimulation nicht verzichten; sie verliert, wenn sie sich von der Theorie lossagt.

Die metaphorischen Konzepte spielen bei der Verschränkung von Theorie und Praxis eine vermittelnde Rolle. Sie liefern Leitlinien, Orientierungen, lenken Aufmerksamkeiten, setzen Prioritäten und fokussieren das Handeln. Die Schienenmetapher beispielsweise übersetzt das kausale biomedizinische Denken in die geometrische Form einer Schiene und inspiriert dazu, die Fallproblematik in diese Form zu bringen. Sie lenkt die Aufmerksamkeit auf Daten, die sich auf diese Weise anordnen lassen und regt dazu an, auch die Therapie als Schiene, nämlich als eine Gegenschiene zu konzipieren. Die Gleichgewichtsmetapher transformiert ein psychosoziales Krankheitsverständnis in die Praxis. Sie lenkt den ärztlichen Blick auf organische und psychosoziale Ungleichgewichte. So berichtet Dr. Gleich beispielsweise, daß sich bei KrebspatientInnen schon vor Ausbruch der Krankheit in seinen Augen *diese Waage sehr zu ungunsten einer Seite neigt*. Die Auswahl der therapeutischen Methoden folgt ebenfalls dem Gleichgewichtsgedanken, worauf die Bemerkung verweist: *Ich versuch sowohl auf meinen schulmedizinischen Beinen nicht fanatisch zu werden, aber erst recht nicht auf meinen naturheilkundlichen.* Die vermittelnde Funktion der Schlüsselmetaphern äußert sich in den Begriffen, in denen sie zur Sprache kommen. Es sind Begriffe, die sich an die Alltagssprache anlehnen und zugleich Abstraktionen enthalten. Begriffe wie Schiene, Gleichgewicht, Blockierung schlagen eine Brücke zwischen Fachwissen und konkreter Fallproblematik.

Die in der universitären medizinischen Ausbildung und durch Erfahrungen erworbenen metaphorischen Konzepte verkörpern so etwas wie ein Vorurteil. Es liegt in der Geschichtlichkeit unseres Seins, daß wir über Vorurteile verfügen, die nach Gadamer eine ›vorgängige Gerichtetheit all unseres Erfahren-Könnens‹ ausmachen‹ (Gadamer 1967, S. 101 ff.). Vorurteile stellen keine unabhängig existierenden Wissensrepräsentationen dar, die von außen an die Realität herangetragen werden, sie werden vielmehr hervorgerufen und verändert in der tätigen Auseinandersetzung mit der Realität. Metaphern sind eine Bedingung dafür, daß wir etwas erfahren, daß uns das, was uns begegnet, etwas sagt. Gleichwohl enthalten sie Beschränkungen und damit Risiken für die ärztliche Praxis. Ärztliche Praxis im Bild des Zugewendetseins und des Sich-Einlassens angelegt, enthält das Risiko, zu sehr die Perspektiven der PatientInnen zu übernehmen und sich in dieser Perspektive zu verfangen. Im Bild der Schiene denkend und handelnd wiederum kann dazu führen, daß die nichtobjektivierbaren Seiten einer Krankheit außer acht gelassen werden.

Das adäquate Verstehen des Falles setzt voraus, von vorneherein für seine Andersheit empfänglich zu sein. Dazu bedarf es keiner Neutralität oder gar Selbstauslöschung; es gilt vielmehr, sich der eigenen Vorurteile inne zu sein, damit das Gegenüber die Möglichkeit hat, seine Wahrheit gegen das ärztliche Vorurteil auszuspielen (vgl. Gadamer 1960, S. 254). Die Begrenztheit ihres Vorurteils erschließt sich ÄrztInnen über die Erfahrung des Anstoßes, den sie an einem Fall nehmen, sei es, daß die verfügbaren Informationen keinen Sinn ergeben oder den eigenen Erwartungen widersprechen. Den Anstoß ernst zu nehmen, schützt davor, gegenüber der Sprache der Sache taub zu werden.

2.3. Diagnose und Therapie

Der Begriff Diagnose betont das Erkennen, der Begriff Therapie das Handeln. Die metaphorischen Konzepte der ÄrztInnen vermitteln zwischen Diagnose und Therapie, legen sie diesen doch nicht nur spezifische Erkenntniswege, sondern auch adäquate Lösungsstrategien nahe. Diese Doppelbedeutung der Metaphern erschließt sich aus den Äußerungen der ÄrztInnen implizit oder explizit. Die Bemerkung eines Arztes *Im Vorfeld können wir die erste Feuerwehr sein* enthält die Aufforderung, mittels therapeutischer Intervention ein Feuer zu löschen, das heißt implizit, daß es bei der Diagnosesuche um die Identifizierung eines Brandherdes gehen muß. Wenn eine Ärztin in bezug auf einen von ihr behandelten Patienten erklärt, *Ich versuch, ihn wieder zurückzuführen*, so ist mit diesem Bild explizit eine biographisch orientierte Therapie angesprochen, das heißt implizit für die Diagnose, daß das Erkenntnisinteresse auf problematische biographische Situationen gerichtet ist. Erkennen und Handeln enthalten wechselseitige Verpflichtung.

Wie die vorangegangene Analyse diagnostischer und therapeutischer Muster zeigt, sind Diagnose und Therapie häufig nicht zwei aufeinanderfolgenden Phasen zuzuordnen. Lediglich die standardisierten hierarchisch-strukturierten Suchverfahren und Therapiemuster enthalten den Anspruch, daß zunächst die Erkenntnisschiene vollständig konstruiert werden muß, ehe eine therapeutische Gegenschiene gelegt wird. Dieser Anspruch spiegelt den schulmedizinischen Konsens wider. Das schließt nicht aus, daß bereits bei der Konstruktion der Ursache-Wirkungs-Kette mögliche therapeutische Gegenmaßnahmen mitgedacht werden. Wenn man zudem in Betracht zieht, daß schon die Aufmerksamkeit für PatientInnen und ihre Befindlichkeit therapeutisch wirkt, so kann in jedem Fall davon ausgegangen werden, daß jeder Diagnoseprozeß therapeutische Seiten hat.

Das Ergebnis dieser Studie, daß sich Diagnose und Therapie in der ärztlichen Praxis häufig überschneiden, findet Bestätigung in der einschlägigen Fachliteratur. Der Medizinsoziologe Johannes Siegrist schreibt, daß es für den Mediziner sachlich keinen Grund gibt, Diagnose und Therapie streng auseinanderzuhalten (vgl. Siegrist 1977, S. 178). Ähnlich argumentieren die Psychosomatiker Thure von Uexküll und Wolfgang Wesiack, die den Begriff des »diagnostisch-therapeutischen Zirkels« (von Uexküll/Wesiack 1990, S. 30) eingeführt haben, um die Einheit zwischen Diagnose und Therapie zu betonen. Sie behaupten zwar eine zeitliche Sukzession diagnostischer und therapeutischer Schritte, woraus man ihrer Ansicht nach aber nicht folgern dürfe, »man könne unabhängig voneinander erst das Erkennen (die Diagnose) zu Ende bringen, ehe man mit dem Handeln (der Therapie) beginnen dürfe« (ebd.). Es gibt von Uexküll/Wesiack zufolge kein Erkennen ohne Handeln und wenn sich das Handeln nur in Form der Zuwendung des Arztes äußert. Auch sei die sog. erweiterte Diagnose (= die Summe der Erkenntnis über konkrete PatientInnen) niemals abgeschlossen, sondern werde vielmehr in jeder Arzt-Patient-Beziehung auch während der Therapie vertieft.

In dem mir vorliegenden empirischen Material finden sich fünf Formen der Überschneidung von Diagnose und Therapie, die ich im folgenden aufliste:

- Die Zuwendung wird zugleich diagnostisch und therapeutisch genutzt. Dr. Ton zum Beispiel verknüpft mit dem Zugewendetsein einerseits seine Rolle als *kleiner Sherlock Holmes*, also als Diagnostiker, und andererseits sein Bestreben, *einen Weg zu finden, wo es der Person wieder besser geht,* das heißt therapeutisch zu wirken.

- Therapeutische Maßnahmen werden als Erkenntnisinstrumente genutzt. Ein Beispiel dafür ist, wenn Dr. Flusser die Behandlung einer Patientin mit Blasenbeschwerden und einem Ekzem am rechten Fuß mit einer Akupunktur beginnt, um so Aufschluß über die psychophysische Verfassung der Patientin zu erhalten.

- Diagnoseinstrumente werden therapeutisch genutzt. Für Dr. Ton hat beispielsweise die Sonographie einerseits die Funktion, diagnoserelevante Informationen zu liefern und andererseits schätzt er die Sonographie als eine heilende Medizintechnik. Er vergleicht sie aufgrund des entstehenden Körperkontakts mit dem Handauflegen.

- Einzelne therapeutische Maßnahmen sind in den Diagnoseprozeß integriert. Notwendig ergibt sich diese Überschneidung in der ärztlichen Praxis von Dr. Bauer. Sie behandelt wiederkehrende Atemwegsinfektionen während der Diagnoseprozeß andauert, zielt ihre Diagnose doch auf eine Erfassung der Gesamtsituation der Patientin ab.

– Der Diagnose wird therapeutische Wirksamkeit zugeschrieben. Den befragten ÄrztInnen ist es durchgängig ein Anliegen, den PatientInnen krankheitsrelevante Tatbestände bewußt zu machen in der Annahme, daß dies therapeutische Konsequenzen hat. Das Bewußtmachen kann sich auf Unterschiedliches beziehen: ÄrztInnen, für die sich Krankheit in der Abweichung von Idealwerten manifestiert, versuchen den PatientInnen die Bedeutung dieser Abweichung bewußtzumachen, um sie für die von ihnen vorgeschlagene Therapie aufzuschließen. ÄrztInnen, die bestimmte psychische Dispositionen und/oder gestörte Beziehungen zwischen dem Individuum und seiner Umwelt als Krankheitsursachen vermuten, versuchen den PatientInnen diese Zusammenhänge bewußtzumachen. Sie unterstellen, daß das Durchschauen solcher Zusammenhänge deren Wirkkraft schmälert und Gegenkräfte mobilisiert. Ersteres wird sehr anschaulich von einem Arzt ausgedrückt, der das Benennen der Krankheitsproblematik mit jener Szene aus dem Märchen von Rumpelstilzchen vergleicht, in der das Rumpelstilzchen erkannt und benannt wird. Er sagt: *Das ist ja wie beim Rumpelstilzchen. Wann hat es seine Kraft verloren? Als es benannt wurde, also sozusagen die Diagnose. Weil der Name fiel, hat es seine Kraft verloren.*

Die häufig festzustellende Verschränkung von Diagnose und Therapie läßt sich mit Rückgriff auf die von Terry Winograd und Fernando Flores formulierten theoretischen Überlegungen zum Verhältnis von Erkennen und Handeln erklären, die in der Tradition der gedanklichen Ansätze von Martin Heidegger und Humberto Maturana stehen. Erkennen bzw. Diagnostizieren stellt Winograd/Flores zufolge keine gesonderte Tätigkeit dar, die vom Handeln abgetrennt ist (vgl. Winograd/Flores 1989, S. 122). Eins bedingt das andere, eins geht aus dem anderen hervor, auch wenn sich zu bestimmten Zeitpunkten das eine oder das andere in den Vordergrund schieben kann und muß. Erkenntnisse können vom Gegenstand der Erkenntnis nicht einfach abgelesen werden, um daraus dann eine Handlung abzuleiten. ÄrztInnen können sich nicht als ZuschauerInnen verstehen, denen sich die Wirklichkeit wie eine Vorstellung darbietet (vgl. Bourdieu 1976, S. 149). Sie erkennen, indem sie in Beziehung treten zu den PatientInnen, Fragen stellen, verbal und nonverbal reagieren, manuelle und medizintechnische Untersuchungen vornehmen. All diese erkenntnisfördernden Handlungen nehmen zugleich Einfluß auf die PatientInnen und ihre Befindlichkeit und können dadurch bereits eine therapeutische Wirkung haben. Therapeutisches Handeln wiederum ruft auf PatientInnenseite Reaktionen hervor, die neue Erkenntnisse liefern. Erkennen entsteht in der Interaktion, es liegt in unserem In-der-Welt-Sein begründet mit der Konsequenz, daß Erkennen und Handeln nicht zwei Glieder sind, die vielleicht zusammengehören, aber einander äußerlich bleiben. Sie stellen vielmehr zwei Seiten derselben Medaille dar.

So sollen weder die zu Beginn dieses Kapitels formulierten drei Schritte von der unklaren Problemsituation im Erstkontakt bis zur Therapie noch die getrennte Analyse von Diagnose und Therapie ein Nacheinander suggerieren. Die analytische Trennung ist dem diskursiven Charakter unserer Sprache geschuldet.

3. Krankheitsbearbeitung als Produktionsprozeß

Die ärztliche Intention richtet sich auf die Produktion eines besseren Zustandes, wie die ÄrztInnen auf verschiedene Weise sowohl in Worten als auch in den von ihnen angefertigten Visualisierungen ausdrücken. Den besseren Zustand imaginiert eine Ärztin als einen bunt gewordenen Hahn, der seine schwarzen Federn verloren hat, auf dem Bild einer anderen Ärztin ist die dort dargestellte Patientin im Verlauf der Behandlung größer geworden, eine dritte Ärztin will, daß die von ihr behandelte Patientin *nach oben kommt* und ein vierter Arzt möchte einen Patienten aus dem Dunkeln ans Licht holen. Dem Schwarzen, Dunklen, dem Unten- und Kleiner-Sein werden das Bunte, das Licht, das Oben-und-Größer-Sein als das Bessere gegenübergestellt. Die Erreichung des besseren Zustandes impliziert Veränderung, auf deren Ermöglichung sich das ärztliche Interesse von Beginn der Behandlung an richtet. Schon der erste Blick der ÄrztInnen sucht nach Ansatzpunkten für eine Veränderung, zum Beispiel nach der krankhaften Störung, die es zu beheben gilt und/oder nach dem gesunden Potential, symbolisiert etwa in vereinzelten bunten Federn, an denen sich anknüpfen läßt. Veränderung verlangt den tätigen Eingriff (vgl. Freidson 1979, S. 138 ff.). Rudolf Schmitt, der die helfende Praxis im Kontext psychosozialer Versorgung untersucht hat, stellte auch dort fest, daß Einzelfallhilfe primär ein Machen und Herstellen und weniger ein Gewährenlassen ist. Er verglich das psychosoziale Helfen mit handwerklichen und industriellen Produktionsprozessen (vgl. Schmitt 1995, S. 220).

Die Produktion eines besseren Zustandes im medizinischen Sinn erfordert sowohl ein Beseitigen als auch ein Herstellen. Beseitigen und Herstellen haben in den geschilderten Praxismustern einen unterschiedlichen Stellenwert, und sie werden unterschiedlich zueinander ins Verhältnis gesetzt. Im empirischen Material zeigten sich drei Möglichkeiten:

(1) Herstellen von etwas, wodurch etwas anderes beseitigt wird

Der Schwerpunkt liegt auf dem Herstellen. Dr. Färber (... *daß ich nach den Wunden da bei denen suche*) versucht die von ihr behandelte Patientin darin zu unterstützen, eine stabile Abwehrlage gegenüber den Ansprüchen ihrer Umgebung aufzubauen in der Annahme, daß dadurch sowohl die identifizierte Wunde in Form der Abwehrschwäche als auch die organische Störung (Candida) geheilt bzw. beseitigt wird. Der Aufbau des Abwehrsystems erfordert aus der Sicht der Ärztin, der Patientin einen roten Faden zu bringen, an dem diese festmachen und ihre Problematik aufdröseln kann. Dr. Färber erklärt: *Da müssen wir eine Weile hinarbeiten, aber wenn ich sag, da müssen wir arbeiten, haben die so ein Gefühl, wir sind jetzt ein Team.* Die von der Ärztin benutzten Begriffe kennzeichnen die Errichtung der Abwehrlage als einen kooperativ zu bewältigenden Arbeits- und Produktionsprozeß.

Ein anderes Beispiel ist das Vorgehen von Dr. Berg (*So diese Sorge um die Abgestürzten ...*), das auf eine Aktivierung und Mobilisierung der von ihr behandelten Patientin abzielt in der Annahme, daß dadurch die passive und depressive Haltung der Patientin abgebaut wird. Ihr Handeln in diesem Prozeß beschreibt sie als etwas rausholen, an etwas anknüpfen, Töne zum Schwingen bringen, mobilisieren; von der Patientin erwartet sie, daß sie rausgeht aus ihrer Wohnung, daß sie etwas Schönes macht. Mit diesem von ihr verwendeten Vokabular stellt auch diese Ärztin die Krankheitsbearbeitung in den Sinnkontext des Produzierens und Machens. Im Unterschied zu Dr. Färber setzt das Produzieren aber weniger an der Krankheitsproblematik als an den Gesundheitspotentialen an.

(2) Beseitigen von etwas, wodurch etwas anderes hergestellt wird

Dr. Ernst (*Das sind drei oder vier Schienen ...*) schildert als ein ihm geläufiges Instrument den *Hirtenbrief*, der Anweisungen gibt, wie PatientInnen in ihrem täglichen Leben Risikofaktoren vermeiden können. Durch die Vermeidung von Risiken in der Lebensführung und Ernährung soll eine Angleichung der ermittelten organischen Befunde an die Normalwerte erreicht werden. Die Wiederherstellung organischer Normalität setzt die Ausschaltung von Risiken voraus. Mit dem Hirtenbrief wird eine Gegenschiene zur identifizierten Krankheitsschiene gelegt. Der Patient soll – so erwartet der Arzt – im Interesse der eigenen Gesundheit auf die vom Arzt gelegte Schiene wechseln. Wenn der Arzt im Hinblick auf den Patienten sagt: *Was kann er tun, daß es vielleicht anders wird?* und im Hinblick auf Arzt und Patient meint: *Und was können wir beide machen und für die Zukunft?*, so hebt er mit dieser Rede explizit auf ein Machen und Tun ab, durch das das Produkt Gesundheit hergestellt werden soll.

Eine andere Form des Beseitigens zeigt sich bei der Entfernung einer manifest gewordenen pathologischen Störung. Das Beseitigen wird in diesen Fällen häufig in einer Terminologie des Angreifens geschildert. Es wird davon gesprochen, daß Infekte bekämpft werden müssen, daß man *mit allen Rohren schießen* muß oder die Therapie *von verschiedenen Seiten her angreift*. Begriffe, wie bekämpfen, schießen, angreifen verweisen ebenfalls auf ein Machen, allerdings in einem als besonders gefährlich eingestuften Feld. Die Gefährlichkeit der Störung wird als so dominant erlebt, daß das Beseitigen das Herstellen zuweilen in den Hintergrund drängt. Dr. Stark (*Die Arbeit mit dem Patienten ist immer so ein Kleinkrieg*) zum Beispiel berichtet von einem Patienten, bei dem er ein Magenkarzinom diagnostizierte. Sein Fallbericht konzentriert sich auf das Beseitigen des Karzinoms. Daß es nicht nur um ein Beseitigen geht, erschließt sich indirekt aus der Bemerkung, er habe dem Patienten mitgeteilt: *Wenn Sie sich nicht operieren lassen, sind Sie in einem halben Jahr tot.* Dieser Bemerkung zufolge geht es auch um ein Herstellen, um ein Wiederherstellen von Gesundheit, um die Aufrechterhaltung von Leben.

(3) Beseitigen und Herstellen in Koexistenz

In dem von Dr. Bauer berichteten Fallbeispiel bezieht sich das Beseitigen auf die Behandlung der regelmäßig wiederkehrenden Atemwegsinfektion der Patientin. Das Herstellen betrifft die Entwicklung von Strategien der Lebensbewältigung. Die Ärztin bespricht mit der Patientin, wie diese sich *durchboxen* kann, sie gibt der Patientin Hinweise, wie sie ihr Leben ändern kann, wie sie ihre körperlichen Beschwerden in ihr Leben *einbauen* kann, sie initiiert *Verarbeitungsgeschichten*. Wiederum besagen die von der Ärztin benutzten Worte, daß an etwas gearbeitet wird, daß etwas produziert wird, nämlich erfolgversprechende Alltags- und Lebensstrategien.

Produzieren in handwerklichen und industriellen Produktionsprozessen umfaßt das Bearbeiten und Formen von Materialien, das Mischen und Umwandeln von Substanzen sowie das Kombinieren und Zusammensetzen von Einzelteilen zu einem neuen Ganzen. In Analogie dazu kann die Bearbeitung von Krankheit beinhalten, organische und psychische Dispositionen und Verhaltensweisen neu zu formen, weiterzuentwickeln, zu verändern, Körpervorgänge zu beeinflussen und neu zu organisieren, das Verhältnis zwischen dem Individuum und seiner sozialen Umgebung neu zu gestalten. Produzieren heißt etwas hervorbringen. Dies beinhaltet ein schöpferisches Tun, das notwendig mit Zukunft verbunden ist. Es signalisiert den PatientInnen, daß sie eine Zukunft haben.

Angesichts der angestrebten Veränderung des diagnostizierten Zustandes ist es nicht verwunderlich, wenn die Bearbeitung von Krankheit häufig im Bild eines Weges geschildert wird. Dr. Ton will einen Weg finden, *wo es der Patientin wieder besser geht*, einen Weg, so ein anderer Arzt, *auf dem eine Veränderung möglich ist*. Die ÄrztInnen sehen sich selbst auf diesem Weg, sie sind es, die den Weg finden und bahnen, die die Gegenschiene legen und die sich fragen, ob die PatientInnen den Weg mitgehen, ob sie auf die ärztliche Schiene wechseln. Zugleich kann es sein, daß dieser Weg als ein von den PatientInnen gefundener Weg vorgestellt wird. Mit Blick auf eine in ihrer Visualisierung erscheinende, sich fortbewegende Spirale, erklärt eine Ärztin: *Das ist ein Weg, den sie* (die Patientin, d. V.) *macht*. Parallel zur Spirale verläuft eine grüne Linie mit einzelnen Querverbindungen zur Spirale, der Weg der Ärztin. Je stärker der Weg als der Weg der PatientInnen angenommen wird, desto mehr sehen sich die ÄrztInnen in der Rolle des Begleiters oder der Begleiterin. Durchgängig herrscht die Meinung vor, daß der Weg vorwärts und aufwärts gehen soll. Das Vorne- und Oben-Sein symbolisiert den besseren Zustand. Differenzen wiederum zeigen sich darin, daß einige ÄrztInnen einen Weg ohne Unterbrechungen imaginieren, auf dem kontinuierlich mit gleichbleibender Geschwindigkeit vorangeschritten wird, andere wiederum sehen einen Weg vor sich, auf dem Pausen eingelegt werden und auf dem man zu unterschiedlichen Zeitpunkten unterschiedlich schnell vorankommt. In der Vorstellung eines Arztes nimmt der Weg die Gestalt einer Treppe an, auf der der Patient aus seiner Sicht *schrittweise gehen* (muß) *und es hat keinen Sinn, wenn er geschoben wird.* Die Bearbeitung von Krankheit als einen kontinuierlich verlaufenden Weg zu imaginieren, korrespondiert mit einem linearen kausal strukturierten, auf das Organische beschränkten Krankheits- und Therapieverständnis. Wird der Weg dagegen als wellen- und stufenförmiger, Pausen einschließender Weg vorgestellt, so ist dies verknüpft mit der Auffassung, daß Krankheit aus soziopsychosomatischen Wechselbezügen resultiert, die sich weder in einer Kausalkette anordnen lassen, noch durch kausal strukturierte therapeutische Maßnahmen beeinflußt werden können. Es wird von einigen ÄrztInnen sogar damit gerechnet, daß der Weg, bedingt durch eine zu massive ärztliche Intervention zum Beispiel bei der Durchführung einer Akupunktur oder durch eine Blockade auf seiten der PatientInnen, wieder zurückführen kann. Im Kontext dieses Verständnisses kann der Weg verschiedenste, im voraus nicht exakt bestimmbare Formen annehmen.

Das Einflußnehmen, Bilden, Formen, neu Organisieren im Prozeß der Krankheitsbearbeitung stellt auf das Produkt Gesundheit ab, das unterschiedliche Namen trägt. Gesundheit bedeutet für die ÄrztInnen Unterschiedliches. Drückt sich Gesundheit für die einen in gemessen körperlichen Normalwerten aus, so für die anderen in einem stabilen Abwehrsystem, in erfolgreicher Lebensbewältigung, in Lebenszufriedenheit, in Aktivität, in Entwicklung oder in einem psycho-physischen Gleichgewicht. Von den jeweiligen Gesundheitsvorstellungen hängt ab, welche Zeichen auf seiten der PatientInnen die ÄrztInnen als Anzeichen der Verfertigung des Produkts interpretieren. Für Dr. Berg (*So diese Sorge um die Abgestürzten …*), für die Gesundheit Aktivität bedeutet, sind solche Anzeichen zwei von der Patientin gezüchtete Edelweiß. Sie sagt: *Letzte Woche kam sie strahlend* (erinnert an den strahlenden Hahn, d. V.) *und hat mir zwei Edelweiß geschenkt, die sie selbst gezüchtet hat (…), da hab ich gedacht, Mensch, jetzt gehts vorwärts.* Dr. Lebert (*… daß eine Entwicklung möglich wird*), für den das angestrebte Produkt Entwicklung heißt, erwähnt, daß schon das Lächeln in einem sonst mürrischen Gesicht ihm eine in Gang gesetzte Entwicklung anzeigt. Dr. Zweig (*Sie war bereit, mitzugehen*), der im Falle einer Patientin mit entzündlichem Gelenkrheuma seine Intervention auf die Wiederherstellung der Bewegungsfähigkeit abstellt, wertet als Anzeichen der Wiederherstellung, daß die Patientin wieder an Ausflugsfahrten teilnimmt und kleinere Spaziergänge unternimmt. Und Dr. Bauer (*Erst mit der Zeit entwickelt sich so ein Gesamtbild*), die Gesundheit mit Lebensbewältigung in eins setzt, deutet als erfolgversprechendes Zeichen, daß die von ihr beschriebene Patientin *ganz munter in die Welt* blickt, weil, so mag die Ärztin denken, diese Welt der Patientin als bewältigbar erscheint.

Wie immer das Produkt Gesundheit von den ÄrztInnen imaginiert wird, das Produkt und seine Herstellung ist geprägt von Wertvorstellungen. Der Begriff Gesundheit ist eine Worthülse, die sich nach Alfons Labisch je nach Blickrichtung neu füllt (vgl. Labisch 1992, S. 17). Die jeweilige Füllung generiert Normalität, sie enthält Menschen- und Körperbilder. Wird ein stabiles Abwehrsystem als Ausdruck von Gesundheit betrachtet, so korrespondiert dies mit der Vorstellung, daß Menschen eine Einheit mit starken Ich-Grenzen sind, wird Gesundheit an Lebensbewältigung geknüpft, so liegt dem ein Menschenbild zugrunde, das den Menschen als soziales Wesen definiert, das sich im Spannungsfeld zwischen Autonomie und Heteronomie bewähren muß. Wird Gesundheit an körperbezogenen Meßwerten festgemacht, so basiert das auf der Überzeugung, daß der menschliche Körper ein Mechanismus ist, dessen Funktionsfähigkeit durch Wartung und Reparatur zu sichern ist. Die Verbindung von Gesundheit und Entwicklung wiederum spricht für ein Menschenbild, demzufolge der Mensch ein sich permanent veränderndes, bewegliches System darstellt. Die im Hinblick auf Gesundheit formulierten Normen speisen sich aus anderen Normen, die sich auf das Wesen menschlichen Lebens sowie auf das Verhältnis zwischen Individuum und Gesellschaft beziehen (vgl. 1992). Diese Normen wirken in und durch den Leib-Körper, was besagt, daß das Physische, das Psychische und das Soziale nicht voneinander zu isolieren sind. Selbst jene ärztlichen Maßnahmen, die sich auf die Behandlung des Physischen beschänken, wie schulmedizinische Behandlungskonzepte, transportieren in diese Behandlung nicht-medizinische Ansprüche insofern, als die Wiederherstellung körperlicher Funktionsfähigkeit auch der Teilhabe am Arbeitsprozeß dient.

Die Herstellung von Gesundheit heißt für die ÄrztInnen in der Regel, körperliche Beschwerden, Schmerzen hinter sich zu lassen und den Tod auf Abstand zu halten. Diese Orientierung wird von einigen wenigen ÄrztInnen relativiert. Wenn Dr. Bauer (*Erst mit der Zeit entwickelt sich so ein Gesamtbild*) bemerkt, bei der von ihr vorgestellten Patientin gehe es darum, die gelegentlichen Atemwegsinfektionen in den Alltag einzubauen, so betrachtet sie Krankheit als einen Bestandteil des Lebens, der angesichts objektiver Belastungen von Zeit zu Zeit in Kauf zu nehmen ist. Sie sagt: *Daß jemand zwischendurch mal einen Schnupfen, Husten kriegt, ist an sich etwas, was zu der normalen Auseinandersetzung mit der Umwelt gehört.* Das schließt nicht aus, gemeinsam mit der Patientin an der Bewältigung von Belastungen zu arbeiten. Ähnlich argumentiert Dr. Stein (*Das ist ein Mosaik*), die den PatientInnen dazu verhelfen will, *so gesund sein zu können, wie es ihren Möglichkeiten entspricht.* Auch hier werden Grenzen des Möglichen angesprochen. Es bleibt offen, ob diese Grenzen in den Lebensbedingungen oder in der psychischen bzw. physischen Disposition gesehen werden oder in beidem. Der Gesundheitsbegriff der ÄrztInnen verweist auf ein Kontinuum, das zwischen Gesundheit und Krankheit existiert. Einen deutlichen Kontrapunkt setzt Dr. Lebert (*... daß eine Entwicklung möglich wird*) zu der Vorstellung, die Produktion von Gesundheit beinhalte eine Ausgrenzung von Schmerz, Leid, Tod. Gesundheit heißt für den Arzt Entwicklung. Sein primäres Ziel ist *weder die Minderung des Leides, noch die Verlängerung des Lebens*, sondern die *Möglichmachung von Entwicklung*. Entwicklung aber ist nach Auffassung des Arztes auch und gerade auch angesichts des Todes möglich. Er verdeutlicht dies anhand der Geschichte einer älteren Patientin, die mit einer fortgeschrittenen Krebserkrankung aus dem Krankenhaus entlassen worden war. Auf eine Operation war aufgrund des fortgeschrittenen Stadiums der Erkrankung verzichtet worden. Die Patientin sei sehr unruhig gewesen. Er habe sich zwei Stunden Zeit genommen, *mit ihr die ganze Situation nochmals ausführlich durchzusprechen einschließlich der Diagnose (...); nach diesen zwei Stunden, überraschend schnell war sie ruhig, war dann auch weitgehend bettlägerig und ist eigentlich relativ bald und ruhig gestorben.* Für den Arzt hat sich auf seiten der Patientin eine Entwicklung zum Tod hin vollzogen. Er mutmaßt, daß sie ohne dieses Gespräch *möglicherweise länger gelebt hätte*, aber *mit einer furchtbaren Getriebenheit und Angstsituation*.

Was aus dem Prozeß der Krankheitsbearbeitung hervorgeht, gehört nicht dem Arzt oder der Ärztin, es wird einem anderen zum Gebrauch bereitgestellt. Es entsteht kein Werk, von dem ÄrztInnen wie HandwerkerInnen zurücktreten könnten, um es als ihr Werk zu betrachten und zu behalten (vgl. Gadamer 1993, S. 50 ff.). Das Produkt tritt mit den PatientInnen potentiell für immer aus dem ärztlichen Blickfeld. Das macht es möglicherweise für ÄrztInnen schwer, sich von den PatientInnen zu trennen. Die Loslösung des Patienten von der ärztlichen Versorgung stellt nach Fischer den letzten Schritt im ärztlichen Entscheidungsprozeß dar (vgl. Fischer 1987, S. 77). *Der Arzt*, so fordert sie, *muß ihn* (den Patienten, d. V.) *zurückgehen lassen können in die Anonymität von Gesundheit, muß eine Art Abschied nehmen können von dem Moment des Morbiden, dem unbestimmbaren Einbruch von Unwägbarkeit in die helle Wirklichkeit des regelfallmäßigen Lebens.* Der Abschied dokumentiert den PatientInnen ihre Eigenständigkeit. Doch ist die Unfähigkeit zur Trennung auf seiten der ÄrztInnen nach Fischer ein Alltagsphänomen. Auffallend ist, daß auch in dieser Studie die Loslösung der PatientInnen von ihren ÄrztInnen mit Ausnahme des von Dr. Lebert berichteten Beispiels der krebskranken Frau kein Gesprächsthema war. Die von den ÄrztInnen vorgestellten PatientInnen sind aus ärztlicher Sicht immer PatientInnen, die noch in Behandlung sind, ob die akute gesundheitliche Störung behoben ist oder nicht.

v. Metaphern und die Arzt-Patient-Beziehung

1. Ärztliche Praxis als Beziehungsprozeß

Ärztliche Praxis, wie sie hier untersucht wird, ist stets auf das Leben und die Gesundheit eines konkreten Gegenübers bezogen. Die Erkenntnis- und Definitionsleistungen im Zuge der Krankheitsbearbeitung sind notwendig an Interaktion gekoppelt. Systemtheoretisch betrachtet, strukturieren die ärztliche Praxis zwei sich kreuzende Achsen: die Wissens- und die Begegnungsachse. Zur Veranschaulichung dieser These will ich auf ein Schema zurückgreifen, das Bruno Hildenbrand und Rosemarie Welter-Enderlin (vgl. Hildenbrand/Welter-Enderlin 1992, S. 198) zur Charakterisierung des familientherapeutischen Settings entwickelt haben. Dieses Schema wurde von mir im Hinblick auf die ärztliche Praxis leicht modifiziert.

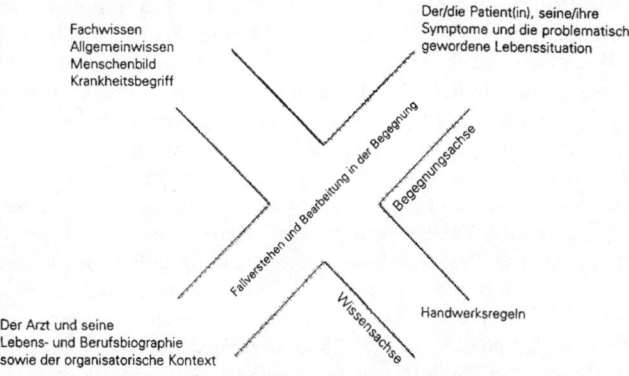

Fachwissen
Allgemeinwissen
Menschenbild
Krankheitsbegriff

Der/die Patient(in), seine/ihre Symptome und die problematisch gewordene Lebenssituation

Fallverstehen und Bearbeitung in der Begegnung

Begegnungsachse

Wissensachse

Handwerksregeln

Der Arzt und seine
Lebens- und Berufsbiographie
sowie der organisatorische Kontext

Das Allgemeine im Besonderen entdecken

Das Kernstück ärztlicher Praxis bildet das Fallverstehen und die Fallbearbeitung in der Begegnung. Die ärztliche Aufgabe besteht darin, sowohl Kontakte zum Komplex des medizinischen Fachwissens und zum Komplex des kulturell geteilten Allgemeinwissens zu unterhalten als auch zum Komplex der besonderen Befindlichkeit der jeweiligen PatientInnen. Dies verwickelt die ärztliche Praxis in einen unaufhebbaren Widerspruch, in dem zwei Logiken wirken: die Logik des Allgemeingültigen und die Logik des individuellen Falles. Zwischen diesen beiden Logiken gilt es zu vermitteln. Ort und Medium der Vermittlung ist die Begegnung zwischen ÄrztInnen und PatientInnen. Die Möglichkeiten der Krankheitsbearbeitung hängen davon ab, ob es gelingt, in dieser Begegnung eine tragfähige Beziehung herzustellen. In allen Schlüsselmetaphern ist die Arzt-Patient-Beziehung explizit oder implizit angesprochen; die Mehrzahl der Schlüsselmetaphern rücken sie in ihr Zentrum.

Die Arzt-Patient-Beziehung vollzieht sich als ein dramatischer Prozeß, als ein Handeln und Gegenhandeln einschließendes Vis-à-vis-Wechselspiel (vgl. Strauss 1968, S. 64). Nicht nur die ÄrztInnen, sondern auch die PatientInnen, so darf mit Bezug auf den Metaphernansatz angenommen werden, agieren auf der Basis ihrer jeweiligen metaphorischen Konzepte. Mittels Fragen, Anweisungen, Appellen, Ratschlägen, werden, wie Anselm Strauss es nennt, Arrangements entwickelt, durch die der Modus der Krankheitsbearbeitung festgelegt wird (vgl. Strauss 1968, S. 1), was notwendig verbunden ist mit der Zuweisung bestimmter Rollen, Positionen und Aufgaben. Anselm Strauss betrachtet diese Arrangements als flüssige, veränderliche Übereinkünfte (vgl. ebd.). Für Goffman dagegen haben sie einen relativ stabilen Charakter; sie konstituieren eine Interaktionsordnung. Diese Ordnung ruht nach Goffman »auf einer breiten Schicht gemeinsamer kognitiver normativer Annahmen und Beschränkungen« (Goffman 1994, S. 67). Je standardisierter die diese Ordnung kennzeichnenden Interaktionspraktiken sind, desto leichter ist die Ordnung lesbar und handhabbar, weshalb nach Goffman ein allseitiges Interesse an ihrer Aufrechterhaltung existiert. Es wird anhand des empirischen Materials zu prüfen sein, wie stabil bzw. dynamisch sich die zwischen ÄrztInnen und PatientInnen getroffenen Übereinkünfte darstellen. Wichtig ist mir an dieser Stelle festzuhalten, daß es sich bei den Arrangements bzw. Interaktionsordnungen um Interaktionsprodukte handelt, die jeweils einen spezifischen Typus von Arzt-Patient-Beziehung repräsentieren.

Das Erkenntnisinteresse richtet sich im folgenden auf die Herstellung und Gestaltung der Arrangements, die spezifische Beziehungen zwischen ÄrztInnen und PatientInnen konstituieren. Die empirische Analyse basiert auf den verbalen Mitteilungen sowie auf den graphischen Darstellungen der ÄrztInnen. Dieses Material erlaubt mir zu fragen: Welche Arrangements versuchen die Ärzt-Innen wie herzustellen? Welche Ich-Du- und Wir-Botschaften zeichnen sich in ihren interaktiven Akten ab? Welche Durchsetzungskraft haben ihre Botschaften? Zeigen sich Konflikte oder Störungen? Wenn ja, wie erklären sie sich? Wie agieren die ÄrztInnen in Konfliktsituationen? In welchem Verhältnis steht das interaktive Geschehen zur ärztlichen Schlüsselmetapher?

Wie eingangs erwähnt, ist die Beziehungskonstellation zwischen Arzt und Patient gesellschaftlich vordefiniert. Dem gesellschaftlichen Konsens zufolge bestimmt der Arzt, was als krank anerkannt wird, wie Krankheit zu behandeln ist und welches Verhalten von Kranken erwartet wird (vgl. Freidson 1979, S. 252; Siegrist 1977, S. 171 f.). Dieser Konsens intendiert eine asymmetrische Arzt-Patient-Beziehung. Es stellt sich die Frage, inwieweit sich dieser Konsens im ärztlichen Alltag wiederfindet oder inwieweit dieser seine Eigenständigkeit gegenüber der gesellschaftlichen Sphäre beweist.

2. Beziehungsmuster

Es konnten sechs Beziehungsmuster identifiziert werden, die jeweils am Beispiel der Praxis eines/einer Arztes/Ärztin vorgestellt werden. Soweit sich die Beziehungsmuster durch bereits eingeführte Fallbeispiele darstellen lassen, wird auf diese erneut zurückgegriffen in der Annahme, daß durch dieses Verfahren den Leser-Innen nicht nur die Orientierung erleichtert wird, sondern sie auch umfassendere und tiefergehendere Erkenntnisse gewinnen als durch ein Darstellungsverfahren, das immer wieder neue Beispiele einführt. Diese Entscheidung bedingt, daß einzelne Textpassagen aus den Interviews mehrmals herangezogen werden, um sie aus unterschiedlicher Perspektive zu analysieren. Dies ist möglich und nötig, weil ein und dieselbe sprachliche Äußerung meist mit mehreren Bedeutungsgehalten aufgeladen ist.

Das Beziehungsverhalten der einzelnen ÄrztInnen steht – so ein Ergebnis der Analyse, das ich voranstellen möchte – stets in einem kompatiblen Verhältnis zur jeweiligen Schlüsselmetapher, was aber nicht heißt, daß eine Schlüsselmetapher nur mit einem Beziehungsmuster vereinbar wäre, so wie umgekehrt ein Beziehungsmuster nicht nur mit einer Schlüsselmetapher vereinbar ist. Daraus kann geschlossen werden, daß zwischen Schlüsselmetapher und Beziehungsverhalten kein deterministisches, sondern ein dynamisches Verhältnis existiert, das Veränderungschancen enthält. Diese können sich auf folgende Weise zeigen:

- ÄrztInnen folgen in ihrem Beziehungsverhalten einer bestimmten Tendenz, zeigen aber sporadisch daneben ein Verhalten, das auf einen anderen Beziehungstypus verweist.
- ÄrztInnen verändern ihr Beziehungsverhalten in bestimmten Phasen/Situationen der Krankheitsbearbeitung, um dann aber wieder zu ihrem ursprünglichen Verhalten zurückzukehren.
- ÄrztInnen ändern ihr Beziehungsverhalten bewußt im Verlauf der Krankheitsbearbeitung in Abhängigkeit davon, daß auf PatientInnenseite bestimmte psychosoziale Voraussetzungen vorliegen.

Um solche Dynamiken zu verdeutlichen, ist es teilweise nötig, neben dem zur Veranschaulichung eines Beziehungsmodells herangezogenen Fallbeispiel zusätzliche Beispiele einzubeziehen. Das festgestellte Veränderungspotential erlaubt es nicht zu behaupten, daß ÄrztInnen ihr Beziehungsverhalten stets nach demselben Modus gestalten. Allerdings zeigen sich in Abhängigkeit von der jeweils in einer Praxis wirksamen Schlüsselmetapher Beziehungsstrategien von geringerer oder stärkerer Beharrungsneigung.

Die Darstellung der einzelnen Beziehungsmuster erfolgt anhand jener Szenen im Verlauf einer Arzt-Patient-Beziehung, die das Muster am deutlichsten zum Ausdruck bringen. Bei der Dechiffrierung der Szenen greife ich, dem von Alfred Lorenzer entwickelten Ansatz des szenischen Verstehens folgend, sowohl auf meine eigene Lebenserfahrung als auch auf interaktionistische und kommunikationspsychologische Theorien zurück (vgl. Lorenzer 1986, S. 62). Ich nutze meine Erlebniswelt, um mich in das Erleben der AkteurInnen einer Szene hineinzuversetzen und bediene mich der Theorie als Instrument, die gewonnenen Erkenntnisse aus einer bestimmten Perspektive zu systematisieren mit dem Ziel, diese zu einer theoretischen Aussage zu verdichten. Das szenische Verstehen erfordert, das Allgemeine auf das Besondere zu beziehen, das Besondere im Lichte des Allgemeinen zu betrachten und zu beurteilen.

2.1 Aktiv-passiv-Modell

Es werden Szenen aus der Praxis von Dr. Ernst (*Das sind drei oder vier Schienen*) herangezogen.

Erste Szene

Die Szene bezieht sich auf die Erstellung der Anamnese. Der Arzt beschreibt: *Also der Patient wird aufgenommen mit Computer, des geht ganz fix; dann wird ein sogenanntes Anamnesenband erstellt und das Anamnesenband ist für alle Patienten gleich … Das erstell' ich. Ich faß' des zusammen … Und die Fragen gehen immer nach dem schon vorher gestellten Bahnensystem. In welche Bahn gehört denn der? (…) Ich muß den Patienten, nachdem er bei mir heut zum ersten Mal ist, praktisch frei erzählen lassen und in dieser freien Erzählung brauche ich eine gewisse Schiene.*

Die Anamnese wird der Schilderung des Arztes zufolge nach einem feststehenden Schema, dem Anamnesenband, erstellt. Das Schema wird von dem Arzt eingeführt; somit ist es der Arzt, der die Struktur für die Interaktion vorgibt. Diese Struktur schreibt dem Arzt eine aktive und dem Patienten eine passive Rolle zu. Der Arzt sagt von sich: *Das erstell' ich, ich faß' des zusammen*, während er über den Patienten sagt: *Der Patient wird aufgenommen*. Dem Patienten geschieht, Dr. Ernst erwartet nicht, daß dieser eigene Impulse setzt. Der Patient ist Empfänger der ärztlichen Fragen und insofern passiv, aber er soll auf die Fragen reagieren, wodurch seine Passivität aktive Akzente erzählt, die aber die Beziehungskonstellationen nicht grundsätzlich verändern, ist doch lediglich eine Aktivität gefragt, die sich in den vorgeschriebenen Bahnen des Anamnesenbandes bewegt. Die von dem Arzt bei der Erstellung der Anamnese angestrebten interaktiven Arrangements entsprechen den Implikationen der Schlüsselmetapher, die auf Schienen und Bahnen abstellt, die der Arzt zum Zwecke der Krankheitsbearbeitung identifiziert oder legt. Diese Metapher verlangt nach einer Beziehungsform, in der der Arzt Regie führt.

Zweite Szene

Der Arzt schildert die Durchführung der körperlichen Untersuchung: *Und die Untersuchung ist nebenan. Da wird jeder Patient bis auf die Unterhose ausgezogen. Weil ich nur durch die grundsätzliche Untersuchung, wie wir es gelernt haben, Dinge erkennen kann. Ich brauch' den Augenhintergrund, ich brauch' die Ohrspiegelung, ich brauch' die Mundhöhle, ich brauch' die Nase, ich brauch' den Hals, ich brauch' die Adern (...). Und das sind die Punkte, die zur Untersuchung notwendig sind.*

Die Formulierungen des Arztes lassen erkennen, daß er auch in dieser Szene derjenige ist, der bestimmt, wie, wo und was untersucht wird. Dem Patienten weist er wiederum die passive Rolle zu. Selbst das, was der Patient vermutlich selbst tut, nämlich sich auszuziehen, schildert er nicht als dessen aktive Handlung. Die Formulierung *Ich brauche ...*, mit der der Arzt die Aufzählung der Körperteile einleitet, die er in die Untersuchung einbeziehen will, signalisiert einmal mehr die Erwartung an den Patienten, daß dieser sich als Untersuchungsobjekt zur Verfügung stellt. Mit der Benennung bestimmter Körperteile macht der Arzt darüber hinaus deutlich, was Gegenstand der Interaktion zwischen Arzt und Patient sein kann, nämlich das organische Geschehen. Die vom Patienten geäußerten Arbeitsplatzprobleme, mit denen sich nach Aussage des Arztes dieser sein körperliches Unbehagen erklärt, bezieht der Arzt dagegen nicht in seine Suchstrategie ein. Der Patient scheint sich den an ihn herangetragenen Erwartungen zu fügen. Er verhält sich entsprechend der ärztlichen Intention, läßt die aus der Sicht des Arztes notwendigen Untersuchungen an sich vornehmen, was ich als Zustimmung interpretiere.

Wie schon in der ersten Textpassage bringt der Arzt auch in dieser Passage zum Ausdruck, daß er mit dem vorgestellten Patienten verfährt wie mit jedem anderen auch. Implizite Hinweise darauf sind, daß er von *dem* Patienten in einem allgemeinen Sinn spricht; explizite Hinweise sind Bemerkungen wie *Da wird jeder Patient bis auf die Unterhose ausgezogen.* Das standardisierte Vorgehen erklärt er mit Verweis auf den in der professionellen Sozialisation vermittelten Konsens (*wie wir es gelernt haben*). Der Arzt reagiert also nicht nur auf den Patienten. Anselm Strauss veranschaulicht dieses Phänomen anhand eines Vergleichs. Er schreibt »obwohl nur zwei Hauptdarsteller auf der Bühne stehen, sind auch andere, nur dem Publikum oder einem der beide Akteure sichtbare Spieler anwesend« (Strauss 1968, S. 58). Für den Arzt ist die in der biomedizinischen Tradition stehende Fachwelt anwesend – ob in Form von Personen oder Büchern sei dahingestellt –, die von ihm angemessene Reaktion fordert. Er hat also nicht nur den Patienten als Interaktionspartner und er läßt keinen Zweifel daran, daß die unsichtbaren Interaktionspartner einen starken Einfluß auf ihn ausüben. Der Bezug auf die medizinische Fachwelt in bestimmten Situationen markiert die Punkte, an denen sich die gesellschaftliche Sphäre mit den interaktiven Arrangements berührt. Goffman spricht von Interfaces (vgl. Knoblauch 1994, S. 38). Eine Frage ist, wie sich der Arzt im Falle konfligierender Interessen verhält.

Dritte Szene

Der Arzt stellt bei seinen umfangreichen Untersuchungen einen Knoten in der Schilddrüse des Patienten fest, was diesen zu der Frage veranlaßt: *Warum haben Sie denn des jetzt überhaupt untersucht?* Diese Frage verkehrt die Beziehung zwischen Arzt und Patient. Der Patient löst sich aus seiner passiven Rolle, indem er das ärztliche Handeln in Frage stellt. Er kündigt das Arrangement auf, das ihn zum Objekt macht. Nun muß der Arzt reagieren; er ist aufgefordert, sein Vorgehen zu legitimieren. Dr. Ernst erklärt im Interview, daß das schwierig für ihn ist, könne er doch nur dann behaupten, *ich hab' den Patienten untersucht, wenn ich eben nach den Regeln der internistischen Untersuchungskunst und den mir zur Verfügung stehenden Methoden so untersuch', daß ich dann auf der nächsten Schiene weiterfahr' und sag', du mußt jetzt zu dem Facharzt, du mußt jetzt dorthin, du mußt jetzt dieses machen.* Die Szene offenbart, daß durch die Veränderung des Patientenverhaltens die Beziehung eine Irritation erfahren kann, die die Möglichkeit eines neuen Arrangements anzeigt. Die Frage des Patienten bringt zum Ausdruck, daß dieser das Vorgehen des Arztes nicht versteht, möglicherweise nicht billigt. Sie impliziert die Bitte/Forderung nach Erklärung und Absprache. Zumindest auf letzteres läßt sich der Arzt nicht ein, kann er sich nicht einlassen. Seine Schlüsselmetapher fordert ein schienenorientiertes Vorgehen; die Regeln internistischer Untersuchungskunst bezeichnen die zu identifizierenden und zu konstruierenden Schienen. Im Besitz des internistischen Fachwissens ist der Arzt, also ist er als Hauptakteur gefordert. Angesichts der Intervention des Patienten kann sich der Arzt allerdings nicht mehr sicher sein, daß sich der Patient in dieses Beziehungsmuster fügt, ein Gedanke, der auch durch die folgende Szene genährt wird.

Vierte Szene

Der Arzt schildert die Abschiedsszene, die abermals eine Überraschung für ihn birgt: *Dann kommt jetzt noch was Merkwürdiges dazu, daß beim Verabschieden er mich mit großen Augen anschaut 'ja, und wie lang darf ich jetzt daheim bleiben?* Wenig später fügt der Arzt hinzu: *Also das ist, das paßt zu dem, was ich jetzt an Krankengeschichte erfahren habe und mit ihm besprochen habe und untersucht hab', hinten und vorn nicht mehr zusammen.*

Erneut taucht der Patient aus seiner Passivität auf. Er will etwas (eine Krankschreibung), was auf der ärztlichen Schiene nicht vorgesehen ist. Für den Arzt ist der Wunsch des Patienten unverständlich, weil die organischen Befunde eine Krankschreibung nicht rechtfertigen. Der Wunsch des Patienten jedoch hebt auf die psychosoziale Situation ab, die er als krankmachend erlebt. Er will seinem Arbeitsplatz fernbleiben, an dem er sich einer krankmachenden Atmosphäre ausgesetzt sieht. Diese Szene offenbart noch einmal die Diskrepanz zwischen dem Krankheitsverständnis des Arztes und des Patienten, die bereits zu Beginn der Begegnung in Erscheinung getreten ist. Es konnte zu keiner Annäherung kommen, weil sich der Arzt auf der kommunikativen Ebene mit dem von seiner Schiene abweichenden Krankheitsverständnis nicht auseinandergesetzt hat. So entstand ein Ungleichgewicht zwischen der fachspezifischen und der interaktiven Ebene mit der Folge, daß sich der Patient in seinen Vorstellungen übergangen fühlen mußte. Mit dem von diesem am Ende geäußerten Wunsch klagt er die Berücksichtigung seiner Krankheitsdeutung ein. Der Arzt bewältigt die Situation, indem er seine Identität wechselt. Er definiert den von dem Patienten geäußerten Wunsch nach einer Krankschreibung als *SOS-Zeichen,* das ihm gestattet, aus der Rolle des schulmedizinischen Experten in die Rolle des Helfers zu schlüpfen. Er erklärt: *Des gehört dazu, daß ich einem bedrängten Organismus, auch wenn's psychisch ist, helfe, indem ich sage, jetzt machen wir eine Pause.* Der Identitätswechsel erlaubt dem Arzt, eine neue Handlungsschiene aufzumachen. Er bleibt damit dem Schienengedanken treu. Der Identitätswechsel erlaubt ihm weiter, auch auf der neuen Schiene die Führungsrolle zu übernehmen und zu entscheiden, was geschehen soll. Die unmittelbar an obige Äußerung anschließende Bemerkung des Arztes: *Wenn er* (der Patient, d. V.) *wiederkommt, dann will ich allerdings erfolgreich sein in der weiteren Diagnostik bezüglich der Risiken, die er hat vom Kreislauf her,* sagt einerseits, daß der Arzt zu seiner ursprünglichen Schiene zurückkehren will und andererseits, daß er sich nicht sicher ist, ob der Patient wiederkommt.

Die Strategien des Arztes zur Herstellung eines interaktiven Arrangements speisen sich aus dem Schienengedanken seiner Schlüsselmetaphorik, der seinerseits korrespondiert mit den regelstrukturierten schulmedizinischen Denkmustern. Die interaktiven Strategien gewinnen angelehnt an schulmedizinische Regeln den Charakter von Ritualen, mittels derer der Arzt dem Patient signalisiert: Ich bin derjenige, der führt, entscheidet, definiert und du bist derjenige, an dem gehandelt wird, der geschehen lassen muß. Die Einhaltung der von der Schulmedizin vorgeschriebenen Schienen ist am besten durch den Arzt gewährleistet, da nur er mit diesen Schienen vertraut ist. Daraus folgt, daß die Aktivität und Führung bei ihm liegen muß. Doch zeigt die Analyse, daß die Realisierung des Aktiv-Passiv-Modells nur solange gelingt, wie der Patient zustimmt. Störungen treten ein, wenn der Patient seine Eigenständigkeit zeigt. Friedemann Schulz von Thun spricht in diesem Zusammenhang von Beziehungsmanövern (vgl. Schulz von Thun 1992, S. 182), die der Beziehung eine Wende geben können. Die von dem Patienten ausgehenden Beziehungsmanöver erweisen sich jedoch als situativ begrenzt. Der Arzt sucht das Manöver entweder zu übergehen oder sein Verhalten so zu ändern, daß er zwar einerseits auf den Patienten eingeht, gleichzeitig aber die Führung behält. Der Patient wiederum besteht nicht auf einer Veränderung. Das Aktiv-Passiv-Modell fügt sich in die Tradition schulmedizinischer Prinzipien; es entspricht dem erläuterten gesellschaftlichen Konsens zur ärztlichen Rolle und der Schlüsselmetaphorik des Arztes. So vielfach abgestützt, ja gefordert, zeigt es sich als relativ stabiles Beziehungsmodell vom Typus der Goffmanschen Interaktionsordnung.

2.2 Führungs-Kooperations-Modell

Zur Veranschaulichung dienen mir Szenen aus der Praxis von Dr. Färber (*daß ich nach den Wunden da bei denen suche ...*)

Erste Szene

Die Ärztin schildert ihren Versuch, der *Wunde* einer Patientin auf die Spur zu kommen: *(Sie) war so auf den ersten Blick jemand, die, die mir jetzt, weil sie so eine perfekte Fassade gezeigt hat und wenn man ein bißchen dran kratzt, dann kam ein ganz ganz armes kleines Mädchen raus.*

Interviewerin: *Und wie haben Sie da gekratzt?*

Indem ich einfach gefragt hab: *Was ist denn Ihr Problem? Wo stehen Sie denn? Ich hab' ihr dann so die Zusammenhänge erklärt und dann hat sie gemerkt, sie darf da drüber erzählen.*

Das arme kleine Mädchen ist der Schlüssel zur Wunde; zugleich werden mit dieser Charakterisierung bestimmte Weichen für die Beziehung zwischen Ärztin und Patientin gestellt. Wer arm und klein ist, bedarf der Hilfe. Die Ärztin leitet ihre Hilfe ein, indem sie an der Fassade kratzt, fragt, erklärt, der Patientin klarmacht, was sie darf. Mit diesen interaktiven Akten steuert die Ärztin ein Verhältnis an, in dem sie die Führung übernimmt. Welches Verhalten aber soll aus der Sicht der Ärztin die Patientin zeigen? Soll sie sich passiv verhalten wie der Patient im vorangegangenen Beispiel? Angesichts der von der Ärztin vermuteten Problematik wäre das nicht zielführend, handelt es sich doch, wie sich in der Formulierung *armes kleines Mädchen* andeutet, um eine psychosoziale Problematik, deren genauere Bestimmung nicht durch das Messen und Ablesen organischer Daten möglich ist. Eine solche Problematik muß vielmehr unter aktiver Mithilfe der Patientin ergründet werden, die Patientin muß erzählen. Die Ärztin ist auf diese Kooperation angewiesen. Diese Angewiesenheit führt aber nicht zu einer symmetrischen Beziehung, ist es doch die Ärztin, die die Kooperation steuert, indem sie der Patientin zum Beispiel signalisiert, worüber diese sprechen *darf*. Das Wörtchen *darf* markiert ein Über-/Unterordnungsverhältnis.

Wenn des Rätsels Lösung in Erzählungen und nicht in Meßdaten liegt, so ist von der Ärztin eine andere Form des Verstehens gefordert als von Dr. Ernst. Die Analyse von Meßdaten spielt sich auf einer kognitiven, sachlich-distanzierten Ebene ab, das Verstehen von erzählten Geschichten und Episoden verlangt ein Sich-Hineinversetzen in diese Geschichten. Dies bedeutet, daß von der Ärztin ein empathisches, sich identifizierendes Engagement gefordert ist.

Zweite Szene

Die Ärztin beschreibt ihr Bemühen, eine Arbeitsgemeinschaft mit der Patientin herzustellen: *Ich versuche immer sehr (...) der so ein Gefühl von wir zwei Frauen, wir reden jetzt mal, mehr so von Freundin zu Freundin. Und vermittle ihr, daß ich die Kompetenz habe, mit ihrem Problem umzugehen, so daß ich ihr Zusammenhänge erklären kann.*

Dem Kooperationsgedanken entsprechend muß ein Team gebildet werden, in dem Ärztin und Patientin mitarbeiten. Die Ärztin schildert zwei Möglichkeiten der Zusammenarbeit. Die eine Möglichkeit, ausgedrückt in den Worten *wir zwei Frauen* und *von Freundin zu Freundin* knüpft an dem Identifikationsgedanken an und impliziert ein partnerschaftliches Verhältnis, mit der zweiten bringt sich die Ärztin wiederum in führender Funktion ins Spiel; sie ist es, die der Patientin Zusammenhänge erklärt. Das in ihrer Schlüsselmetaphorik steckende Rettungsmotiv fordert sowohl Identifikation als auch Führung. Wer jemanden retten will, muß sich zumindest kurzfristig mit dem anderen identifizieren; speist sich daraus doch die Bereitschaft der Retterin, sich selbst in die Nähe des Abgrundes zu begeben, um den Rettungsakt ins Werk zu setzen. Aber die Retterin muß gleichzeitig die Zügel in der Hand behalten, ist der/die andere doch hilflos. Das erspart diesem/dieser freilich nicht, daß er/sie bei dem Rettungsversuch mitmachen muß, was die Ärztin mit der Äußerung unterstreicht: *Ich hab' sicherlich die Erwartung, daß der Patient offen ist für die Art, wie ich arbeite.* Das von der Ärztin gelenkte kooperative Zusammenspiel zeigt sich eindrucksvoll in der allgemeinen Charakterisierung ihres Anliegens als Ärztin. Es komme ihr darauf an, *ihr* (der Patientin, d. V.) *einen Punkt zu bringen, an dem sie festmachen kann und dann 'ne Art roten Faden, an dem sie das aufdröselt.* Der Punkt bezeichnet die Wunde bzw. die Krankheitsursache, der rote Faden, er erinnert an ein Rettungsseil, die Therapie. Beides kommt von der Ärztin. Sie ist es, die entscheidet, was wie behandelt wird. Bei der Durchführung der Behandlung ist die Mitarbeit der Patientin erforderlich.

Im Führungs-Kooperations-Modell ist die Macht ungleich verteilt, was die Ärztin sieht und problematisiert. *Ist natürlich so ein gewisses Machtthema*, sagt sie, *das dann da auch von meiner Seite aus kommt.* Durch ihre *Ausstrahlung* glaubt sie, das Machtverhältnis *überbrücken* zu können. Ihre Ausstrahlung soll vermitteln, daß sie die Macht im Sinne der Patientin ausübt; sie möchte dieser *so 'ne grüne Farbe, so was Gutes und was Positives* bringen. Diese Intention spricht einen Führungsstil an, der als paternalistischer bekannt ist, in diesem Fall aber eher als ein matriarchialer bezeichnet werden muß, worauf die Ärztin selbst anspielt, wenn sie sich in ihrem Verhältnis zur Patientin *mütterliche Freundin* nennt.

Dritte Szene

Die Ärztin berichtet von dem Besuch der Patientin am Abend von deren Geburtstag: *Also, die war gestern da, die hatte Geburtstag gestern und sagte, sie hat sich so gefreut. Das war für mich dann natürlich immer ein Problem, weil ich mich dann schwer abgrenzen kann (...). Ich mag die auch sehr gern, muß ich dazu sagen, und da ist so ein Ehrgeiz bei mir, daß die des packt auch, da engagier ich mich dann etwas mehr und das ist ein bißl mein Problem, daß ich dann oft ein bißl zeitlich meine Probleme hab.*

Das empathische Engagement der Ärztin geht über in Identifikation. Sie hebt die Grenze zwischen sich und der Patientin auf, taucht ein in deren Freude, aber auch in deren Problematik, fühlt und agiert als die andere. Die Bedrängnis, in der die Patientin steht, wird zur eigenen Bedrängnis, die sie nicht losläßt und auch ihre private Zeit besetzt. Die Ärztin verläßt an diesem Tag ihre Praxis sehr viel später als üblich.

Die Ärztin bezeichnet sich im Interview als *Freundin*, als *mütterliche Freundin*, als *Spiritus; sie vergleicht sich mit einem Wounded Healer* und mit einem *Schamanen*. Der Begriff Freundin impliziert eine partnerschaftliche Beziehung; mit allen anderen Bezeichnungen aber schreibt sich die Ärztin eine Führungsrolle zu, die sie als Retterin und Heilerin benötigt. Der Patientin dagegen wird mit der Bezeichnung *armes kleines Mädchen* die komplementäre Rolle als hilfe- und rettungsbedürftiges Wesen zugewiesen, das an seiner Rettung mitwirken will. Die Mitwirkung der Patientin ist, da sich nach Ansicht der Ärztin die Probleme der Patientin nicht messen lassen, sondern im Gespräch eruiert werden müssen, unverzichtbar. Das Führungs-Kooperations-Modell, das sich in Übereinstimmung mit dem Retter- und Heilermotiv der ärztlichen Schlüsselmetapher befindet, erweist sich durchgängig als das Modell, an dem die Ärztin ihr interaktives Verhalten orientiert; die sich daneben zeigenden identifikatorischen Momente passen sich ebenfalls ein in das Retten- und Heilen-Wollen.

Störungen, so geht aus den ärztlichen Äußerungen hervor, treten auf, wenn PatientInnen das ärztliche Behandlungskonzept nicht mittragen und damit die ärztliche Führungsrolle in Frage stellen. *Wenn jemand kommt und sagt ›was, und das soll funktionieren‹, da werde ich ganz schnell ungeduldig*, sagt die Ärztin. In der Bemerkung *ich habe keine Lust mehr, da jetzt irgendwelche ungläubigen Thomase zu bekehren*, klingt an, daß sie im Falle zu großer Skepsis gegenüber ihren Behandlungsmethoden eine Behandlung abbrechen oder gar nicht erst beginnen würde. Zu Belastungen auf seiten der Ärztin kommt es, wenn diese sich in die Problematik ihres Gegenübers verstrickt. Die Ärztin sucht diesem Risiko entgegenzuwirken, indem sie sich auf die emotionale Berührung beschränkt und die körperliche meidet. Sie führt keine körperlichen Untersuchungen durch.

Auch dieses Beziehungsmodell erweist sich als relativ stabil. Zwar sind die in dieser Praxis zur Anwendung kommenden Behandlungsmethoden aus dem Spektrum alternativer Medizin nicht durch den medizinischen Konsens abgesichert, doch die mit der Art der Behandlung einhergehende Beziehungsform entspricht der gesellschaftlichen Norm.

Das Führungs-Kooperations-Modell kann sich im Verlauf einer Behandlung verkehren, wie eine Situation aus der Praxis von Dr. Berg dokumentiert. Dr. Berg agiert im Verhältnis zu einer Patientin ebenfalls im Muster des beschriebenen Beziehungsmodells. Eines Tages kommt die Patientin – die schon in der ersten Begegnung indirekt die Erwartung formuliert hat, die Ärztin möge ihr organisches Leiden behandeln – nach Luft japsend und blau im Gesicht in die Praxis. Die Ärztin erlebt dies als einen *dramatischen Einbruch*, der sie an einen Herzinfarkt denken läßt und sie veranlaßt die Einweisung der Patientin ins Krankenhaus. Dort durchgeführte umfangreiche Untersuchungen ergaben keinen Befund. Es liegt nahe, an ein Beziehungsmanöver der Patientin zu denken, das die Ärztin drängen soll, nun doch auf der von der Patientin gewünschten Ebene tätig zu werden. Die Patientin übernimmt in dieser Situation die Führung, die Ärztin ist zur Kooperation aufgefordert. Nachdem sich der Verdacht eines organischen Risikos als unbegründet erwiesen hat, kehrt die Patientin zu der Ärztin zurück und fügt sich nun widerspruchslos deren Anweisungen. *Sie (ist) dann zu der Gymnastik, hab a nie wieder mehr gehört, daß sie net allein aus dem Haus kann.* Es könnte sein, daß für die Patientin durch das Beziehungsmanöver die Balance zwischen Autonomie und Unterordnung zumindest vorübergehend wiederhergestellt wurde.

2.3. Kooperationsmodell

Zur Veranschaulichung dieses Modells werden Szenen aus der Praxis von Dr. Bauer (*Erst mit der Zeit entwickelt sich so ein Gesamtbild*) ausgewählt.

Erste Szene
Die Ärztin berichtet, was sich zwischen ihr und einer Patientin abspielt, wenn sie diese wegen einer wiederkehrenden Stirnhöhlenproblematik in ihrer Praxis aufsucht: *Wir haben uns dann oft über Arbeitsplatzsituationen unterhalten, so Lebensbewältigungsgeschichten und Konflikte, wie sie sich da durchboxt, ob sie kündigt oder nicht. Sie hat die Nase voll gehabt. Also, des war auch die Sache, aber hing auch mit dem Winter zusammen, also, im Winter hat sie das vorwiegend und auch als Erschöpfungszeichen, weil sie wirklich die Kinder rund um die Uhr betreut hat und die haben ja auch ihre Infekte, dann hat sie halt auch irgendwann mal auf der Nase gelegen (...). Das läuft dann immer so, daß ich sie krankschreib' und ihr was Schleimlösendes aufschreib' und guck', ob in den Ohren irgendwas ist (...). So das Krankheitsbild kennen wir eigentlich beide inzwischen und sie weiß inzwischen welche Medikamente ihr helfen und das steht sie dann so durch und dann ist das in Ordnung.*
Die Kommunikation läuft der Ärztin zufolge nicht nach dem Muster ab, daß die Ärztin fragt/agiert und die Patientin antwortet/reagiert. Ärztin und Patientin *unterhalten* sich, was für eine gleichberechtigte Beziehung spricht. Die Kommunikation bezieht sich nicht nur auf das Kranke, sondern ebenso auf das Gesunde, auf die Stärken der Patientin, wie sie sich durchboxt sowie auf ihre Handlungsmöglichkeiten, ob sie kündigt oder nicht. Die Ärztin charakterisiert die Patientin als Handelnde, die die Option hat, dieses oder auch jenes zu tun. Die krankhafte Störung ist für die Ärztin zwar nicht unabhängig von äußeren Einflüssen (dem Wetter) zu sehen, aber sie schreibt sie auch dem Handeln der Patientin zu. Die Patientin ist u. a. krank geworden, weil sie die Kinder rund

um die Uhr betreut hat; die Ärztin sagt nicht, weil sie sie betreuen mußte oder weil ihr nichts anderes übrigblieb. Bei der Bewältigung der Krankheit ist die Patientin aus ärztlicher Sicht ebenfalls Wissende und Handelnde; sie weiß, was ihr hilft und steht das durch. Die Ärztin reduziert die Patientin nicht auf Krankheit und Leiden, sondern betrachtet sie als eine Person, die in verschiedenen Wirklichkeitsbereichen selbstverantwortlich agiert. Diese Wirklichkeitsbereiche und die darin eingelagerten Möglichkeiten und Probleme, in die ihr die Patientin Einblick gibt, sind die Bausteine, aus denen sich für die Ärztin im Sinne der Schlüsselmetaphorik ein Gesamtbild entwickelt. Ärztin und Patientin betrachten und analysieren diese Bausteine, erörtern Handlungsnotwendigkeiten und Handlungschancen. Beide leisten als Wissende und Handelnde zu diesem Prozeß ihren Beitrag.

Wenn die Ärztin erklärt, die Patientin *weiß inzwischen*, so deutet sich darin an, daß die Patientin ihre Kompetenz (im Umgang mit ihrer Krankheit) und die darauf sich gründende gleichberechtigte Position im Verlauf der siebenjährigen Behandlung entwickelt hat. Das heißt, daß das Kooperations-Modell ein Produkt der gemeinsamen Geschichte sein könnte, daß es möglicherweise diese Geschichte voraussetzt, in deren Verlauf die Patientin ihre Kompetenzen zeigen oder erwerben konnte.

Zweite Szene

Die Ärztin thematisiert nochmals, wie sie die Patientin einschätzt und präzisiert dabei ihre eigenen therapeutischen Möglichkeiten: *Die Frau ist Lehrerin und wenn sie erschöpft ist, merkt sie, es wird zuviel für sie (...). Da mußte ich gar nicht groß, muß da was sagen, des wissen ja viele Leute selber, also mit was das zu tun hat. (...). Und bei ihr war des nicht notwendig, des wußt' sie eigentlich selber schon. Es ist eher dann in der Richtung, daß man ihnen Hilfestellung gibt, also welche Bewältigungsmöglichkeiten sie haben. Also, des spielt zum Beispiel, also, es spielt schon 'ne große Rolle, wenn sie über ihre Konflikte reden können (...) oder einfach, daß man ihnen auch 'ne Therapie vermittelt, 'ne Gesprächstherapie oder Autogenes Training (...). Also, es gibt so ein bißl stufenweise die Möglichkeit, jemand drauf hinzuweisen, wie man des bewältigen kann. Und meistens nehmen sie ja des auch, was ihnen paßt.* Wiederum wird die Patientin als eine Person definiert, die weiß, um was es bei ihr geht und worauf die Erkrankung zurückzuführen ist. Die Äußerung *des wissen ja viele Leute selber* besagt, daß die Ärztin die PatientInnen tendenziell als Wissende in bezug auf krankheitsfördernde Zusammenhänge betrachtet. Was die Krankheitsbewältigung angeht, so bietet sie Hilfestellung an, sei es in Form von Zuhören oder in Form von Hinweisen auf lebenspraktische/psychotherapeutische Hilfen. Sie spricht nicht davon, daß sie die PatientInnen irgendwo hinschickt oder etwas für sie plant, sie gibt Hinweise und Anregungen und betrachtet es als Entscheidung der PatientInnen, was sie damit anfangen. Die Aussage *und meistens nehmen sie ja des auch, was ihnen dann paßt* impliziert, daß diese schon das Richtige nehmen. Das Richtige ist für die Ärztin nichts objektiv Bestimmbares; es definiert sich in Abhängigkeit von der Bereitschaft und dem Wollen der PatientInnen, was die Ärztin in ihr Handeln einzubeziehen sucht. Sie sagt: *Das ist ein bißchen zu erspüren, ob der Patient des wissen will oder heute schon wissen will (…). Ich schau, daß ich so einen Moment abwarte, also versuch' rauszukriegen, ob die da interessiert sind dran oder nicht.*

PatientInnen sind in den Augen der Ärztin Wissende und Handelnde, was nicht ausschließt, daß sie gelegentlich nicht oder noch nicht wissen wollen. In der Überzeugung, daß sie handlungs- und entscheidungsmächtig sind, kann die Ärztin es akzeptieren, wenn sie nicht wissen oder nicht annehmen wollen. Sie hat im Unterschied zu Dr. Ernst und Dr. Färber nicht den Anspruch, die PatientInnen an ihr Behandlungskonzept anzupassen und muß daher auch nicht die führende Rolle übernehmen. Die Krankheitsbearbeitung stellt sich vielmehr als ein Prozeß dar, zu dem Ärztin und PatientInnen ihre jeweiligen Beiträge leisten, wobei sie abwechselnd aktiv und passiv, AkteurIn und AdressatIn sind.

Dritte Szene

Die Ärztin spricht anhand des von ihr gezeichneten Bildes, das den Erkenntnisweg visualisiert, über ihre Rolle: *Ja, ich würd' mich hier so mehr als (kurze Pause) Begleitung sehen (…). Ich glaube auch, daß ich nur so (kurze Pause) so wie ein Geländer mehr (…). Also, so im Täglichen ist man schon mehr drin, nee, also ist man schon aktiver, aber sozusagen als eine Überblicksoptik würd' ich schon sagen, bin ich sicher nicht aktiver als ein Angebot.*

Es dürfte nicht zufällig sein, daß diese Ärztin in Zusammenhang mit ihrer Erkenntnissuche die Beziehung zu den PatientInnen thematisiert, ist ihr diese doch eine unverzichtbare Bedingung der Erkenntnis. In und mittels der Beziehung trägt sie gemeinsam mit den PatientInnen die Bausteine zusammen, aus denen das Gesamtbild entsteht, das die Lebenssituation der PatientInnen sichtbar macht.

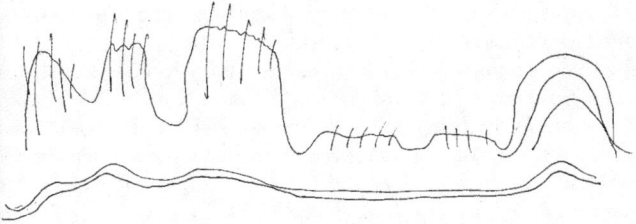

Ein Geländer für die Patientin sein wollen

Allerdings charakterisiert sich die Ärztin in der zusammenfassenden Einschätzung ihrer Rolle als nicht sehr aktiv. Dies fällt ihr selbst auf und so trifft sie eine Unterscheidung zwischen ihrem alltäglichen Engagement *im Täglichen ist man schon mehr drin* und der *Überblicksoptik*, aus der sie nicht *aktiver (ist) als ein Angebot.* Die Diskrepanz könnte sich dadurch erklären, daß sie aus der Überblicksoptik weniger das betrachtet, was sie tut als das, was sie durch ihr Tun bewirkt. Angesichts der von ihr als entscheidungsmächtig imaginierten PatientInnen betont sie die Grenzen ihres Einflusses.

Die Arzt-Patient-Beziehung gewinnt im Rahmen des Kooperations-Modells mehr Dynamik als im Rahmen der im vorangegangenen dargestellten Beziehungsmuster. Sie wird nicht strukturiert durch feststehende, allein von der Ärztin gehandhabte medizinische Diagnose- und Therapieverfahren, sondern formt sich im Zusammenspiel und in der Abstimmung der Beiträge, die Ärztin und Patientin in die Beziehung einbringen. Seine Legitimation erfährt dieses Beziehungsmodell weniger durch den gesellschaftlichen Konsens als durch psychotherapeutische Behandlungskonzepte, die der Ärztin aufgrund ihrer Ausbildung als Bezugskontext zur Verfügung stehen. Die ärztliche Schlüsselmetaphorik erweist sich als eine, dieses Kooperationsmodell fördernde und fordernde Erzeugungsgrundlage.

Das ärztliche Engagement ähnelt in diesem Beziehungsmuster der von Martin Heidegger beschriebenen »vorspringend-befreienden Fürsorge« (Heidegger 1963, S. 122), die sich dadurch auszeichnet, daß sie dem anderen die Sorge für sich selbst zurückgibt. Davon unterscheidet sich nach Heidegger die einspringend-beherrschende Fürsorge, die dem anderen die Sorge für sich abnimmt, für ihn einspringt und ihn dadurch von sich abhängig macht (s. auch Meyer-Drawe 1984, S. 104 ff.).

Das Kooperations-Modell kann das Führungs-Kooperations-Modell ablösen, wie sich am Beispiel der Praxis von Dr. Lebert (*daß eine Entwicklung möglich wird*) zeigen läßt. Dr. Lebert geht nicht per se von der Entscheidungskompetenz der PatientInnen aus. Er stellt sich zu Beginn einer Behandlung vielmehr die Frage: *Wie weit muß ich also es für ihn* (den Patienten, d. V.) *tun, wie weit ist er entscheidungsfähig, wie weit nicht, wie weit muß ich für ihn entscheiden oder wie weit kann ich ihm die Entscheidung überlassen.* Im Falle der von ihm vorgestellten Patientin glaubte er zunächst, er müsse die Behandlungsentscheidung für sie treffen: *Zuerst 'mal dacht' ich, ich müßte es mehr für sie tun.* Anlaß dafür war, daß ihm die Patientin zart und schüchtern erschienen war, was seine *Beschützerseite* angesprochen hat. Im Verlauf der Behandlung wird ihm klar, daß die Patientin selbstbewußter und aktiver ist oder geworden ist – das bleibt offen – als er zunächst annahm und er beginnt, das Führungs-Kooperations-Muster in ein Kooperationsmodell überzuführen, in seinen Worten: *Ich (mußte) mein anfängliches Verhalten auch mehr in der Richtung korrigieren, (daß) ich sie in die Entscheidung mit einbeziehe.* Dieser Wechsel bekommt seine Plausibilität vor dem Hintergrund seiner Schlüsselmetaphorik, die dazu animiert, Entwicklungen in Gang zu setzen, Entwicklung zu fördern. Entwicklungen werden häufig als kontinuierliche, von einer Stufe zur anderen sich vollziehende Prozesse betrachtet, deren Erfolg davon abhängt, daß keine Stufe übersprungen wird. Das Selbstbewußtsein der Patientin signalisierte dem Arzt einen Entwicklungsstand, der es erlaubt, die führende Rolle zugunsten einer kooperativen Beziehung zwischen Arzt und Patient aufzugeben, um damit eine weitere Entwicklung der Patientin zu ermöglichen.

2.4 Verhandlungsmodell

Die Szenen stammen aus der Praxis von Dr. Lerner (*Der hat es sehr gut verstanden, mit den Leuten ein Stück zu verhandeln*)

Erste Szene

Dr. Lerner berichtet von einer ihm schon bekannten Patientin, die wegen neu aufgetretener gesundheitlicher Beschwerden in seine Praxis gekommen war: *Spontan erinner' ich mich an eine junge, ein junges türkisches Mädchen, die drei- oder viermal mit Bauchschmerzen zu mir gekommen ist und ich hatte ihr mal ein Antazidum gegeben, ist also ein Mittel, was die Magensäure etwas hemmt. Dann kam sie wenige Tage später, es hätte überhaupt nichts gewirkt, mal etwas Krampflösendes gegeben, es hätte überhaupt nicht gewirkt. Und dann kam sie nochmal, es waren exakt dieselben Beschwerden und ich hab gesagt ›Also, stop! Jetzt müssen wir uns erst mal unterhalten, was eigentlich los ist‹ Und es kam eine sehr schwierige soziale Situation raus und eine sehr schwierige Schulsituation.*

Das Mädchen kommt mit Bauchschmerzen, erhält ein Medikament, kommt wieder, erhält ein anderes Medikament usf. Das zwischen dem Mädchen und dem Arzt getroffene Arrangement, das besagt, es geht um eine organische Krankheit, die medikamentös zu behandeln ist, wird durch das ärztliche Stop unterbrochen. Die vehement gesetzte Zäsur läßt vermuten, daß sich der Arzt zu sehr von dem Mädchen beeinflußt sah, anderenfalls hätte er gelassener reagieren können. Diese Vermutung wird unterstützt durch die Bemerkung des Arztes, die Patientin habe *zunächst einmal sehr sicher, sehr sehr bestimmt* gewirkt. Mit seinem Stop stellt er den Gegenstand der Behandlung zur Disposition. Seine Intervention hat nicht den Charakter einer Anweisung, eher kommt sie als Appell daher. Er sagt nicht ›jetzt berichten Sie mal von ihren psychischen Problemen‹, sondern *Wir müssen uns erst mal unterhalten*; die Themen der Unterhaltung werden nicht festgelegt. Das mit dem Stop gesetzte Signal ›so nicht, sondern anders!‹ verweist auf unterschiedliche Interessen, die es zu verhandeln gilt. Die Verhandlungsidee entspricht der ärztlichen Schlüsselmetapher. Sie setzt gleichberechtigte PartnerInnen voraus.

Zweite Szene

Der Arzt schildert noch einmal seinen Versuch, ein neues Arrangement zu treffen und deutet die diesem Versuch entgegenstehenden Schwierigkeiten an: *Es ist so irgendein Punkt, wo bei mir auch selber was rausplatzte, wo ich für mich selber ja auch merke, so kann es nicht weitergehen. Ich kann nicht irgendwie immer wieder etwas verschreiben und ich sagte ›jetzt sprechen wir mal über deine Situation, was kann das sein?‹ Wobei es jetzt sowohl, weil sie eben aus einer türkischen Familie ist, nicht so ganz einfach ist, sowas zu verbalisieren, als auch für das Alter, also es gibt so ein Alter, so ein bißl vor der Pubertät, um die Pubertät, wo Dinge zu formulieren auch irgendwie nochmal gesperrte, also oder Sperren drin sind.*

Wenn etwas herausplatzt, so verschafft es sich gegen einen Widerstand Gehör. Woher kommt der Widerstand? Die Worte des Arztes im ersten Teil der Textpassage hören sich an wie ein Selbstgespräch, so als würde er mit sich selbst verhandeln, sich selbst zu überzeugen versuchen, daß das Behandlungskonzept verändert werden muß. Es stellt sich die Frage, warum es notwendig sein könnte, sich selbst zu überzeugen. Im zweiten Teil gibt der Arzt Hindernisse an, die sich in der soziokulturellen Herkunft des Mädchens sowie in ihrem Alter begründen. Der Arzt vermutet, so lesen sich seine Worte zunächst, daß es diese Gegebenheiten dem Mädchen erschweren, sich auf das Terrain zu begeben, das er mit seiner Intervention anpeilt. Doch fällt auf, daß er allgemeine Formulierungen wählt wie *Es ist nicht so ganz einfach, da sind Sperren drin.* Diese Formulierung macht Sinn, wenn man unterstellt, daß er die Schwierigkeiten der Verbalisierung psychosozialer Probleme nicht nur auf seiten des Mädchens, sondern auch auf seiner Seite sieht. Zu dieser Überlegung animiert nicht nur der erste Teil der Passage; sie findet auch Unterstützung durch eine spätere Äußerung des Arztes, daß einiges vielleicht *auch bei mir durchaus auch tabuisiert ist oder bleibt oder nicht leicht besprechbar ist.* Unter diesen Bedingungen muß der Arzt mit zwei PartnerInnen verhandeln: mit der Patientin und mit sich selbst. Anselm Strauss weist darauf hin, daß das ›I‹ (das handelnde Subjekt) vielen ›me's‹ (das Selbst-Objekt) antworten kann, dem ›me‹ von gestern, von morgen, vor einigen Minuten (vgl. Strauss 1968, S. 59). Es ist anzunehmen, daß der Arzt im Diskurs mit der Patientin auch für sich selbst erst klären muß, wie tief er sich einlassen will und kann auf die psychosoziale Problematik der Patientin. So wird auch plausibel, wenn er das, was verhandelt werden soll, relativ vage benennt. So bleiben sowohl der Patientin als auch ihm Spielräume und Rückzugsmöglichkeiten. Wenn es zutrifft, daß der Arzt ambivalent ist, so muß daran gedacht werden, daß er widersprüchliche Botschaften aussendet, die die Empfängerin verunsichern.

Dritte Szene
In dieser Szene spricht der Arzt über sein Verständnis von Medizin und von seiner Rolle: *Es ist ein Bedürfnis, daß man jetzt nicht Medizin nur macht, daß man jetzt nur etwas versteht und nur Medikamente gibt und man sozusagen da so mitfunktioniert, sondern daß man Medizin auch immer so als ein Stück, ja, als ein Stück Emanzipation versteht; letztlich dann natürlich auch eine Emanzipation vom Arzt und vom Medizinbetrieb.* Der Arzt unternimmt zunächst eine Selbstdefinition. Er will nicht nach einem vorgegebenen Schema funktionieren. Implizit steckt in dieser Selbstdefinition ein Plädoyer für die Verhandlungsidee, denn ein Schema tilgt Verhandlungschancen. Für die Anwendung von Schemen bei der Bearbeitung von Krankheit gibt es medizinisch abgesicherte Gründe. In wessen Interesse aber ist das Verhandeln? Der Arzt verweist auf die Emanzipation der PatientInnen, die ihm unter der Voraussetzung eines nicht standardisierten ärztlichen Handelns besser erreichbar erscheint. Eine Bemerkung an anderer Stelle macht darüber hinaus sichtbar, daß das Verhandeln auch in seinem persönlichen Interesse ist. *Ich (mache) jetzt meine Medizin nicht nur für ihn* (den Patienten, d. V.), *um ihm etwas zu geben, um ihm etwas zu verkaufen, sondern aus so einer Auseinandersetzung auch was lerne, was erfahre.* Nicht nur für die PatientInnen, auch für sich selbst möchte er handeln; das Geben und Nehmen wird von dem Arzt zur Handlungsmaxime erklärt. Das Verhandeln läßt auf einen Gewinn hoffen, der beiden Verhandlungspartnern einen Gewinn bringt, eine Idee, die auch Verhandlungsprozessen in der Geschäftswelt, aus der die Metapher stammt, zugrunde liegt.

Vierte Szene
Der Arzt berichtet von einer weiteren Phase in der Behandlung der Patientin, in der eine neue Problematik auftaucht: *Sie hatte also immer stärkere Rückzugstendenzen, geht eigentlich zur Schule, aber ist in den letzten Monaten gar nicht mehr zur Schule gegangen, ist dann ein paarmal zu mir gekommen, hat mich aber gar*

nicht mehr gesehen, hat sich gleich vorne bei der, bei der Rezeption, also sehr schnell so Schulunfähigkeiten geben lassen, was so ein Prozeß war, den ich selbst nicht im Blick hatte, ich bin dann von der Frau vom Sozialamt darauf angesprochen worden.

Von der Sozialarbeiterin erfährt der Arzt, daß das Mädchen vom Freund der Mutter sexuell mißbraucht worden war. Verhandlung setzt Verhandlungsbereitschaft und Verhandlungsfähigkeit voraus. Die potentiellen VerhandlungspartnerInnen handeln autonom und selbstverantwortlich. Das könnte erklären, warum der Arzt das Mädchen nicht im Auge behalten hat, warum es sich ungehindert die von ihm gewünschten Leistungen abholen konnte, ohne daß der Arzt auf ein Gespräch gedrängt hätte. Die Verhandlungsmetaphorik legt nahe zu warten, bis der andere auf einen zukommt. Dieses Zugeständnis von Autonomie könnte das Mädchen angesichts der besonderen Problematik, in der sie stand, aber auch angesichts ihres Alters und ihrer kulturellen Herkunft überfordert haben. Die mögliche Ambivalenz des Arztes könnte den Rückzug des Mädchens verstärkt haben im Sinne einer unbewußten Antwort auf eine irritierende Botschaft.

Fünfte Szene
Der Arzt schildert, wie die Kommunikation mit dem Mädchen nach dem Gespräch über den sexuellen Mißbrauch abläuft: *Ist schon so, daß ich öfters das anspreche, aber daß ich eben, wie man so sagt, da nicht tief bohren würde, wenn ich merk', da ist dann doch eine stärkere Abwehr, daß ich das dann auch wieder fallenlassen würde. Oder, daß ich solche Sachen zum Beispiel sage ›Wir können darüber reden, wir müssen aber nicht darüber reden, wenn dir's schwerfällt, lassen wir es lieber‹. Sie zu unterstützen, das ist das Wichtigste, nicht unbedingt jetzt in eine Richtung. Ich würde nicht, ich würde bei sowas nicht unbedingt sagen, ›Du muß jetzt da raus aus der Familie oder du mußt jetzt dies oder das oder das tun‹, sondern ich denk', das Wichtigere ist, dem Menschen das Gefühl zu geben, daß er eine Unterstützung hat, egal ob er jetzt (...). Aber die letzte Entscheidung muß er selbst treffen.*

Der Arzt spricht von sich aus Probleme an. Das deutet darauf hin, daß er seine abwartende Haltung als Überforderung erkannt hat. In diesem Ansprechen steckt kein Muß, es ist ein Angebot *Wir können darüber reden*. Das Verhandlungsangebot ist als Unterstützungsangebot gedacht. Denkbar ist, daß der Arzt das Unterstützungsmotiv in dieser Phase der Behandlung auch dem Mädchen gegenüber deutlicher macht, um – vor dem Hintergrund seiner Erfahrungen – ihre Gesprächsbereitschaft zu fördern. Beide Verhaltensänderungen implizieren eine leichte Modifikation des Verhandlungsmodells insofern, als sorgende und helfende Motive in das Modell integriert werden. Doch geht die Sorge in Übereinstimmung mit der Verhandlungsmetaphorik nicht soweit, daß er Verhandlungsanweisungen geben würde.

Das Verhandlungsmodell grenzt sich deutlich vom Aktiv-passiv-Modell sowie vom Führungs-Kooperations-Modell das heißt von Modellen ab, in denen allein der Arzt die Beziehung steuert. Es hat mit dem Kooperationsmodell den Gedanken eines partnerschaftlichen Verhältnisses gemeinsam. Im Unterschied zu diesem wird explizit verhandelt, was sich zwischen Arzt und Patientin abspielen soll. Das Verhandeln wird durch die in der Begegnung zutage tretende Konflikthaftigkeit besonders provoziert, doch deuten Äußerungen des Arztes an, daß das Verhandeln eine von ihm generell präferierte Interaktionsstrategie ist. Dieser Präferenz zufolge liebt er es nicht, wenn PatientInnen mit einem *bereits vorgefertigten Konzept ›und des muß jetzt so und so passieren und wenn nicht, dann!‹* in die Praxis kommen. Das Verhandlungsmodell integriert als bisher einziges Modell das Geben und Nehmen als strukturierendes Prinzip.

Dem Verhandlungsmotiv korrespondiert eine hohe Bewertung der verbalen Kommunikation. Der Arzt spricht fünf Sprachen, zwei davon hat er extra gelernt, um sich mit seinen aus Asien stammenden PatientInnen besser verständigen zu können. Der ebenfalls hohe Stellenwert von Selbstverantwortung und Autonomie auf PatientInnenseite kann im Falle schwer formulierbarer konflikthafter Probleme und vor dem Hintergrund der allgemeinen Auffassung, daß der Arzt die Initiative ergreift, zu einer Überforderung werden.

2.5. Angriffs-Abwehr-Modell

Bezug genommen wird auf Szenen aus der Praxis von Dr. Stark (*Die Arbeit mit dem Patienten ist immer so ein Kleinkrieg*)

Erste Szene

Der Arzt berichtet von einem serbischen Patienten, der ihn wegen Magenschmerzen in seiner Praxis aufgesucht hat. Er schildert die Diagnosesuche und deren Ergebnis: *Als allererstes ist die Anamnese wichtig, daß man erstmal fragt, was hat der für besondere Erkrankungen gehabt (...), dann leg' ich ihn hin, soll er sich den Oberkörper freimachen (...). Dann haben wir ihn gastroskopiert, also gastroskopieren lassen und da hat er ein Geschwür. Und da sind Probeexzisionen entnommen worden und die waren beide bösartig, also der hatte ein Magenkarzinom (...). Der war nun auch etwas eigenartig, er hat nämlich nach dieser Gastroskopie gesagt ›Warum haben sie das mit mir gemacht? Ich hab' das Gefühl ihr Ärzte, ihr wollt alle nur das Geld verdienen und der Patient ist euch, ich weiß nicht (...)‹.*

Bei der Suche nach der Ursache der Beschwerden übernimmt der Arzt den aktiven und der Patient den reagierenden und passiven Part: Der Patient wird gastroskopiert. Im Muster des Aktiv-Passiv-Modells denkend, sieht sich der Arzt auch im Hinblick darauf, was der Patient selbst tun muß, als Akteur, *Ich hab' ihn hingelegt*. Es wird nicht mit dem Patienten, sondern an ihm gehandelt. Das Ergebnis dieses Handelns ist eine Diagnose, die gegen die Gesundheit, ja, gegen das Leben des Patienten gerichtet ist. Der Patient fragt, so wie auch der Patient von Dr. Ernst gefragt hat: Warum haben Sie das mit mir gemacht? Er erfährt das ärztliche Handeln und nicht das diagnostische Resultat als gegen sich gerichtet. Diese Umdeutung ist möglich, weil die Handlungen, die zu der Diagnose geführt haben, nicht seine Handlungen sind. Diagnostische Handlungen, die mit den PatientInnen nicht abgesprochen und von diesen nicht mitgetragen werden, können im Falle eines ungünstigen Resultats, so zeigen die beiden Beispiele, als Angriff verstanden werden, womit gleichzeitig das bedrohliche Resultat abgewehrt wird.

Der Arzt spürt den Widerstand, unterstellt, daß auch die medizinisch notwendigen therapeutischen Maßnahmen abgewehrt werden könnten, so wie er es in seinem Alltag nach eigenem Bekunden häufiger erlebt, daß sich die PatientInnen seinen Anweisungen widersetzen. In dieser Erfahrung begründet sich das kriegerische Motiv seiner Schlüsselmetapher. Entsprechend seiner Befürchtung formuliert er dem Patienten gegenüber den aus seiner Sicht erforderlichen nächsten Schritt: *Hab' gesagt, wenn Sie sich nicht operieren lassen, sind Sie in einem halben Jahr tot, wahrscheinlich tot.* Diese Formulierung gibt dem Patienten neue Nahrung für seine Sichtweise, daß er Objekt eines Angriffs ist.

Zweite Szene

Der Arzt bemüht sich um einen Platz für den Patienten in einer von ihm geschätzten Klinik. Der Patient wird dort operiert und meldet sich nach der Operation telefonisch: *Ein paar Tage später rief er mich an, ich hätte ihn dort in eine Sterbeklinik geschickt und wie ich dazu käme und er hat gedacht, er könnte mir vertrauen und ich wollte ihm doch helfen, aber das ist Wahnsinn und er hätte jetzt Schmerzen und man gibt ihm nichts. Und dann kam eben raus: Serbe. Ihr boykottiert mich, ihr habt was gegen mich, die Presse, ihr seid alle gegen die Serben usw. Da hat der so 'ne, ja so, ich würd' sagen das war 'ne depressive Reaktion.*

Der Patient hat nach der Operation Schmerzen – wie sich herausstellt, rühren sie von einer unbeachtet gebliebenen Speiseröhrenentzündung her – und interpretiert die Schmerzen entsprechend der bereits zwischen Arzt und Patient etablierten kriegerischen Metaphorik als erneuten Angriff. Mit dem Telefonanruf startet der Patient einen Gegenangriff; er greift den Arzt in seiner beruflichen Ehre an, unterstellt ihm Tötungsabsichten. Dabei zeigt sich, daß das Erleben des Patienten nicht nur in der Beziehung zu dem Arzt gründet, sondern verknüpft ist mit aktuellen politischen Ereignissen im ehemaligen Jugoslawien und einer weltpolitischen Meinung, die die Serben als Aggressoren betrachtet. Der Patient deutet die ärztliche Praxis im Kontext aktueller kriegerischer Auseinandersetzungen, in die sein Herkunftsland verwickelt ist, ein Kontext, der seine Aufmerksamkeit für kriegerische Momente in der Arzt-Patient-Beziehung auf Kosten der Wahrnehmung der helfenden Absichten des Arztes verstärken dürfte. Mikro- und Makrophänomene verschachteln sich in dieser Arzt-Patient-Beziehung in einer Weise, die ein konstruktives Arrangement verhindert. In der Bemerkung des Arztes, die Vorwürfe des Patienten seien eine depressive Reaktion, zeigt sich jedoch eine andere Deutungsebene, die das Muster Angriff/Gegenangriff aufbricht.

Dritte Szene

Der Arzt besucht den Patienten in der Klinik: *Ich bin ja in die Klinik gefahren und hab' ihn ja besucht. Weil ich ja, ich hatte Angst, der haut einfach ab, geht da weg und dann passiert noch was. Ich wollte einfach auch wissen, was in ihm vorgegangen ist. Aber das mit der Krebsgeschichte, daß das vielleicht ihn so ein bißchen schwer aufgekommen ist oder ihn so reagieren ließ, das hat er abgelehnt, da sagte er nein, das meint er nicht, er meint eher eben, ihr habt was gegen uns Serben.*

Einige Zeilen später heißt es im Interview: *Ich hab' ihm ja ganz schön den Marsch geblasen (...), als ich im Krankenhaus war und meiner Empörung da freien Lauf ließ.*

Der Besuch des Arztes in der Klinik gestaltet sich zunächst als empathische Zuwendung im Sinne der neuen Deutungsebene. Der Arzt bietet dem Patienten seine Deutung als einen Aufhänger für ein neues Beziehungsarrangement an, doch dieser lehnt ab. Die Abkehr bewirkt, daß auch der Arzt wieder zu seinem bisherigen Deutungskontext zurückkehrt. Es folgt ein erneuter Angriff des Arztes. Diese Rückkehr kann nicht unabhängig von der ärztlichen Schlüsselmetapher gesehen werden, die das Vertrauen in die Möglichkeit einer Versöhnung eher dämpft als fördert. Nach dieser Szene, in der das kriegerische Verhältnis zwischen Arzt und Patient festgeschrieben wird, muß damit gerechnet werden, daß die Beziehung abbricht. Die Direktheit und Offenheit, mit der der Konflikt ausgetragen wird, macht aber auch eine Einigung vorstellbar.

Das Angriffs-Abwehr-Modell entsteht in diesem Beispiel in Zusammenhang mit einem Diganosesuchverfahren, in dem der Patient Objektstatus hat. Akteur ist der Arzt und er ist dies für den Patienten auch im Hinblick auf den bedrohlichen diagnostischen Befund. Der von diesem ausgehende Angriff auf sein Leben wird von dem Patienten abgewehrt, indem er das Angriffsmotiv dem Arzt zuschreibt. Diese Deutung des Patienten trifft auf eine metaphorische Orientierung des Arztes, die mit Konflikten rechnet. Angriff und Gegenangriff, teils vom Arzt, teils vom Patienten ins Werk gesetzt, charakterisieren den weiteren Verlauf der Arzt-Patient-Beziehung. Nicht nur der Arzt, auch der Patient deutet und handelt im Kontext eines kriegerischen Bedeutungsrahmens. Im Aufeinandertreffen der beiden habituellen Konzepte, die sich wechselseitig aufschaukeln, gewinnt die Beziehung eine Dramatik, die starke Gefühle hervorruft. Der Arzt spricht von Enttäuschung, Zorn und Empörung. Neben der kriegerischen Deutungsvorlage steht dem Arzt eine andere Deutungsebene zur Verfügung, die

Empathie und Verstehen nahelegt, sich aber nicht gegen das kriegerische Muster durchsetzen kann.

2.6 Identifikationsmodell

Die Szenen stammen aus der Praxis von Dr. Spieler (*Zum Glück sind wir hier leider kein Café*)

Erste Szene
Die Ärztin schildert, was sie empfunden hat, als sie bei einer Patientin Verdacht auf Leukämie diagnostizierte:
Interviewerin: *Und wie war des, als Sie das rausgefunden haben?*
Ärztin: *Also, ich war erschrocken natürlich. Ich war erschrocken.*
Wiederholt habe ich von den befragten ÄrztInnen in den Interviews direkt oder indirekt gehört, daß sie auf eine Diagnose, auch wenn diese eine schwerwiegende Erkrankung anzeigt, stolz sind. Die Diagnose hat in der Medizin einen hohen Stellenwert, sie dokumentiert ärztliche Kompetenz und wird überwiegend als unverzichtbare, wenn nicht sogar als alleinige Basis ärztlichen Handelns betrachtet (vgl. Anschütz 1987, S. 2). Das Interesse der PatientInnen an einer Diagnose wird darin gesehen, daß eine Diagnose die Möglichkeit zur therapeutischen Hilfe eröffnet.
Diese Ärztin reagiert anders. Sie erschrickt, weil sie vor Augen hat, was die Diagnose der Patientin sagt, nämlich an einer Erkrankung zu leiden, *die ja doch in absehbarer Zeit zum Ende führen wird.* Sie empfindet, was sie glaubt, daß die Patientin empfindet, nämlich einen Schrecken. Die Ärztin versetzt sich in die Empfindungswelt der Patientin; spürt die plötzliche Trauer, die Angst, die Depression, phantasiert den mental-emotionalen Zustand der Patientin als eine *Geschwulst im Kopf,* die *wie eine Spinne arbeitet.* Aus der Identifikation mit der Patientin heraus agiert sie; sie spricht nicht sofort therapeutische Maßnahmen an, sondern läßt der Patientin Zeit für ihre Trauer, sie gesteht ihr zu, die Trauer in der Beziehung zur Ärztin auszudrücken, sie versucht *raus(zu)fühlen,* ob Suizidgefahr existiert. Eingetaucht in die Empfindungswelt der Patientin, hat für die Ärztin das Zurechtkommen mit der Diagnose zunächst Priorität. Die Entscheidung über die Therapie ist erst der nächste Schritt.

Zweite Szene

Die Ärztin schildert den Fortgang der Behandlung auf der medizinischen Ebene: *Dann sind wir so langsam dahin gekommen, was sollte man in die Wege leiten, was müssen wir jetzt noch machen, bis zu welchem Zeitpunkt haben wir die Diagnose ganz klar (...). Dann hatten wir es eigentlich auch klar (...), dann hab' ich gesagt, das könnte ich nicht alles hier machen, aber ich würd' mich natürlich drum kümmern oder wir haben dann gemeinsam überlegt (...).*

Das weitere Vorgehen in der Behandlung wird von der Ärztin überwiegend einem Wir zugeschrieben; das kurz auftauchende Ich wird rasch wieder zurückgenommen. Ärztin und Patientin handeln aus ärztlicher Sicht in Personaleinheit. Diese Sicht kontrastiert zu Perspektiven, wie sie der Kooperations-, der Verhandlungs- oder der Angriffsmetaphorik eigen sind, die deutlich zwischen Arzt und Patient unterscheiden, unterscheiden müssen, anderenfalls wäre ein Verhandeln, ein Kooperieren oder ein Angriff nicht vorstellbar. Die Ärztin agiert auf der Basis des Raummotivs ihrer Schlüsselmetapher; sie sitzt mit der Patientin in einem Boot, sie teilt sich denselben Raum. In diesem Raum gibt es nur einen Akteur, das Wir.

Dritte Szene

Die Ärztin visualisiert die Arzt-Patient-Beziehung und kommentiert: *Ich komm' also doch ein bißchen an einen Abhang (...) und, aber den stürzt sie nicht ab, sondern wir gehen da oben dran entlang (...), dann wandern wir da entlang, wir suchen einen Weg (...), ich hab so eine schöne Hängebrücke vor Augen, die hängt sogar ziemlich durch und die schwingt auch (...). Da versuchen wir drüber wegzukommen und gehen wir auch im Moment drüber weg und ans andere Ufer (...).*

Die Identifikation der Ärztin mit der Patientin setzt sich in dieses Bild hinein fort. Die Ärztin imaginiert eine Landschaft, in der sie sich mit der Patientin befindet, eine Imagination, die den Einfluß der Raummetapher einmal mehr dokumentiert. Der erste Satz beginnt mehrdeutig. Wer kommt an einen Abgrund? Nähert sich die Ärztin dem Abgrund oder nähert sich die Ärztin als Patientin dem Abgrund? Es könnte sein, daß die Ärztin in der Identifikation mit der Patientin an eigene Abgründe gerät, daß der empfundene Schrecken auch mit der Angst vor der eigenen Endlichkeit zu tun hat. Der Bezug auf sich selbst schließt den Bezug

Mit der Patientin an einem Abhang entlanggehen

auf die andere nicht aus; beide Bezüge sind in dem Wir lebbar. Verschränkt in diesem Wir versuchen Ärztin und Patientin, den Abgrund zu überwinden und ans andere Ufer zu gelangen. Wann, so stellt sich die Frage, kann das Wir aufgelöst werden? Wann geht die Patientin alleine los?

Vierte Szene

Die Ärztin spricht allgemein über ihre Beziehung zu den Patient-Innen, was in bezug auf die eben gestellte Frage aufschlußreich ist: *Ich denke, daß wir als Frauen insgesamt mehr einbezogen werden, wir kriegen manchmal vielleicht auch ein bißchen freundschaft-licheren Kontakt zum Patienten oder wir fühlen uns auch als beratende Freundin (...). Wir tragen auch manchmal schwerer an dem Schicksal (...), tun uns auch schwerer, die notwendige Distanz zu halten, um natürlich auch 'mal den unguten Dingen ins Auge zu blicken. (...). Ich kann mich an eine Situation erinnern, daß ich, daß da zwar nichts schiefgegangen ist, aber daß ich so um Haaresbreite nochmal kurz drüber weggeschaut hätte, weil ich es auch irgendwie nicht wahrhaben wollte (...) Frauen, also, die sind etwas verbändelter.*

Die Ärztin schildert einerseits die Identifikation als besondere Qualifikation, und zwar als weibliche Qualifikation, andererseits benennt sie mehr oder weniger direkt die mit einer Identifikation einhergehenden Risiken. Die Belastung wird angesprochen, die sie spürt, wenn sie sich die Problematik der PatientInnen auf die eigenen Schultern lädt. Die Ärztin betont die Notwendigkeit zur Abgrenzung und zugleich die Schwierigkeiten, die sie damit hat. Woher rühren diese Schwierigkeiten? Resultieren sie aus mangelnden Abgrenzungsstrategien? Oder haben sie auch etwas damit zu tun, daß sich die ärztlichen Lebensfragen zuweilen mit der Problematik der PatientInnen verknüpfen. Für letzteres spricht, daß die Ärztin ihre Abgrenzungsschwierigkeiten tendenziell im Verhältnis zu weiblichen Patienten thematisiert, Frauen sind verbändelter. Die andere Frau ist eine wie sie und kann der Ärztin so zum Spiegel werden, in dem sie Eigenes erblickt. Nichtsdestotrotz kann es schwerfallen, die *unguten Dinge*, die der Spiegel zeigt, zur Kenntnis zu nehmen.

Die von der Ärztin formulierte Annahme (die sie allerdings etwas später relativiert), daß ÄrztInnen eine empathischere Beziehung zu den PatientInnen entwickeln als ihre männlichen Kollegen, läßt sich anhand des empirischen Materials nicht belegen. Eine geschlechtsspezifische Differenz zeigt sich allerdings insofern, als mehrere ÄrztInnen nicht aber Ärzte von ihrer Schwierigkeit reden, sich aus der Empathie zu lösen. Sie thematisieren diese Schwierigkeiten ausschließlich in bezug auf ihr Verhältnis zu weiblichen Patienten.

Zeigte sich die Identifikation in den bisherigen Beziehungsmodellen als mögliches Begleitmotiv, so bildet sie in dem zuletzt dargestellten Modell das Kernstück der Arzt-Patient-Beziehung. Die Identifikation fördert eine sensibel auf die Erlebnis- und Gefühlswelt der PatientInnen abgestimmte ärztliche Praxis. Es existieren insofern Ähnlichkeiten zum Kooperationsmodell. Während aber das Kooperationsmodell auf die Beiträge von zwei AkteurInnen abstellt, gibt es im Identifikationsmodell nur eine(n) AkteurIn. Die Intentionen von Ärztin und Patientin werden in eins gesetzt mit dem Risiko für Ärztin und Patientin, daß sie ihre Autonomie verlieren. Die Ärztin antwortet der dem Identifikationsmodell innewohnenden Widersprüchlichkeit mit Ambivalenz, die sie in der Bemerkung ausdrückt *Zum Glück sind wir hier leider kein Café*. Sie will es und sie will es nicht, nämlich ein Café, ein Raum sein, in dem sich die PatientInnen niederlassen.

Wie die vorgestellten Fallbeispiele dokumentieren, fungieren die ärztlichen Schlüsselmetaphern als inspirierende Basis für ärztliche Kommunikations- und Interaktionsstrategien in der Begegnung mit den PatientInnen. Sie inspirieren den Aufbau und die Struktur der Arzt-Patient-Beziehung, tragen aber auch zur Entstehung von Konflikten bei. Schlüsselmetapher und ärztliches Interaktionsverhalten sind mehr oder weniger eng miteinander verknüpft. Je standardisierter die Handlungsvorgaben des metaphorischen Konzepts sind und je eindeutiger dieses ÄrztInnen die Führungsrolle zuschreibt, desto weniger Interaktionsspielraum bleibt und desto mehr tendieren ÄrztInnen dazu, die PatientInnen an das eigene Beziehungsmuster anzupassen. Diese Intention dominiert in dem vorliegenden empirischen Material und steht überwiegend in Verbindung mit dem Führungs-Kooperations-Modell, welches das am häufigsten vorkommende Beziehungsmodell darstellt. Dieser Befund überrascht nicht, entspricht der Führungsgedanke doch sowohl dem professionellen als auch dem gesellschaftlichen Verständnis von der Arzt-Patient-Beziehung, was dazu beiträgt, daß sich auch die PatientInnen meist mit diesem Modell arrangieren. Daß sie sich arrangieren, ist allerdings notwendig, die Zustimmung der PatientInnen ist eine Bedingung der Realisierung sämtlicher Beziehungsmodelle. Dies offenbaren jene Situationen, in denen die PatientInnen ihre Gefolgschaft in Frage stellen oder verweigern (vgl. Fisher 1989, S. 156 ff.). Die PatientInnen sind, auch wenn ihnen dieser Status nicht zugeschrieben wird, Mitwirkende in dem Interaktionsgeschehen.

3. Heil-Kunst als Sozial-Kunst

Behandlungsarrangements sind immer auch Beziehungsarrangements. Erfolgreiche Krankheitsbearbeitung bedarf einer tragfähigen Beziehung (vgl. Gross/Hitzler/Honer 1985, S. 158). Was sind deren Voraussetzungen? Tragfähigkeit – so läßt sich vor dem Hintergrund der analysierten Fallbeispiele konstatieren – ist an Fragen von Autonomie und Heteronomie geknüpft. Eine genauere Bestimmung des Zusammenhangs zwischen Autonomie und Heteronomie läßt sich unter Bezug auf die in den Fallbeispielen aufgetauchten Störungen vornehmen. Eine Störung kann ihren Ausgangspunkt darin haben, daß zugunsten der Orientierung an medizinischen Behandlungsstandards die PatientInnenperspektive übergangen wird mit der Konsequenz, daß die individuelle Problemlage nicht ausreichend ins ärztliche Blickfeld gerät. Das Erfassen individueller Besonderheiten verlangt zeitweise völlige Hinwendung zum anderen (vgl. Fox Keller 1986, S. 125). Je ausschließlicher sich ÄrztInnen an allgemeinen Verfahrensritualen orientieren, desto mehr entfernen sie sich vom Individuellen. Wer aber auf Abstand geht, dem verschwinden die Dringlichkeiten und Appelle der spezifischen Situation (vgl. Bourdieu 1987, S. 150). Mangelnde Anerkennung negiert den anderen in seiner Besonderheit und Eigenständigkeit. Anerkennung ist die entscheidende Reaktion in menschlichen Beziehungen, die ständige Begleitmusik der Selbstbehauptung (vgl. Benjamin 1994, S. 24). Die Anerkennung des anderen sichert uns die Möglichkeit unserer eigenen Anerkennung. Die Verweigerung von Anerkennung provoziert Widerstand zum Beispiel in der Form, daß PatientInnen nun ihrerseits den ÄrztInnen, die ihre Wünsche und Einsichten übergehen, Anerkennung verweigern. Dadurch gerät auch die ärztliche Autonomie ins Wanken, wie die irritierten Reaktionen der ÄrztInnen zeigen, sobald die Richtigkeit ihres Handelns in Zweifel gezogen wird.

Autonomie entsteht nicht ohne den anderen; sobald wir sie erreichen, sind wir davon abhängig, sie uns wechselseitig zu bestätigen (vgl. Benjamin 1994, S. 29). Bestätigen heißt nicht, die Perspektive des anderen übernehmen zu müssen, vielmehr geht es darum, die andere Perspektive zu respektieren und sich mit ihr auseinanderzusetzen zum Beispiel mit dem Resultat, daß eine neue Perspektive entwickelt wird, die die Sichtweisen beider Parteien integriert. Beziehungsmanöver in der Arzt-Patient-Beziehung können als ein dringender Appell verstanden werden, bei der Krankheitsbearbeitung nach einer Perspektive mit höherer Integrationskraft zu suchen. Die Auseinandersetzung und mögliche Abstimmung der Perspektiven verlangt neben Nähe auch Distanz in der Arzt-Patient-Beziehung. Das Identifikationsmodell verweist auf die Problematik vernachlässigter Distanz. Mit der Distanz verschwinden die Chancen, Unterschiede kenntlich zu machen und Differenzen auszutragen. Es wird etwas als identisch behauptet, was vielleicht so identisch gar nicht ist. Auch dies unterhöhlt Autonomie.

In den Interviews berichteten die befragten Ärztinnen wiederholt, daß sie sich in Gefahr sehen, sich zu sehr in die Problematik insbesondere ihrer weiblichen Patienten zu verstricken. Diese Gefahr ist im Zusammenhang mit der Entwicklung geschlechtsspezifischer Identität zu sehen. Mädchen und Jungen sind im Verlauf ihrer Entwicklung aufgefordert: Identifiziere dich mit Gleichgeschlechtlichen. Die erste Identifikationsfigur ist für das Mädchen die Mutter, sofern diese auch ihre erste Bezugsperson war. Mädchen können auf dem Weg zur Frau meist mit der ersten Vertrauensperson verbunden bleiben. Weibliche Identität konstituiert sich in der Erfahrung von Bindung und Nähe, wie sich später auch in der Adoleszenz zeigt, wenn die Freundin als bestätigende Gleiche zur Repräsentantin des Ich-Ideals wird (vgl. Flaake/John 1992, S. 206). Die Ausbildung weiblicher Identität verlangt und fordert, wenn sie unter den beschriebenen Bedingungen verläuft, vorrangig Bindungs-, Nähe-, Identifikationsfähigkeit, während die Fähigkeit zur Abgrenzung, zur Herstellung von Distanz weniger gefordert ist, sich weniger gut entwickeln kann und es daher nicht überrascht, wenn sie erwachsenen Frauen, wie hier einigen Ärztinnen nicht in dem gewünschten Maß zur Verfügung steht.

Bei den männlichen Kollegen der Ärztinnen könnte sich in Abhängigkeit von männlicher Identitätsentwicklung die umgekehrte Schwierigkeit einstellen: die Unfähigkeit zur Nähe. Kleine Jungen müssen sich, sofern die erste Bezugsperson die Mutter war, von dieser ablösen, um sich mit dem Vater als dem Gleichgeschlechtlichen zu identifizieren. Die Erfahrung der Identifikation wird kontrastiert durch die Erfahrung von Trennung und Ablösung, die in der Fachliteratur als die hauptsächliche Erfahrung des Jungen besprochen wird (vgl. Fox Keller 1986, 95; Benjamin 1990, S. 165), geht sie doch einher mit der Unterdrückung starker Gefühle, die dem ersten Liebesobjekt galten. Die Ausbildung männlicher Identität ist verbunden mit der Leistung, sich abzugrenzen und sich als Unterschiedener wahrzunehmen, eine Leistung, die sich mit Bindung und Nähe nicht verträgt, weshalb darauf bezogene Fähigkeiten weniger Entwicklungschancen haben. Das vorliegende Material erlaubt jedoch nicht, den männlichen Interviewpartnern im Verhältnis zu ihren Patienten eine geringere Empathiefähigkeit zu bescheinigen. Dies kann nicht unabhängig davon gesehen werden, daß sie sich für einen Beruf entschieden haben, in dem der Kontakt zu anderen Menschen ein konstitutives Element darstellt. Eine Reihe von Ärzten nennt diesen Kontakt als zentrales Berufsmotiv. Dieses Motiv begründet sich häufig in der Bewunderung von Personen in ihrer Kindheit und Jugend, die über eine hohe Sozialkompetenz verfügten. Daraus kann geschlossen werden, daß der in der geschlechtsspezifischen Entwicklung angelegte Trend durch trendabweichende Vorbilder aufgebrochen werden kann. Die männlichen Befragten sprechen im Unterschied zu den weiblichen allerdings nicht von Abgrenzungsschwierigkeiten. Das könnte wiederum mit der geschlechtsspezifischen Sozialisation zu tun haben, sei es in der Weise, daß die befragten Männer im Wissen um das männliche Autonomieideal eine solche Schwierigkeit nicht zugeben oder daß sie neben empathischen Fähigkeiten im Verlauf ihrer Sozialisation auch die Fähigkeit zur Abgrenzung erworben haben und es verstehen, beide Fähigkeiten miteinander in Einklang zu bringen.

Die Tragfähigkeit der Arzt-Patient-Beziehung gründet in der Spannung zwischen Autonomie und Heteronomie. Sie entwickelt sich in und durch eine Interaktion, in der sich die beteiligten Subjekte aufeinander beziehen und voneinander abgrenzen. Es bedarf hierfür einer Orientierung, die Evelyn Fox Keller dynamische Objektivität nennt (vgl. Fox Keller 1990, S. 122). Dynamische Objektivität hebt auf Gemeinsamkeit ab, um das eigene Verständnis für den anderen in seiner Eigenständigkeit zu bereichern. Selbstbehauptung und Anerkennung bilden keine unvereinbaren Gegensätze, sondern die beiden Pole eines immer wieder neu herzustellenden Gleichgewichts. Dazu bedarf es Fähigkeiten, wie sie nach Franz Breuer auch zur Herstellung eines psychotherapeutischen Settings erforderlich sind. Es handelt sich um rezeptive, produktive und definitorische Fähigkeiten. Unter rezeptiven Fähigkeiten versteht Breuer Sensibilität für die Mitteilung der KlientInnen, unter produktiven das Vermögen, die eigenen Anschauungsweisen zum Ausdruck zu bringen und unter definitorischen, in der Lage zu sein, differierende Situationserwartungen aufeinander abzustimmen (vgl. Breuer 1979, S. 109). Die in dem Begriff der definitorischen Fähigkeiten zum Ausdruck gebrachte Autonomie des therapeutisch Handelnden möchte ich aufgrund meiner Befunde relativieren. Nicht die ÄrztInnen allein können Verschiedenartiges in Einklang bringen. Es bedarf vielmehr der Aushandlung der Differenzen mit dem jeweiligen Gegenüber, was weniger definitorische als dialogische Fähigkeiten erfordert.

Die Herstellung einer tragfähigen Beziehung ist, so läßt sich zusammenfassend feststellen, eine Tätigkeit inmitten von Differen-

zen, Gemeinsamkeiten, Widersprüchen. Sie ist insofern Differen-
zierungs-, Übergangs- und Balancearbeit, die sich um so dynamischer und situationsadäquater entwickeln kann, je weniger sie auf
ein Beziehungsmodell festgelegt ist, sondern sich im Wechsel verschiedener Arrangements generiert, im Wechsel von Aktivität,
Passivität, von Führen und Geführtwerden, von Verhandeln, Strei-
ten, Kooperieren und Identifizieren. Voraussetzung für eine dynamische Arzt-Patient-Beziehung ist, daß die Bedingungen des
Handelns, zum Beispiel medizinische Behandlungsstandards, das
gesellschaftliche Verständnis der ärztlichen Rolle, aber vor allem
auch handlungsorganisierende Metaphern kritisch reflektiert werden.

VI. Lebensgeschichte und Metaphern

> Symbolisierung ist vorbegrifflich,
> aber nicht vorrational. Sie ist der
> Ausgangspunkt allen Verstehens im
> spezifisch menschlichen Sinn und
> umfaßt mehr als Gedanken, Einfälle
> oder Handlungen.
>
> Susanne K. Langer

Metaphern entstehen in der Auseinandersetzung des Subjekts mit der es umgebenden Sozial-, Kultur- und Naturwelt. Der sozial-ökologische Kontext provoziert und begrenzt diese Auseinandersetzung. Er liefert kollektiv geteilte Deutungsmuster, derer sich das Subjekt in Abstimmung mit seinen eigenen Interessen und Dispositionen bedient. Individuelle und nicht-individuelle, auf Gesellschaft und Natur bezogene Einflüsse wirken bei der Entstehung von Metaphern zusammen.

Wie vollzieht sich die Genese von Schlüsselmetaphern? Über theoretische Annahmen hinaus liegen meines Wissens keine Erkenntnisse aus empirischen Untersuchungen vor, die Aufschluß geben über die konkreten Entstehungsbedingungen metaphorischer Habitusformen. Ohne die empirisch fundierte Erkenntnis aber kann auch der theoretische Diskurs zur Metapherngenese nicht vorangetrieben werden. Mit der Auswertung des mir vorliegenden empirischen Materials unter einer lebensgeschichtlichen Perspektive soll diesem Forschungsdefizit begegnet werden. Das Erkenntnisinteresse richtet sich auf explizite und implizite Mitteilungen in den Interviews, die etwas aussagen über die Entstehung und Veränderung ärztlicher Metaphern im Lebensverlauf. Die vorangegangene Präsentation ärztlicher Metaphern, wie sie sich im Prozeß der Diagnosefindung, der Therapie sowie in der Arzt-Patient-Beziehung zeigen, ließ bereits eine Verbindung zwischen professioneller Sozialisation und metaphorischer Handlungsorientierung erkennbar werden. Sämtliche, von mir identifizierten ärztlichen Metaphern sind anschlußfähig an Deutungs- und Handlungskonzepte, wie sie in der universitären Ausbildung von MedizinerInnen und/oder im medizinischen Diskurs jenseits der Schulmedizin angeboten werden. Doch die Begrifflichkeit, mit der die Metaphern in den Interviews zur Sprache kommen, erschöpft sich nicht im Fachjargon medizinischer Diskurse. Vielmehr werden explizit und/oder implizit Bilder eingeführt, die auf metapherngenerierende Kontexte außerhalb medizinischer Professionalisierungsfelder verweisen.

1. Kindheitskontexte

In den lebensgeschichtlichen Erzählungen der ÄrztInnen tritt am häufigsten und deutlichsten die Kindheit als metapherninitiierende Lebensphase in Erscheinung. Die Erlebnisse, Konflikte, Beziehungen, Persönlichkeiten kindlicher Lebenswelt, die von den ÄrztInnen beschrieben werden, stehen durchwegs in einem auffälligen, wenn auch in unterschiedlichem inhaltlichen Bezug zur aktuell in der beruflichen Praxis benutzten Metaphorik. Die Strukturen kindlicher Erfahrung befinden sich teils in Übereinstimmung, teils im Kontrast zu den Strukturen ärztlicher Metaphorik. In beiden Fällen zeigt sich ein Sinnzusammenhang, der den Schluß naheleg, daß mit den in der Kindheit gebildeten Realitätsdeutungen die Weichen für die Ausbildung metaphorischer Konzepte gestellt werden. Der Prozeß der Wirklichkeitsinterpretation als wesentliche Form der Auseinandersetzung mit Wirklichkeit beginnt verschiedenen entwicklungstheoretischen Ansätzen zufolge in frühester Kindheit.

1.1 Kinder als Konstrukteure

Kinder werden in bestehende Sozialstrukturen hineingeboren und damit mit den für diese Strukturen typischen Sozialbeziehungen und Normen konfrontiert (vgl. Luckmann 1981, S. 55 f.). Nicht durch die bloße Übernahme der vorgefundenen Realität, sondern durch die Interaktion mit ihr, findet das kindliche Subjekt einen eigenen Platz in dieser Welt. Piaget beschreibt das Kind als Konstrukteur, der auf die Außenwelt einwirkt, sie ordnet, transformiert und dabei sie und sich selbst verändert (vgl. Piaget 1983, S. 19 ff.). Das primäre Verhältnis der Subjekte zur Welt ist demnach ein aktives und praktisches, gelenkt und getragen von praktischen Motiven (vgl. Scheler 1960, S. 239), sich mittels Stimme und Bewegung bemerkbar zu machen, Aufmerksamkeit auf sich zu lenken, nach Resonanz zu suchen und Resonanz zu geben, Welt im wörtlichen Sinn zu be-greifen und einzugreifen. Die Aneignung von Welt in diesem Sinn beginnt noch ehe Worte zur Verfügung stehen. Das von den Sinnen und Gefühlen gelieferte Material wird von frühester Kindheit an fortwährend zu Symbolen verarbeitet, zu Bewegungen, Gesten, Lauten, Vokalen, Spielen. Die erste Phase der Symbolisierung ist nach Langer vorbegrifflich, aber nicht vorrational (vgl. Langer 1965, S. 50). Aus den Symbolen baut sich die Welt des Menschen auf; sie sind der Ausgangspunkt allen Verstehens.

Ein von Sigmund Freud berichtetes Beispiel verdeutlicht frühe Symbolisierungsversuche: Es handelt von einem eineinhalbjährigen Jungen, der sich seiner Umwelt durch bedeutungsvolle Laute mitteilte, aber erst wenige verständliche Worte sprach. Der Junge galt als brav, er störte die Eltern nicht zur Nachtzeit, befolgte Verbote und weinte nie, wenn ihn seine Mutter für ein paar Stunden verließ. Gelegentlich aber zeigte er die störende Angewohnheit, alle kleinen Gegenstände in die Zimmerecke oder unters Bett zu schleudern. Dabei brachte er mit dem Ausdruck von Interesse und Befriedigung ein lautes o-o-o-o hervor, das nach dem Urteil der Mutter ein Fort bedeutete. Eines Tages hatte der Junge eine Holzspule, die mit einem Bindfaden umwickelt war. Er warf die am Faden gehaltene Spule mit einem bedeutungsvollen o-o-o-o über den Rand seines Bettchens, zog dann die Spule am Faden wieder aus dem Bett heraus und begrüßte nun das Erscheinen mit einem freudigen Da. Das war das komplette Spiel: Verschwinden und Wiederkommen (vgl. Lorenzer 1973, S. 89 f.). Der Junge setzte mit diesem Spiel, so Freud, das Fortgehen und Wiederkommen der Mutter in Szene. Er symbolisierte das »Fort und Da« mit Hilfe von Gegenständen, Bewegungen, Lauten, wechselnder Mimik. Übersetzt in Symbole, konnte er das Erlebte – um es besser zu verstehen – immer und immer wieder durchspielen. Wenn Symbole – wie Langer behauptet, unsere elementaren Ideen bilden, so ist es denkbar, daß die Idee vom »Fort und Da« zu einer Metapher werden könnte, die der Junge im weiteren Verlauf seines Lebens auch in andere Situationen hineinträgt und sie dort als Deutungsmöglichkeit nutzt. Dies setzt die Fähigkeit voraus, Symbole von der ursprünglichen Situation abzulösen, was leichter gelingt, wenn es sich um verbale

Symbole handelt. Worte stellen Abstraktionen dar. Dies erleichtert ihre Übertragbarkeit. Ich wage die These, daß der Erwerb von Sprache, der Bildung von Metaphern einen entscheidenden Schub zu geben vermag. Wie sich die Transformation von Worten bzw. Lautkomplexen konkret vollzieht, zeigt Alfred Lorenzer anhand einiger Beispiele (vgl. Lorenzer 1972, S. 60 f.). Er berichtet u. a. von einem sechzehn Monate alten Kind, das alles, was es selbst zum Mund führen und essen konnte, ›kaka‹ nannte. Alles andere Eßbare war ›mat‹. ›Kaka‹ konnte ebensogut ein Apfel, ein Keks oder ein Stück Zucker sein. Aber das erste, was das Kind selbst zu essen imstande war, war ein Keks, das die Erwachsenen ›kaka‹ nannten. Die Transformation der Lautfolge ›kaka‹ konnte erfolgen, weil das Kind sowohl das Verbindende zwischen den Dingen wahrnahm, nämlich deren Eßbarkeit, als auch die identischen Handlungen, die ihm in bezug auf die Dinge möglich waren, nämlich sie selbst zum Mund zu führen. Transformation setzt Abstraktionsleistungen voraus, die darin bestehen, jene Strukturen und Merkmale einer Situation zu identifizieren, die diese mit anderen Situationen ungeachtet der jeweiligen konkreten Umstände gemeinsam hat. Wir bezeichnen zum Beispiel alle Ereignisse als Krieg, in dem gegnerische Parteien Waffen gegeneinander richten, um sich körperlich zu verletzen oder zu töten, auch wenn sich die Waffen und die Form der Kriegsführung voneinander unterscheiden. Gemeinsam ist diesen Ereignissen der Gebrauch spezifischer Gegenstände in der Absicht, Leib und Leben des Gegenübers im wörtlichen Sinn anzugreifen. Wenn in dieser Studie einige ÄrztInnen auch die Interaktion mit PatientInnen als Krieg schildern, so wird dieser Begriff in einen Kontext übertragen, der sich äußerlich von dem Entstehungskontext des Begriffes Krieg stark unterscheidet. Es liegt ein metaphorischer Gebrauch des Begriffes Krieg vor, der auf das Erleben der ÄrztInnen abstellt. Diese erleben das kommunikative Verhalten des Patienten wie einen Angriff und reagieren entsprechend dieses Erlebens mit verbalen oder nonverbalen Handlungen, die die Intention eines Gegenangriffs oder der Verteidigung in sich tragen.

Anhand des mir vorliegenden empirischen Materials kann nicht eruiert werden, zu welchem Zeitpunkt in ihrer Biographie die ÄrztInnen begannen, einen bestimmten begrifflichen Deutungsrahmen als metaphorisches Konzept zu gebrauchen, wohl aber zeigen sich bestimmte Ereignisse, genauer die Interpretationen dieser Ereignisse als mögliche individuelle Entstehungskontexte von Metaphern.

1.2 Erinnerung als Erkenntnisquelle

Mein Versuch, die Geschichte metaphorischer Codes nachzuvollziehen, stützt sich auf die biographischen Erzählungen der ÄrztInnen. In welchem Verhältnis steht das Erzählte zum Gewesenen? Erzählungen sind Konstrukte. Es wäre nach Ansicht des Biographieforschers Werner Fuchs eine Fiktion anzunehmen, es gäbe eine wahre Lebensgeschichte (vgl. Fuchs 1985, S. 456). Das Erzählen von Lebensgeschichte hat für den/die ErzählerIn eine bestimmte Funktion. Es kann dazu dienen, sich Gegenwart zu erklären, Vergangenheit zu bewältigen, mit Vergangenheit abzurechnen, Vergangenheit auf das Wünschbare hin zu modellieren, die eigene Lebensperspektive neu zu fassen (vgl. Fischer 1978, S. 319 f.; Boothe 1994, S. 53 ff.). Je nach Funktion ändern sich Farbe und Betonung der Geschichte; unterschiedliche lebensgeschichtliche Sequenzen werden thematisiert. Hinzu kommt, daß – wie bereits dargelegt – die Erzählungen nicht unabhängig von der Beziehung zwischen InterviewpartnerInnen und SozialforscherInnen entstehen. Letztere konstruieren durch ihr Verhalten, ihr Interesse, ihre Nachfragen die Geschichte mit.

Lebensgeschichten sind, zusammenfassend betrachtet, keine Abbildungen von Realität, sondern deren Interpretation. Was bedeutet das für mein Anliegen, mögliche Zusammenhänge zwischen lebensgeschichtlichen Erfahrungen und ärztlicher Metaphorik aufzudecken? Das Unternehmen wäre zum Scheitern verurteilt, ginge es mir darum herauszufinden, wie es wirklich gewesen ist in der Annahme, in den historischen Fakten die Erklärung für aktuelle Metaphern zu finden. Ich will an dieser Stelle keine Diskussion darüber führen, ob es überhaupt reine, von Interpretation freie Fakten gibt, denn sie ist für die Beantwortung der gestellten Frage irrelevant. Nicht wie es möglicherweise wirklich gewesen ist, sondern wie es erlebt wurde, ist wesentlich für unser Denken und Handeln entsprechend dem Thomas-Theorem: If you think something is real, it is real in its consequences (vgl. Thomas 1928, S. 72; Merton 1995, S. 399).

Die Deutung von Vergangenheit kann sich im Lebensverlauf verändern und damit ändern sich auch die aus ihr bezogenen Handlungsanweisungen. Doch ist, wenn man Pierre Bourdieu folgt, diese Veränderung in der Regel nicht als totale, sondern immer nur als sukzessive und partielle vorzustellen. Das Gewicht ursprünglicher Erfahrungen und diesen entsprechenden Handlungskonzepten ergibt sich nach Bourdieu aus der Tendenz, Informationen abzuwehren, die die etablierten Sichtweisen in Frage stellen und solche zu bevorzugen, die sie bestätigen. Der Habitus, der mit den Strukturen früherer Erfahrungen neue Erfahrungen strukturiert, sorgt für eine von den Ersterfahrungen dominierte Aufnahme neuer Erfahrungen (vgl. Bourdieu 1987, S. 113). Wenn ich im folgenden die von den ÄrztInnen verbalisierten Vergangenheitsdeutungen im Hinblick auf ihre metaphernkonstituierende Wirkung untersuche, werde ich darauf achten, inwieweit sich Anhaltspunkte dafür finden lassen, daß diese Deutungen auch in früheren Lebensphasen handlungswirksam waren.

2. Metapherninitiierende lebensgeschichtliche Erfahrungen

Die ÄrztInnen erzählten ihre Lebensgeschichten als Antwort auf das von mir in meiner Eingangsfrage bekundete Interesse an dem Zusammenhang zwischen Biographie und aktuell ausgeübter beruflicher Tätigkeit. Ich wußte zum Zeitpunkt des Interviews noch nicht, daß diese Geschichten Informationen über Entstehungsbedingungen von Metaphern enthalten, denn ich hatte die Metapher als praxisorganisierendes Konzept noch nicht entdeckt. Die ÄrztInnen aber rückten überwiegend solche lebensgeschichtlichen Szenen in den Mittelpunkt ihrer Erzählungen, die Aufschluß geben über die Entstehung metaphorischer Codes. Verbale Reaktionen meinerseits, die auf den Zusammenhang zwischen lebensgeschichtlicher Erfahrung und metaphorischen Codes nicht abstellten und daher teilweise geeignet waren, meine InterviewpartnerInnen auf eine andere Fährte zu führen, konnten sie nicht davon abbringen, den Zusammenhang zu explizieren. Dies unterstreicht die Bedeutsamkeit, die der Zusammenhang für die ÄrztInnen hat, von dem sie gleichwohl meist nur ein implizites Wissen haben. Als Entstehungskontexte ärztlicher Metaphern schälten sich sechs Erfahrungskonstellationen heraus:

(1) positiv erlebte soziale Szenarien
(2) persönliche Vorbilder
(3) nicht erstrebenswerte bis abschreckende Modelle
(4) problematische soziale Konstellationen, die Bewältigungsstrategien mobilisieren
(5) problematische Ereignisse bzw. Situationen, die Vermeidungsstrategien mobilisieren
(6) Natur- oder gottgegebene Gesetzmäßigkeiten

Ich werde die metapherninitiierende Funktion dieser sechs Genesetypen anhand von Beispielen darstellen, die diese Funktion besonders deutlich zum Ausdruck bringen. Vorzugsweise greife ich wiederum auf bereits eingeführte Beispiele zurück.

2.1 Positiv erlebte soziale Szenarien

Der Zusammenhang zwischen Lebensgeschichte und ärztlicher Metaphorik stellt sich in den diesem Genesetyp zugeordneten Erzählungen so dar, daß in diesen soziale Szenarien in den Vordergrund treten, deren Merkmale eine auffallende Ähnlichkeit zu den die Schlüsselmetaphorik kennzeichnenden Merkmalen haben. Ich möchte dies am Beispiel der lebensgeschichtlichen Erzählung von Dr. Ton verdeutlichen.

Dr. Ton (*Man braucht ein Zugewendetsein*) stellt in seiner Praxis auf Empathie, emotionale Nähe und Kommunikation mit den PatientInnen ab. Sich-Einlassen ist ein Bild, das ihn bei der Diagnosesuche dahingehend beeinflußt, daß er kommunikativen Suchmethoden wie Aufmerksamkeit für nonverbale Botschaften sowie dem Anfassen und Zuhören gegenüber technischen Methoden, die er als trennend beschreibt, den Vorzug gibt. Die Beziehung, ein weiteres Bild, das mit dem Sich-Einlassen kompatibel ist, bezeichnet er als unverzichtbare Voraussetzung für effektives ärztliches Handeln. Gelingende Beziehungen sind für ihn außerdem die Grundlage von Gesundheit. So lenkt er bei der Suche nach Krankheitsursachen seinen Blick auf mögliche gestörte Beziehungen zwischen PatientIn und dessen/deren sozialem Umfeld. Zugewendetsein, Sich-Einlassen, Beziehung sind Schlagworte, die einen metaphorischen Code charakterisieren, dem Sicht- und Handlungsweisen entspringen, die den Implikationen der genannten Begriffe entsprechen.

Als seine Wurzeln beschreibt der Arzt seine dörfliche Herkunft: *Ich komme aus dem Dorf, ich kenn' von daher sowas wie eine Gemeinschaft, wo jeder jeden kennt, wo man sich grüßt, wo es net so anonym ist.* Er betont als weiteren Bezugspunkt das im katholischen Glauben gründende Gebot der Nächstenliebe, mit dem er als kleiner Junge in seinem Dorf konfrontiert war: *Nächstenliebe und all diese Sachen, ja, das war für mich, das habe ich schon voll aufgesogen.* Damit sind lebensgeschichtliche Erfahrungen benannt, die als zentrales Motiv auch seinem metaphorischen Habitus zugrunde liegen: die Verbundenheit mit und die Sorge für andere, wie sie im Sich-Einlassen, im Zugewendetsein, in der Beziehung zum Tragen kommen. Er erfährt die soziale Verbundenheit in seiner Kindheit als Verpflichtung (sich zu grüßen, Anteil zu nehmen) und als Möglichkeit, aus ihr Anerkennung zu beziehen. Letzteres hat er am Beispiel seines Vaters erfahren, der ein im *Dorf sehr angesehener Mann* war.

Das Bild von der dörflichen Gemeinschaft trägt er als Zivildienstleistender in die Realität eines Krankenhauses hinein, wo er alte Männer pflegt. Auf der Basis der ursprünglichen Erfahrung strukturiert er das Neue und sieht und wertet vor allem, was ihm schon als Kind wichtig geworden ist: den menschlichen Kontakt und die zwischenmenschliche Akzeptanz. Er erwähnt es als eine befriedigende Erfahrung, *daß man mit denen (den Patienten, d. V.) sehr zusammengewachsen ist* und daß ihm *da sehr viel Akzeptanz ja auch entgegengebracht wurde.*

In der Aneignung der neuen Wirklichkeit auf der Basis zurückliegender Wirklichkeit erweist sich für den Arzt die medizinische Praxis als Tätigkeitsfeld, in dem sich positive Kindheitserfahrungen wiederholen und das Verhaltensmuster erfordert, die er kennt und ansatzweise beherrscht. Er entschließt sich während seiner Zivildienstzeit, ein Medizinstudium aufzunehmen. Die Kindheitsfolie prägt das Erleben des Studiums, was implizit aus der empfundenen Enttäuschung über das Studium hervorgeht. Das Studium enttäuscht ihn, weil es zu sehr vom konkreten Menschen abhebt, in seinen Worten: *Hab' aber zunächst zu dem Theoretischen keinen großartigen Zugang gefunden* und *Mit dem Herzen war i net bei der Sache ... in der ersten Studienhälfte* (s. auch Schüffel 1990, S. 1250).

Nach dem Studium trifft er nach kurzer Tätigkeit in der Klinik eine Entscheidung, die im Widerspruch steht zu den bislang handlungsleitenden Motiven. Er nimmt eine Assistentenstelle in der Pathologie an, um zu promovieren. Diese Tätigkeit schneidet den Arzt vom Kontakt zu anderen Menschen, jedenfalls zu lebendigen Menschen, ab. Die Entscheidung, in die Pathologie zu gehen, ist erklärungsbedürftig. Sie ist es auch für den Arzt, was einmal mehr die Wirksamkeit der lebensgeschichtlichen Grundmotive belegt. Er erklärt seine Entscheidung damit, daß er mit ihr ein fachwissenschaftliches Defizit aufholen wollte, das durch die Vernachlässigung des Studiums während seiner politischen Aktivitäten als Student entstanden sei. Festzuhalten ist, daß der »Ausflug« in die Pathologie eine Herausforderung für ihn ist, sich explizit mit seinen lebensgeschichtlich geprägten Grundorientierungen auseinanderzusetzen, eine Auseinandersetzung, die er folgendermaßen beschreibt: *Ich merkte, das ist meins nicht, ich mußte tausend Mäuse umbringen, da hab ich mich selber vergewaltigt und deswegen hab ich net Medizin studiert, da geht für mich kein Weg weiter.* Für den Arzt endet die Auseinandersetzung mit einer erneuten Hinwendung zu den lebensgeschichtlich etablierten Grundmotiven; er möchte ein *guter Assistent in der Patientenbetreuung* werden.

Diesen Motiven folgend, geht er zurück in die Klinik. Neben der dortigen Arbeit am Krankenbett beginnt ihn in Anknüpfung an das Anerkennungsmotiv verstärkt die mögliche Karriere im Krankenhaus zu interessieren. Letzteres zeigt sich indirekt in dem Zögern, das entsteht, als ihm eine Kollegin vorschlägt, gemeinsam mit ihr eine Arztpraxis aufzumachen, die ihm noch mehr Gelegenheit zum intensiven Kontakt mit PatientInnen geben würde. Er braucht drei Monate für diese Entscheidung, hinter der er aber zum Zeitpunkt des Interviews – es sind seit der Entscheidung fünf Jahre vergangen – voll und ganz steht. Er schildert dies in Worten, die sich sowohl eng an den Kindheitskontext anlehnen als auch an die metaphorischen Elemente des Zugewendetseins, des Sich-Einlassens und der Beziehung, die seine Schlüsselmetapher kennzeichnen. Die Entscheidung basiere darauf, so der Arzt, daß er *ein Gruppenmensch ist, der gern unter Leuten ist oder gern mit Leuten was zu tun hat.* Er finde es befriedigend, daß ihm Verantwortung oft von ganzen Familienverbänden übertragen werde. Er erlebe sich als der *Sprengelarzt* seiner PatientInnen, was einmal mehr auf das dörfliche Szenario anspielt, eine Verbindung, die er selbst ahnt, denn er sagt: *Ich hab' da drüber (über die Entschei-*

dung, niedergelassener Arzt zu werden, d. V.) wieder zu so Wurzeln zurückgefunden, die die Klinik auch zugeschüttet hatte. Die so entschieden geäußerten Worte sprechen dafür, daß mit dem Übergang von der Klinik in die niedergelassene Arztpraxis erneut eine Auseinandersetzung mit den lebensgeschichtlich gewachsenen Deutungsstrukturen einherging mit dem Ergebnis, daß sich diese noch mehr gefestigt haben.

Zwischen den primären Erfahrungen des Arztes als Kind in einer dörflichen Gemeinschaft und den Implikationen seiner praxisgenerierenden Schlüsselmetapher besteht Übereinstimmung. Mit den kindlichen Erlebnissen im ersten Lebensumfeld wurde der Grundstein für ein Grundmuster gelegt, auf dessen Basis sich der Arzt im Verlauf seines Lebens neue Wirklichkeitsbereiche anzueignen suchte. Metaphern sind demnach dem sozialen Prozeß nicht nur entnommen, sie gehen als konstitutive Elemente auch wieder in diesen Prozeß ein.

2.2 Persönliche Vorbilder

In den diesem Genesetypus zugeordneten Erzählungen ist es kein soziales Szenario, sondern eine Person mit ihren Eigenschaften und/oder Kompetenzen, die dem Erzählenden zum Vor-Bild geworden ist. Auch in diesen Fällen zeichnet sich in der Schlüsselmetapher eine lebensgeschichtliche Kontinuität ab. Die Geschichte von Dr. Lerner dient mir als exemplarischer Fall, einen solchen Entstehungskontext darzustellen.

Die Praxis von Dr. Lerner (... *mit den Leuten ein Stück zu verhandeln*) steht im Zeichen der Verhandlungsmetaphorik. Der Arzt schätzt es nicht, wenn PatientInnen mit festen Vorstellungen zu ihm kommen, was er zu tun habe. Er will vielmehr in einen Dialog mit den PatientInnen treten, bei dem Diagnose und therapeutische Möglichkeiten verhandelt werden. Er selbst gibt etwas, nämlich Fachkompetenz und Offenheit für das Gegenüber in den Kontakt mit den PatientInnen hinein und will aus ihm für seine eigene Entwicklung etwas lernen. Das Bild vom Geben und Nehmen prägt seine Vorstellungen von einer idealen Arzt-Patient-Beziehung. Er versteht seine Leistungen als Angebot, das die PatientInnen aufgreifen können, aber nicht aufgreifen müssen. Er schätzt und respektiert ihre Autonomie. Sich verständigen und miteinander reden haben im Kontext seines metaphorischen Codes einen hohen Stellenwert.

Das Verhandlungsmotiv der praxiskonstituierenden Schlüsselmetapher steht in unübersehbarer Beziehung zur Person und zum Beruf des Vaters. Der Vater war Kaufmann, genauer Teppichhändler. Die Tätigkeit des Vaters ist etwas, womit sich der Arzt von klein auf auseinandersetzen mußte, aber nicht, weil er sie ständig vor Augen hatte, sondern im Gegenteil, sie war seinen Blicken entzogen. Alles, was er in bezug auf die Tätigkeit beobachten konnte, war, daß der Vater wegging, um sie auszuüben, manchmal sehr lange, zum Beispiel ein halbes Jahr, wenn er in ein fremdes Land reiste und daß er irgendwann wiederkam. Wie er das erlebt hat, schildert der Arzt so: *Ich hab aber nie richtig fragen können, also, denn man dachte, was macht der nur eigentlich den ganzen Tag. Ich hab's eigentlich nie richtig gewußt oder verstanden.* Die Unsichtbarkeit des väterlichen Tuns mag ihn um so mehr herausgefordert haben, sich mit diesem in seiner Phantasie zu beschäftigen. Die Phantasiearbeit läßt sich daran ablesen, daß er den Vater zwar nicht begleitet hat, aber beschreiben kann, wie ge- und verhandelt wurde: ... *dessen Arbeit, in Anführungsstrichen Arbeit, sah so aus, daß er öfters sich mit Leuten traf, man saß zusammen, man trank zusammen und man redete furchtbar viel zusammen und des war dann Arbeit. Und dieser Aspekt, den fand ich eigentlich imponierend.*

Mit Hilfe seiner Phantasie und möglicherweise unter Einbezug aufgeschnappter Äußerungen der Erwachsenen machte sich der Junge die Tätigkeit des Vaters in einer Weise verfügbar, die ihn faszinierte. Der wechselseitige Austausch, das Geben und Nehmen, Motive, die die Kernstücke seiner Schlüsselmetapher bilden, tauchen in dieser Phantasie bereits auf.

In dem Bemühen, den Vater und seine Tätigkeit zu verstehen, mobilisierte der Arzt als kleiner Junge, so bekundet seine Erzählung, seine Gedanken, seine Gefühle und sein sinnlich-leibliches Vorstellungsvermögen. Es dürfte dabei eine komplexe Idee von dem, was die Tätigkeit des Verhandelns ausmacht, entstanden sein, die vermutlich schon früh begrifflich gefaßt werden konnte, da es wenig andere Begriffe gibt, mit denen die Arbeit des Vaters im familialen Kontext hätte beschrieben werden können. Wenn dem so ist, war es um so leichter, die imaginierte Erfahrung in andere Kontexte hineinzutragen.

Gibt es Hinweise dafür, daß das Verhandeln als Deutungsvorlage nicht nur die aktuelle ärztliche Praxis prägt, sondern auch schon in früheren nachkindlichen Lebensphasen wirksam geworden ist? Als Heranwachsender muß der Arzt zumindest mit dem Gedanken gespielt haben, ebenfalls Kaufmann zu werden und damit das Handeln und Verhandeln zum Beruf zu machen. Dies erschließt sich aus der Passage, in der er erinnert, wie er unter dem Eindruck der politischen Diskussion der Studentenbewegung in den 60er Jahren verschiedene Berufsalternativen abgewogen hat. Dabei schied für ihn aus heutiger Sicht der Beruf des Kaufmanns aus politischen Gründen aus. Dies zu erwähnen, setzt voraus, daß Kaufmann zu werden für ihn im Spektrum der Möglichkeiten lag. Ob das Motiv des Verhandelns als konzeptuelle Metapher bei der Entscheidung Arzt zu werden, eine Rolle gespielt hat, geht aus dem Material nicht hervor. Die Wirksamkeit der Metapher als strukturierende Struktur in dieser Lebensphase zeigt sich allerdings anhand einer von Dr. Lerner berichteten Begegnung mit einem niedergelassenen Arzt während des Medizinstudiums. Dieser Arzt lebt die Möglichkeit des Verhandelns in der ärztlichen Praxis vor: *der (dieser Arzt, d. V.) hat es sehr gut verstanden, mit den Leuten (...) auch ein Stück zu verhandeln.* Diesem Satz schließt sich unmittelbar die Bemerkung an: *Jetzt ist es so, mein Vater ist ursprünglich ja Kaufmann ...* Auch wenn der Arzt die Bedeutsamkeit der Begegnung im Zusammenhang mit den lebensgeschichtlich erworbenen Dispositionen nicht explizit anspricht, zeigt sich anhand der an dieser Stelle erfolgten Assoziation ein implizites Wissen. Dadurch, daß ihm dieser Arzt zum Vorbild wird, eröffnet sich die Chance, daß das Verhandeln als ärztliches Handlungsmuster ausdifferenziert und weiterentwickelt werden konnte.

Die Entstehung der Schlüsselmetapher steht in dem geschilderten Fall in Verbindung – so darf angenommen werden – mit einer regen kindlichen Phantasietätigkeit in bezug auf den Vater und seinen Beruf; aber auch das konkrete Miterleben einer Person und ihres Handelns kann metaphernkonstituierende Dispositionen entstehen lassen, wie andere diesem Genesetypus zugeordnete Erzählungen dokumentieren. Allerdings treten so entstandene Prägungen in den Erzählungen weniger deutlich hervor. Das Unsichtbare, nur Geahnte, so scheint es, provoziert eine ungleich intensivere Auseinandersetzung des kindlichen Subjekts mit seiner Umgebung mit einer möglicherweise ungleich intensiveren Langzeit-wirkung.

2.3 Nicht erstrebenswerte bzw. abschreckende Modelle

Auch in den diesem Genesetypus zugeordneten Erzählungen wer-den Personen in den Mittelpunkt gerückt, allerdings nicht als nachahmenswerte Modelle. Sie verkörpern in den Augen der Er-zählerInnen vielmehr das Nichterstrebenswerte. Die für die eigene Praxis formulierten Orientierungen stehen im Kontrast, wenn nicht im Widerspruch, zu den dieser Person zugeschriebenen Merkmalen. Die exemplarische Darstellung erfolgt anhand der Geschichte von Dr. Herz.

Klarkommen ist der Begriff, mit dem Dr. Herz (*weil ich mit ihr nicht klarkomme*) ihre praktische Tätigkeit als Ärztin rahmt. Sie hat den Anspruch, sehr rasch eine Diagnose zu stellen, wenn ein(e) PatientIn sie konsultiert, um rasch die angemessene Therapie ein-zuleiten. Sie sagt: *Du mußt schalten, sofort!* Die Klarheit, die sie sich von sich selbst wünscht, wünscht sie sich auch von den PatientInnen. Sie hat es am liebsten, wenn *die ganz klar rein-kommen und sagen, das tut mir weh und ich kann ganz konkret drauf reagieren.* Klarkommen impliziert, ich will nicht versagen, ich will eine Situation bewältigen können, ich will sie im Griff haben. Im Konzept des Klarkommens stecken Ordnungs-, Kon-troll- und Sicherheitsmotive.

In auffallender Diskrepanz zu diesem Anspruch steht das, was die Ärztin über ihre Mutter berichtet. Die Mutter litt an einer De-pression, war Alkoholikerin und nahm sich das Leben als die Ärztin 16 Jahre alt war. Alkoholismus ist für die Ärztin *ein Zei-chen, der Mensch kommt nicht klar.* Die Mutter scheiterte aus der Sicht der Ärztin an der Rolle, die sie an der Seite des Vaters spielen sollte, *das ist wohl brutal gewesen für sie, weil sie eigentlich damit nicht klargekommen ist.* Sie war, so die heutige Interpretation, von der Rolle als Ehefrau und in der Rolle als Mutter von drei Töchtern überfordert. Mit dem Nicht-Klarkommen bzw. der Überforde-rung verbindet sich in der Erinnerung der Ärztin Depression, Alkoholismus, die zeitweilige Heimunterbringung der drei Schwestern, Prügeleien zwischen Mutter und jüngerer Schwester, eine in den Straßen herumliegende betrunkene Mutter, *sie lag am*

Schluß überall und schließlich der Selbstmord. Was es heißt, nicht klarzukommen mit dem Leben, diese Erfahrung machte die Ärztin ab ihrem 6. Lebensjahr und sie begleitete sie über zehn Jahre hinweg bis zum Tod der Mutter.

Kindheit ist die große Zeit der Mitempfindung; für Kinder haben selbst tote Gegenstände Ausdruck (vgl. Langer 1965, S. 126). Um so stärker dürfte die Erzählerin als kleines Mädchen in den Bann der erzählten Erlebnisse gezogen worden sein. Daß diese in der heutigen Erzählung als dramatische auftauchen, heißt, daß sich in der Kindheit eine elementare Idee davon gebildet hat, was im eigenen Leben nicht passieren darf, nämlich die Kontrolle über dieses Leben zu verlieren. Als Antwort auf diese Idee entwickelte sich das Klarkommen als handlungsinspirierendes Prinzip, doch im Unterschied zu den im vorangegangenen dargestellten Erzeugungsgrundlagen animierte dieses Prinzip nicht dazu, Wahrgenommenes zu reproduzieren, sondern sich von ihm zu distanzieren. Die Entstehung dieses Prinzips war um so mehr herausgefordert, als sich die Tochter in Gefahr sah, so nimmt sie es heute wahr, selbst in eine Überforderungssituation zu geraten im Zuge des mütterlichen Versuchs, die Tochter in die Verantwortung für das Leben der Mutter einzubeziehen: *Sie hat mir die Verantwortung übergeben, mich um ihr Leben zu kümmern* und *ich (war) eigentlich überfordert mit meiner Mutter, auch damals.*

Hinweise auf die Überforderungssituation sind aus der heutigen Sicht der Ärztin ihre häufigen Stürze als Kind. Sie erzählt: *Ich bin wahnsinnig viel gestürzt ... ich war sehr sehr viel in der Klinik als Kind, alle Arme gebrochen, alle Beine gebrochen, also, ich kann mich eigentlich nicht erinnern, daß da irgendwas nicht kaputt ist an mir.* Diese ungewöhnlich vielen Stürze und Brüche machen einerseits schmerzhaft deutlich, was geschieht, wenn man mit sich, in diesen Fällen mit dem eigenen Körper, nicht klarkommt, und können andererseits als ein Versuch gelesen werden, sich der überfordernden Situation zu entziehen. Wenn diese Interpretation zutrifft, würde sie belegen, daß das Klarkommen bereits in der Kindheit Handlungsimpulse lieferte und damit aus dem ursprünglichen mutterbezogenen Kontext als orientierende Disposition in den Kontext des eigenen Lebens übertragen wurde. Ab welchem Zeitpunkt im Lebensverlauf diese Disposition begrifflich verfügbar war, läßt sich anhand der Erzählung nicht nachvollziehen. Da die primären Erfahrungen mit dem Nicht-Klarkommen vor allem

Gefühle ansprachen, dürfte eine elaborierte emotionale Symbolik entstanden sein, die die Disposition neben begrifflichen Elementen prägt.

Aus der Erzählung geht nicht hervor, inwieweit die beschriebene metaphorische Disposition die Erzählerin auf ihrem Weg zur Ärztin beeinflußt hat. Sie thematisiert das Klarkommen ausschließlich in bezug auf zwei Lebensphasen: in bezug auf die Kindheit und in bezug auf ihre gegenwärtige Situation in einer niedergelassenen Arztpraxis. Sie vergleicht letztere mit der Situation eines Arztes in der Klinik, ein Vergleich, der zugunsten der Klinik ausfällt. Als Grund für den Vorzug, den sie der Klinik gibt, nennt sie: *Man hat viele Ärzte um sich, die man fragen kann*, um kurz danach den Anspruch an die niedergelassene Ärztin zu formulieren: *Du mußt schalten, sofort!* Die Frage, wie komme ich mit einer Situation am besten klar, bestimmt diesen Vergleich. Die angenommene Unterstützung durch Kollegen in der Klinik im Vergleich zur niedergelassenen Arztpraxis, in der man auf sich selbst geworfen ist, macht die Klinik für die Ärztin attraktiver. Sie hat nach einem Arbeitsplatz in der Klinik gesucht und nicht gefunden; mit der Rolle als niedergelassene Ärztin hat sie sich inzwischen arrangiert, nachdem sie festgestellt hat: *Hier in dieser Praxis zum Beispiel komme ich gut klar mit den Patienten ... Ich (bin) hier schon relativ sicher geworden. ... Also, ich hab' nicht mehr sooo viele Ängste, wie ich sie, wie ich sie mal hatte, früher.*

Dr. Herz befindet sich nach eineinhalb Jahren in dieser Arztpraxis immer noch in einer Anfangssituation, die aufgrund vieler neuer Anforderungen per se das Risiko der Überforderung enthält. Dieses Risiko könnte die Metaphorik des Klarkommens in besonderer Weise mobilisiert haben, liefert diese doch ein Wissen darüber, was zu vermeiden und statt dessen anzustreben ist. Das Klarkommen könnte eine Metapher sein, die immer dann zum Tragen kommt, wenn die Ärztin in eine Situation gerät, in der sie befürchtet, die Dinge nicht mehr im Griff zu haben, ein Risiko, das typisch ist für Anfangssituationen. Man könnte von einer temporär wirksamen Metapher ausgehen, was erklären würde, wenn ihre Wirksamkeit nur begrenzt thematisiert wird.

Die Implikationen der hier beschriebenen Metapher bildeten sich in der konkreten Anschauung von Ereignissen, die die Kindheit der Ärztin als Bedrohung umstellt haben. Sie sind dominiert von

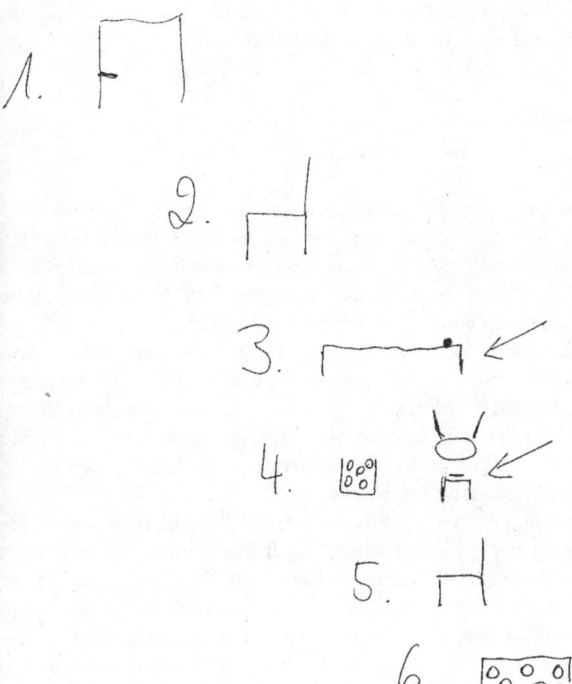

Du mußt schalten, sofort!

dem Motiv, Bedrohungen der erlebten Art abzuwenden. Weniger detaillierte Hinweise enthalten sie im Unterschied zu den im vorangegangenen dargestellten Metaphoriken in bezug auf alternative Handlungsmöglichkeiten. Zu sehr fokussiert die Metaphorik das Gefahrenmanagement.

Nicht alle der diesem Genesetypus zugeordneten Erzählungen verweisen auf Entstehungsbedingungen, unter denen sich Metaphern in absolutem Gegensatz zu kindlichen Erfahrungen entwickelt haben; teilweise entwickelte sich die, die ärztliche Praxis organisierende Metaphorik im graduellen Kontrast, der aber nicht minder deutlich benannt wird. Gemeinsam ist den im Kontrast oder im Widerspruch zu kindlichen Erfahrungen entstandenen

Metaphern, daß sie stärker auf die Vermeidung von etwas als auf den Entwurf von Alternativen abstellen.

2.4 Problematische Konstellationen in der Ursprungsfamilie, die zur Bewältigung auffordern

Die metapherngenerierende Grunderfahrung dieses Genesetypus gründet in Beziehungskonstellationen der Ursprungsfamilie. Den Erzählungen zufolge spielen in diesen Konstellationen zwar einzelne Personen eine mehr oder weniger prägende Rolle; doch die metaphorischen Konzepte entwickeln sich nicht in bezug auf diese Personen, sondern in bezug auf das, was zwischen diesen Personen passiert oder nicht passiert. Es sind problematische Beziehungsmuster, die zur Bewältigung auffordern. Dieser Genesetypus soll anhand der lebensgeschichtlichen Erfahrungen von Dr. Färber dargestellt werden, deren Praxis bereits unter verschiedenen Gesichtspunkten analysiert wurde.

Die Wunde, genauer die Suche nach der Wunde, die sie als Aufdröseln einer problematischen Situation beschreibt, konstituiert als metaphorisches Konzept die Praxis von Dr. Färber. Die Wunde ist für sie stets eine psychosoziale Wunde, die ihre Ursache hat in einer konflikthaften Verstrickung einer Person in eine sie bedrängende und überfordernde soziale Umwelt. Die Ärztin versteht sich als Heilerin und Retterin, die der bedrängten Person das Rettungsseil zuwirft.

Eine Parallele zu diesem, ihre Praxis organisierenden metaphorischen Konzept findet sich in der lebensgeschichtlichen Erzählung der Ärztin. In dieser ist ebenfalls von einer Wunde die Rede und zwar, wie die Ärztin es nennt, von der *permanente(n) Wunde in unserer Familie*. Es ist eine Wunde im familialen Beziehungsgefüge, die sich festmacht an der Distanz, die der Vater gegenüber seiner Familie einnimmt und die von der Ärztin als Illoyalität des Vaters erlebt wird. Diese zeigt sich für sie in verschiedenen Facetten: der Vater entzog sich Konflikten, er beschützte die Tochter nicht, er nahm sie nicht in ihrer Besonderheit wahr. Am stärksten aber betont sie die Abwendung des Vaters von seiner Familie und die gleichzeitige Hinwendung zu seiner Herkunftsfamilie: *Der Vati (mochte) eigentlich seine Ursprungsfamilie viel lieber wie unsere Familie, die wir doch zu ihm eigentlich gehören*. Der Distanz des Vaters zu seiner Familie korrespondierte ein intensiver Kontakt zwischen dem Vater und seiner Mutter, eine gespannte Beziehung zwischen dieser und der Ehefrau, der Mutter der Ärztin sowie ein starkes emotionales Engagement der Mutter in der Beziehung zu ihrer Tochter, das letztere als überfordernd beschreibt.

Diese Erfahrungen reichen weit in die Kindheit der Ärztin zurück. Als sie 12, 13 Jahre alt war, hat die Mutter begonnen, mit ihr über diese Problematik zu sprechen; doch die Ärztin berichtet, sie habe diese auch schon *mitgekriegt*, als sie noch nicht besprochen wurde. Ob ihr bereits als Kind der Begriff Wunde als metaphorische Deutungsvorlage zur Verfügung stand, muß offenbleiben. Doch die Erlebnisqualität einer Wunde, so geht aus der Erzählung hervor, dürfte präsent gewesen sein, spricht doch die Ärztin davon, daß ihr das Verhalten des Vaters *weh getan* hat und daß es ihr *immer wieder Schmerzen bereitet hat.* Die Ärztin hat demnach angesichts der konflikthaften familialen Beziehungen empfunden, was man ursprünglich bei körperlichen Verletzungen empfindet. Letzteres wiederum ist eine einem Kind geläufige Erfahrung, bleiben ihm doch bei seinen ersten Geh- und Bewegungsversuchen in dieser Welt Stürze und damit einhergehend körperliche Schmerzen nicht erspart. Die emotionale Aneignung der familialen Wirklichkeit in der geschilderten Art und Weise basiert demnach auf einer Abstraktionsleistung, die darin besteht, daß Empfindungen von einem Kontext in einen anderen übertragen wurden, die als schmerzende Wunde benannt, metaphorisch gefaßt wurden.

Die Wunde als bereits in der Kindheit der Ärztin gebildete elementare Idee läßt es nicht verwunderlich erscheinen, daß diese sich für den Arztberuf entscheidet, ist die Wunde doch ein zentraler Bestandteil ärztlicher Praxis. Die Berufswahl kann also als ein Beleg für die Wirksamkeit der biographisch gebildeten Metapher angesehen werden. Der berufliche Weg der Ärztin offenbart eine Differenzierung und Präzisierung der Metaphorik. Diese arbeitete nach dem Studium in der Chirurgie und als Notärztin, was sie als *eine sehr, sehr brutale Sache* beschreibt. Es sei ihr klargeworden, daß sie *diese Art Medizin nicht machen will.* Sie hatte in der Chirurgie und in der Notfallmedizin vorrangig mit körperlichen Wunden zu tun. Die Konfrontation mit dieser Art von Wunden machte ihr möglicherweise klar, daß ihr Interesse – gemäß der in der Kindheit gebildeten metaphorischen Grundidee

– anderen Wunden, nämlich psychosozialen, galt. Diese Annahme wird bestätigt durch die Hinwendung der Ärztin zu den Methoden der alternativen Medizin, die ihr erlauben, psychosoziale Probleme zu diagnostizieren und zu therapieren. Der Zusammenhang zwischen Biographie und der Orientierung als Ärztin ist dieser im Gespräch bewußt, wenn sie sagt: *Aber deswegen fasziniert mich dieser Punkt* (= die Wunde, nach der man suchen muß) *so, weil ich weiß, was mich diese Wunde in meinem Leben geprägt hat.*

Metaphern liefern Handlungsanweisungen. Die das metaphorische Konzept der Ärztin beherrschenden Wunden sind äußerlich nur teilweise erkennbar, die entscheidende Dimension dieser Wunden ist unsichtbar; nach ihr muß folglich gesucht werden. Gefundene Wunden verlangen nach Heilung. Das Suchen von Wunden und ihre Heilung formuliert die Ärztin teils implizit, teils explizit als Ziele ihrer Praxis. Als ein wesentliches Such- und Heilungsmittel beschreibt sie das Gespräch und setzt sich damit explizit in Widerspruch zu der Art und Weise, wie sich die Mutter und die Großmutter mütterlicherseits auf die *Wunde der Familie* bezogen haben: *Nach außen ratschen, Probleme außen besprechen... haben die gar net gemacht, was ich ja jetzt viel mache mit den Patientinnen..., weil ich des auch bei uns gar net so gut empfunden hab, also daß da über viele Dinge nicht geredet wurde. Das hab' ich später erst gelernt.* Die Deutung psychosozialer Konflikte als Wunden, wie sie die Ärztin vornimmt, möglicherweise ebenfalls in Absetzung von den Deutungsmustern der Mutter vornimmt, provoziert eine aktive Auseinandersetzung, können Wunden doch nicht unbehandelt gelassen werden. Die Wirksamkeit biographischer Erfahrungen zeigt sich nicht als bloße Reproduktion des Erfahrenen, vielmehr werden in bezug auf dieses und in der Konfrontation mit neuen Situationen alternative Handlungsstrategien entwickelt.

Ebenso wie bei dem im vorangegangenen dargestellten Genesetypus (›nicht erstrebenswerte bzw. abschreckende Modelle‹) konstituieren auch hier konflikthafte Erfahrungen ein in die Gegenwart hineinreichendes metaphorisches Konzept. Die Unterschiede zu diesem Typus ergeben sich daraus, daß diese Erfahrungen zwar mit Personen zu tun haben, doch nicht diese Person, sondern die Beziehungen zwischen den Personen liefern metapherngenerierende Impulse. Außerdem dominiert in der vorangegangenen Gruppe das Prinzip der Absage an problematisch erlebte Verhaltensweisen und Lebenshaltungen, die bestimmte Personen verkörperten. In dem zuletzt vorgestellten Fallbeispiel wie auch in den anderen dieser Gruppe zugerechneten Beispielen wird dagegen ausdrücklich auf die Auseinandersetzung mit dem in der Kindheit erfahrenen Konflikt gesetzt mit dem Ziel, konfliktlösende Bewältigungsstrategien zu entwickeln.

2.5 Problematische Ereignisse bzw. Situationen, die Vermeidungsstrategien mobilisieren

Auch dieser Genesetypus zeichnet sich dadurch aus, daß zurückliegende problematische Ereignisse und Situationen den Bezugspunkt für aktuell die ärztliche Praxis konstituierende Metaphern bilden. Allerdings repräsentieren die Metaphern weniger Bewältigungs- als vielmehr Vermeidungsstrategien, was nicht unabhängig davon zu sehen ist, ob eine Erfahrung für vermeidbar oder für nicht vermeidbar gehalten wird. Dr. Färber, die ihre Aufmerksamkeit auf die Wunden im Leben ihrer PatientInnen richtet, die sie als Ausdruck von Beziehungskonflikten betrachtet, rechnet mit solchen Wunden. Lebensgeschichtliche Ereignisse, wie sie der Metaphorik von Dr. Ernst zugrunde liegen, ein Zusammenhang, der im folgenden erörtert wird, sind aus der Sicht des Arztes unbedingt zu vermeidende Ereignisse.

Mit Hilfe der Metaphern Schienen und Bahnen charakterisiert Dr. Ernst (*Das sind drei oder vier Schienen*) nicht nur krankhafte Zusammenhänge, sondern auch sein Denken und Handeln als Arzt. Schon durch den ersten Blick, den der Arzt auf einen, ihn konsultierenden Patienten wirft, sollen sich *bestimmte Bahnen eröffnen, gedankliche Bahnen, auf denen man vorwärts kommen will*. Ebenfalls am Bild der Schiene orientiert, ordnet Dr. Ernst seine Untersuchungsmethoden an. Seine Therapie zielt darauf ab, PatientInnen auf die ärztliche Schiene zu bringen, die eine Gegenschiene zur Krankheitsschiene darstellt. Im Muster der Schiene denkend und handelnd, entwickelt sich eine systematische, zielgerichtete, an objektivierbaren Regeln orientierte ärztliche Praxis.

Der Arzt berichtet im Interview von einem Ereignis seiner Kindheit, das sich in den Praxisräumen seines Vaters, eines Landarztes, abgespielt hat. Schon im Alter von 14 Jahren hat sich Dr. Ernst als

Helfer in der Praxis des Vaters betätigt. Er war vertraut mit der Arbeit des Vaters, die auch kleinere chirurgische Eingriffe umfaßte. Eines Tages passierte etwas, was der Arzt wie folgt erinnert: *Ich werd nie vergessen, der einzige Todesfall in der Praxis meines Vaters bei einer Ausschabung … wie plötzlich eine ganz normale Arztpraxis (…) verändert ist durch den Zustand, daß jetzt jemand gestorben ist.* Der Arzt stellt eine Verbindung her zwischen dieser Erfahrung und seiner eigenen professionellen Tätigkeit: *Was da passiert ist, hab ich als Trauma mitgenommen in meine ganze ärztliche Tätigkeit.* Wie aber prägte das Trauma? Weshalb darf angenommen werden, daß die Metaphorik des Arztes darin wurzelt? Der Arzt situiert das dramatische Ereignis in einer Gesprächspassage, in der er versucht, optimales ärztliches Handeln zu beschreiben. Das geschilderte Ereignis repräsentiert für ihn das auf jeden Fall zu Vermeidende. Er sieht es als Folge von Behandlungsmethoden, die er kriminell nennt und auf damals noch nicht verfügbares Fachwissen zurückführt. Nicht auszuschließen ist, daß er das Ereignis zumindest auch einem Fehler des Vaters zuschreibt, den der Sohn, wenn er sich mit dem Vater identifizierte, wiedergutmachen muß. Jedenfalls berichtet dieser, daß seine Beziehung zum Vater *sehr sehr eng* gewesen sei und er erklärt *So ein Erlebnis sublimiert man ganz hinten.* Sublimieren hat etwas mit der Umwandlung eines Verhaltens zu tun. Dem in einer Landarztpraxis der Nachkriegszeit geforderten ärztlichen Handeln, das teilweise notwendig dilettantisch bleiben mußte, weil es sich angesichts einer nur ungenügend ausgebauten ärztlichen Versorgungsstruktur auf jede Art von Beschwerden und Krankheiten beziehen mußte, setzt Dr. Ernst die Forderung nach fachlicher Kompetenz entgegen. Die Erfahrung in der ärztlichen Praxis sage ihm, *daß, wenn's jemand schlechtgeht, die erste Hilfe durch kompetente Haltung ausgeglichen werden kann. Da muß jeder wissen, was er jetzt tun muß, sonst schadet er dem Patienten.* Sein Verständnis von fachlicher Kompetenz drückt der Arzt in einem Bild aus, das den Weg von der ersten Begegnung mit dem Patienten bis zur Diagnose zeigt. Die ärztlichen Handlungsakte sind in diesem Bild aneinandergereiht wie Perlen auf einer Perlenkette. Der Arzt kommentiert: *Dieser Knödel* (der Krankheitskomplex, d. V.), *der muß jetzt im Laufe eines Weges Struktur bekommen.* Die angestrebte Struktur hat für den Arzt, wie aus Äußerungen an anderer Stelle hervorgeht, die Gestalt von Schienen und Bahnen.

Die Argumentation, die den Zusammenhang zwischen lebensge-schichtlicher Erfahrung und ärztlicher Metaphorik belegen soll, lautet, zusammenfassend gesagt, folgendermaßen: Das als trauma-tisch beschriebene Ereignis der Kindheit fordert dazu heraus, nach Handlungsmustern zu suchen, die sicherstellen, daß sich ein sol-ches Ereignis nicht wiederholt. Die adäquate Handlungsstrategie, die das aus der Sicht des Arztes verhindern kann, ist fachlich kompetentes Handeln. Fachlich kompetente Erkenntnissuche, Entscheidungsmuster und therapeutische Konzepte organisieren sich für den Arzt im Muster einer Schiene. Der Wirksamkeit des Handlungsmodells in dem gewünschten Sinn kann sich der Arzt um so sicherer sein, als sich dieses formal und inhaltlich in Über-einstimmung befindet mit dem im medizinischen Mainstream favorisierten Handlungsmodell. Er hält damit dem Trauma seiner Kindheit ein in der medizinischen Tradition verankertes, geprüf-tes, allgemein anerkanntes Fachwissen entgegen.

Wann und unter welchen Umständen sich die Idee von Schienen und Bahnen als Handlungsalternative gebildet hat, deutet sich in den Äußerungen des Arztes lediglich an. Der Arzt berichtet von Gesprächen mit dem Vater, in denen das notwendig improvisie-rende Handeln eines für alles zuständigen Landarztes Thema war. Der Vater distanzierte sich aus der Sicht des Sohnes von der eigenen Praxis und *wollte, daß ich das anders haben kann, daß ich eine geregelte Struktur habe in meiner Tätigkeit*. Die verwen-dete Begrifflichkeit *geregelte Struktur* könnte als Hinweis gelesen werden, daß in diesen Gesprächen zumindest die Implikationen eines Denkens und Handelns in Schienen und Bahnen formuliert wurden. Wenn dem so war, so wurde auf Kontexte rekurriert, die einem Jungen durch das Spiel mit Autos und Zügen, aber auch durch das Wissen um die Existenz von Straßen und Bahngeleisen im kindlichen Lebensraum vertraut waren.

Metaphern spannen einen Bogen von der primären zur professio-nellen Sozialisation (vgl. Raven 1989, S. 59). Die möglicherweise schon vor Beginn des Studiums gebildete Idee von Schienen und Bahnen ließ sich verbinden mit schulmedizinischen Orientierun-gen und Handlungsmustern. Nicht notwendig ist es die Schulme-dizin, die eine Alternative zu kindlichen Erfahrungen aufzeigen kann. In einem anderen Fallbeispiel, das ich ebenfalls diesem Genesetypus zugeordnet habe, lieferte die alternative Medizin das geeignete Handlungsrepertoire, um Situationen, wie sie die

Ärztin in ihrer Herkunftsfamilie erfahren hatte, zu vermeiden oder aufzubrechen. In Bewegung bringen, Anstöße geben, in Gang setzen bilden die zentralen Elemente der Praxis dieser Ärztin, die kontrastieren zu der von ihr als erstarrt und belastend beschriebenen familialen Situation. Lebensweltbezogene Gespräche, Bachblütentherapie und Biotensor dienen ihr als Mittel, Bewegung und Schwingungen anzuregen. Gemeinsam ist den beiden Fallbeispielen, daß die jeweilige Metaphorik kontrastiert zu den als bedeutsam hervorgehobenen Kindheitserfahrungen und daß sie gleichzeitig Handlungsimpulse liefert, die darauf abstellen, solche Erfahrungen zu vermeiden.

2.6 Natur- oder gottgegebene Gesetzmäßigkeiten

Aspekte dieses Genesetypus finden sich in mehreren Interviews; so deutlich aber, daß er beschreibbar wird, zeigt sich der Typus nur in einem Interview. Den ersten beiden, in diesem Kapitel vorgestellten Genesetypen (›Positiv erlebte soziale Szenarien‹ und ›Persönliche Vorbilder‹) vergleichbar, reproduzieren sich in dem nun vorzustellenden Typus Kindheitsbilder. Die zurückliegenden Erfahrungen werden allerdings nicht als besonders positiv oder erstrebenswert hervorgehoben, vielmehr haben sie den Status von Selbstverständlichkeiten, mit denen man sich in Übereinstimmung weiß. Im Kontrast zu allen bisher diskutierten Entstehungskontexten bildete sich die Metaphorik nicht nur in bezug auf Soziales; Bezugspunkt ist auch die Natur. Die exemplarische Darstellung erfolgt anhand der lebensgeschichtlichen Erzählung von Dr. Hofer.

Die Idee vom *natürlichen Gang* und vom *Kreislauf* des Lebens bilden die beiden metaphorischen Kernstücke der Praxis Dr. Hofers (*daß das ein Kreislauf ist, daß das dann der natürliche Gang des Lebens ist*). Diese Metaphorik impliziert, wie der Arzt selbst bemerkt, *so dieses Akzeptieren von Werden, Entstehen, Gehen, von Veränderungen*. Orientiert an diesen Implikationen thematisiert der Arzt seine Beziehung zu den PatientInnen, sein professionelles Selbstverständnis, insbesondere seine Rolle gegenüber sterbenden PatientInnen. Er bewundert die von ihm betreuten alten Frauen in einem Altenheim, die *akzeptiert* (haben), *daß ihr Leben gelaufen ist* und es verstehen, ihre *glückliche(n) Spätherbst-*

tage zu genießen. Der Tod zählt entsprechend seiner Metaphorik selbstverständlich zum Leben und daher auch zu seinem Aufgabenfeld als Arzt. Dr. Hofer will für sterbende PatientInnen präsent sein als *Begleiter, Partner* und *Helfer*. In Übereinstimmung mit der Kreislaufmetapher betrachtet der Arzt den Tod nicht als *Abschlußprozeß*, sondern als *Wandlungsprozeß*.

Welche Konsequenzen hat es, den Tod als unabänderliche Tatsache (*jeder Patient stirbt, vor oder nach uns*) in das ärztliche Gesichtsfeld einzubeziehen? Krankheiten blockieren nach Ansicht des Arztes das Wachsen und Gedeihen menschlichen Lebens; sie verlangen nach medizinischer Hilfe in Form von Gesprächen, chirurgischen Eingriffen, Medikamenten. Doch die Möglichkeiten ärztlicher Hilfe sind für den Arzt begrenzt. Er rechnet mit dem Eintreten von Situationen, die es als nicht mehr medizinisch beeinflußbar zu akzeptieren gilt.

In der lebensgeschichtlichen Erzählung von Dr. Hofer finden sich eine Reihe von Hinweisen auf die diese Metaphorik generierenden Grunderfahrungen. Angesprochen auf die Herkunft seiner Annahme, daß das Sterben *ein natürlicher Gang* des Lebens sei, antwortet der Arzt: *Das wächst natürlich irgendwo mit*. Diese Formulierung verweist auf einverleibte Erfahrung. Aufgewachsen auf einem Bauernhof, auf dem Ackerbau und Viehzucht betrieben wurden, boten sich dem Arzt von klein auf eine Fülle von Szenarien, die den *natürlichen Gang* des Lebens repräsentierten. Der Arzt stellt selbst eine Beziehung zwischen Kindheitserfahrungen und den aktuell gültigen Orientierungsmustern her. Er bemerkt: *Auf dem Land aufgewachsen, war Gehen und Vergehen von Kindheit aus bekannt. Das wächst von den Pflanzen bis zu den Tieren, daß das ein Kreislauf ist, daß das dann der natürliche Gang des Lebens ist.* Auch die menschliche Natur hat er eingebunden in einen Kreislauf erfahren. Er wurde in eine Großfamilie hineingeboren, die eine Mehrgenerationenfamilie war, die neben Eltern und Geschwistern, Großeltern, Mägde, Handwerker, Knechte umfaßte, insgesamt etwa 16 bis 20 Personen. Er hatte ständig Menschen in verschiedenen Lebensaltern vor Augen und nicht nur das, er mußte sich mit altersbezogenen Gewohnheiten und Verhaltensmustern auseinandersetzen. So stand bereits die frühe Interaktion mit der Welt, die eine zentrale Bedingung für die Bildung elementarer Ideen darstellt, unter dem Eindruck, daß das Leben der Veränderung unterworfen ist und daß es auf einen

Zustand zutreibt, den man Reife oder Tod nennt. Durch den dörflichen Brauch des persönlichen Abschiednehmens von Toten wurde der Tod zu einem nicht wegzudenkenden Teil des kindlichen Erfahrungsraums. Der Arzt erzählt: *Aber ich bin mit Toten in Kontakt gekommen in der Kindheit; selbstverständlich sind die Toten noch im Haus aufgebahrt worden. Man hat sie besucht, man hat denen die letzte Ehre erwiesen.* Der Arzt hat also das Jungsein, das Reifen, das Älterwerden, die Ernte bzw. den Tod am Beispiel von Pflanzen, Tieren und Menschen miterlebt. Das Verstehen solcher Entwicklungsprozesse spielt sich nicht nur auf einer kognitiven Ebene ab; es bezieht Gefühle und Sinne ein. Der Arzt erwähnt erlebte Ängste und deren Abbau im Umgang mit dem Tod. Die Interaktion in dem sozialökologischen Kontext, in den der Arzt hineingeboren wurde, ging demnach einher mit intensiven kognitiv-emotional-sinnlichen Verarbeitungsprozessen.

Zu welchem Zeitpunkt in seiner Biographie der Arzt begann, seine Erfahrungen mit Hilfe der Begriffe *natürlicher Gang* und *Kreislauf* zu charakterisieren, kann nicht abschließend geklärt werden. Die Erfahrungen reichen in eine Lebensphase zurück, als ihm noch keine Worte zur Verfügung standen. Doch ist anzunehmen, daß die Erwachsenen um ihn herum über das Werden und Wachsen von Tieren und Pflanzen gesprochen haben, ist doch das Leben und Arbeiten auf einem Bauernhof an den Rhythmus der Natur anzupassen und dies erfordert Absprache. Daß die Erwachsenen in ihren Reden die Begriffe *natürlicher Gang* und *Kreislauf* verwendet haben, wäre nicht unüblich. Selbst wenn der Junge noch kein sprießendes oder reifendes Getreidefeld gesehen hat: Was Gehen und Laufen, vielleicht auch das Im-Kreis-herum-Laufen bedeutet, konnte er aufgrund erster eigener Gehversuche wissen: nämlich nicht stehenbleiben, sondern sich verändern. Zu erkennen, daß Veränderung auch das Wachsen von Pflanzen und Tieren kennzeichnet, setzt eine Abstraktionsleistung voraus.

Dr. Hofer thematisiert den Zusammenhang zwischen Lebensgeschichte und ärztlicher Metaphorik sehr viel direkter als die bislang in diesem Kapitel zitierten ÄrztInnen. Es ist demnach ein ihm sehr deutlicher Zusammenhang, was sich dadurch erklären dürfte, daß es sich um keine konflikthaften oder tabuisierten Erfahrungen handelt, die sich eher in latenten Wissensbeständen ablagern dürften. Es konnte nicht nur, es mußte über das Wachsen und Gedeihen oft gesprochen werden, da das Leben auf dem Bauernhof tagein tagaus davon geprägt wurde. Die Aneignung der als Naturgesetze gedeuteten Erfahrungen führten zur Herausbildung einer ontologisierenden Metaphorik. Deren Gültigkeit bestätigte sich für den Arzt zusätzlich durch eine religiös-christliche Orientierung, die das Kreislaufmotiv ebenfalls integriert in Form des Glaubens an ein Weiterleben nach dem Tod.

3. Abschließende Gedanken

Wie entstehen praxiskonstituierende Metaphern? Welche Leistungen verlangt die Metaphernbildung den Subjekten ab? Welche biographischen Erfahrungen produzieren Schlüsselmetaphern? Nach welchen Kriterien lagert sich Biographie in den Schlüsselmetaphern ab? Wie sehr ist die Gegenwart durch die Vergangenheit geprägt? Welche Deutungs- und Handlungsspielräume, welche Veränderungschancen enthalten Schlüsselmetaphern? Orientiert an diesen Fragen, will ich das entfaltete Spektrum an Entstehungsgeschichten im folgenden einer zusammenfassenden Betrachtung unterziehen, um daran anschließend Überlegungen anzustellen, die über das Thema dieses Kapitels hinausführen und in eine abschließende Betrachtung münden.

Lebensgeschichtliche Situationen, die Schlüsselmetaphern generieren, sind – das dokumentieren sämtliche Fallbeispiele – besondere Situationen. Sie sind verknüpft mit besonders konflikthaften, besonders bedrohlichen, besonders rätselhaften, besonders erstrebenswerten Erfahrungen oder mit Erfahrungen, die durch ihre unhinterfragte Selbstverständlichkeit von den Subjekten als nicht mehr wegzudenkende Bestandteile des eigenen Lebens verinnerlicht wurden. Es sind Situationen, wie diese Studie zeigt, die in die Jugend und Kindheit, nicht selten in eine vorsprachliche Phase zurückreichen. Der von diesen Situationen ausgehende Handlungsappell konnte und durfte vom kindlichen Subjekt nicht ignoriert werden; zu sehr prägten diese Situationen die kindliche Lebenswelt, zu sehr rührten sie an existentielle Fragen. Sich diese so dominante und oft bedrängende Wirklichkeit verfügbar zu machen, verlangte sie zu ordnen, zu verstehen, zu benennen. Emotionale und sinnliche Empfangsbereitschaften und Erkenntniskanäle waren ebenso gefordert wie intellektuelle Kompetenzen. Die Aneignung der herausfordernden Realität erfolgte den Ergebnissen dieser Studie zufolge durch Rückgriff auf die in anderen Situationen gesammelten Erfahrungen. Dies ist nicht als ein bewußt und systematisch ablaufender Prozeß vorzustellen, da sich die im Alltag gesammelten Erfahrungen nicht in klar definierten, sondern in diffusen, oft latenten, von sinnlichen Eindrücken durchzogenen Wissensbeständen ablagern. Es können Gerüche, Geräusche, körperliche Empfindungen sein, die Gemeinsamkeiten zwischen Kontexten signalisieren. Die ÄrztInnen rekurrierten bei der Aneignung herausfordernder Wirklichkeitskonstellationen auf Erfahrungen, die einem Kind schon früh vertraut sind, so zum Beispiel auf die Erfahrung, was es heißt, zu gehen, eine Bahn zu ziehen, eine Wunde zu haben, Schmerz zu empfinden, sich jemandem zuzuwenden, etwas im Griff oder nicht im Griff zu haben, etwas zu kaufen oder zu verkaufen. Indem die befragten ÄrztInnen Begriffe aus diesen Erfahrungskontexten in die neue provozierende Situation übertrugen und von dieser so sprechen, als sei sie der erste Erfahrungskontext, werden die benutzten Begriffe zu Metaphern (vgl. Carveth 1993, S. 17).

Die Beziehung zwischen den die ärztliche Praxis konstituierenden metaphorischen Codes und den Lebensgeschichten ist in den untersuchten Fällen durch Kontinuität oder Diskontinuität gekennzeichnet. Rekurriert die aktuelle Metaphorik auf eine positiv erlebte Vergangenheit, so stellen ihre Implikationen auf Kontinuität ab; entspringt sie konflikthaften Strukturen, so sind ihre Implikationen auf Diskontinuität gerichtet. In Bejahung oder Verneinung zurückliegender Erfahrungen liefern Schlüsselmetaphern Leitbilder, die Aufmerksamkeiten, Interessen, Orientierungen, Handlungsmotive strukturieren. Wie stark ist die Determination durch die Vergangenheit? Der Blick auf einzelne metaphorische Konzepte wie das ›Nach-einer-Wunde-Suchen‹, das ›Schienen-erkennen-und-Durchkreuzen‹, das ›Zugewendetsein‹, das ›Verhandeln‹ sagt, daß solche Konzepte Deutungs- und Handlungspielräume enthalten. Die Art und Weise des Verhandelns zum Beispiel kann unterschiedlich ausfallen, wenn es sich nur an dem Prinzip von Angebot und Nachfrage orientiert; die Suche nach einer Wunde kann sich unterschiedlich gestalten, wesentlich ist das auf einen bestimmten Punkt hin gerichtete Interesse. Die Implikationen der Metaphorik legen also nicht eindeutig fest.

Da sich lebensgeschichtliche Erfahrung in den Metaphern nicht einfach nur ablagert, sondern angesichts neuer Situationen fortlaufend überarbeitet wird, kann es auch zur Modifikation oder gar zur Aufgabe von Metaphern kommen. Je untauglicher sich eine Metaphorik angesichts neuer Handlungsherausforderungen erweist, desto wahrscheinlicher ist ein Wandel. Die Erzählung eines Arztes liefert ein Beispiel für die Relativierung einer Metaphorik durch Hinzunahme eines neuen metaphorischen Schemas. Die Praxis dieses Arztes zentriert sich um die Motive des Entdeckens und Rätsellüftens. Diese Motive sind für ihn als Arzt seit jeher handlungsleitend. Als junger Arzt hat er versucht, ihnen durch ein Denken und Handeln in Ursache-Wirkungs-Ketten entsprechend dem Schienenmodell Rechnung zu tragen. Dann aber stellte er fest: *(Ich) bin immer wieder mit den Patienten auf den Bauch gefallen, sie wurden nicht gesund.* Gleichzeitig beobachtete er eine Kollegin einer anderen Station, die ihre PatientInnen erfolgreicher behandelte. Das Miterleben einer Begegnung dieser Ärztin mit einer Patientin führte zu einer überraschenden Erkenntnis: *Sie hat mich mal zu einer alten Frau geführt..., da hat sie gesagt, ›Herr Kollege, stellen Sie sich vor, diese Frau war die schönste Frau Deutschlands von 1905‹. Die Frau hat so gelacht und sich so gefreut, als das zur Sprache kam, die lag strahlend im Bett .... Allein dieses Würdigen und Erfassen hat dieser Frau unheimlich geholfen.* Das Motiv des Erfassens einer Person hat der Arzt als Anregung für die eigene Praxis aufgenommen. Eine Person erfassen bedeutet, so sagte ihm das Erlebnis, nicht nur Krankheitswerte zu bestimmen und Ursache-Wirkungs-Ketten zu konstruieren, sondern auch zu sehen und zu würdigen, was eine Person sonst noch ausmacht: ihre Geschichte, ihre Stellung im sozialen Umfeld, erfahrene Erfolge. Durch die Übernahme der Metapher des Erfassens gewannen für ihn das Gespräch, das Hineinfühlen und Hineindenken als diagnostische Methoden an Bedeutung. Der Arzt visualisiert seine heutige Praxis in zwei Bildern; das eine Bild zeigt Ursache-Wirkungs-Ketten, das andere eine Amöbe, die eine Person umfaßt. Die Bilder belegen das Nebeneinander von zwei Metaphoriken. Dem Motiv des Rätsellüftens blieb der Arzt treu, aber die Möglichkeiten dies zu tun, haben sich durch die Integration neuer metaphorischer Elemente in seiner Praxis erweitert.

Metaphern liefern als habitualisierte Deutungs- und Handlungsvorlagen den Grundstein für Expertise. Das heißt noch nicht, daß sie per se optimales Handeln sichern. Wesentlich ist vielmehr, daß sie ermöglichen, eine Vielzahl an Situationen zu erfassen, diese

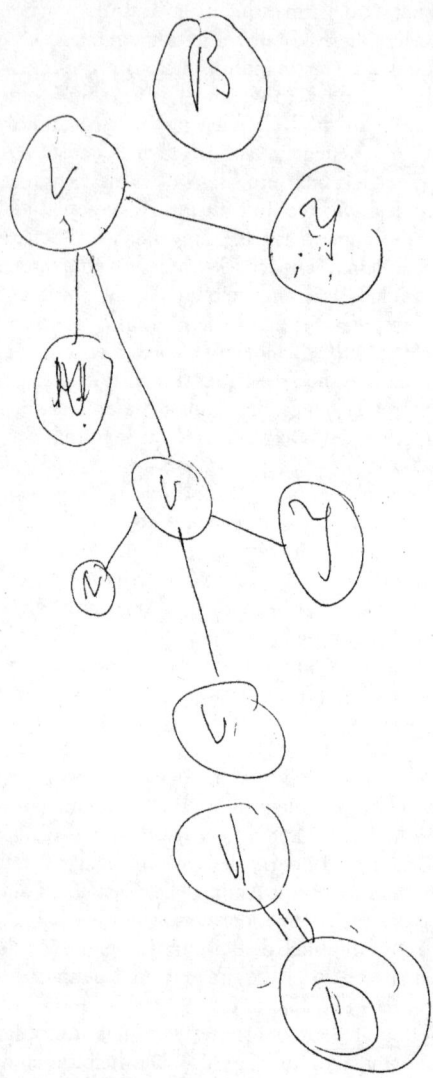

Nach Ursache-Wirkungs-Ketten suchen

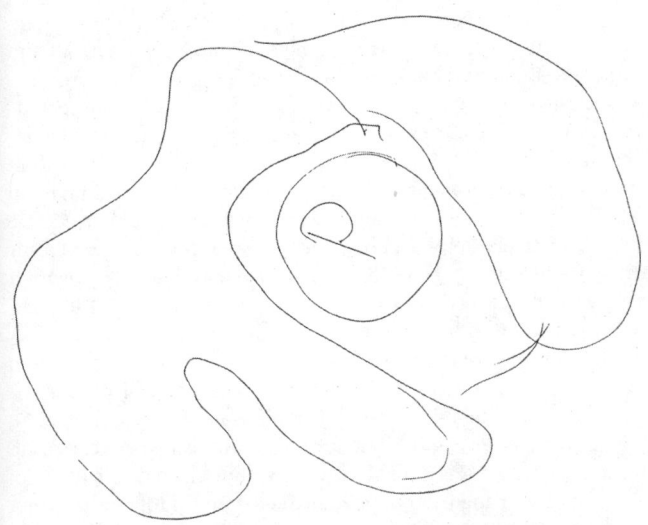

Wie eine Amöbe eine Person umschließen und erfassen

miteinander zu vergleichen, Differenzen, Nuancen, Kontraste zu erkennen, was die Fähigkeit schärft, Situationen adäquat einzuschätzen, aber auch das Risiko birgt, Fehler zu machen. Fehler stellen eine weitere Bedingung auf dem Weg zur Expertise dar. Nach Hubert Dreyfus brauchen wir – um zu lernen – die Möglichkeit, Fehler zu machen und an ihnen zu leiden. Fehler mobilisieren Gefühle, die notwendig sind, um die Konsequenzen des eigenen Tuns ernst zu nehmen. »Sie lernen nicht«, bemerkt Dreyfus, »wenn sie sich selbst als Zuschauer ihres eigenen Tuns sehen. Sie müssen den Mut haben, ihre Fehler zu sehen und an ihnen zu leiden« (Dreyfus 1995, S. 67). So entwickelt sich Expertise, die sich darin äußert, eine Situation wahrzunehmen und automatisch – ohne nachzudenken – zu wissen, was zu tun ist.

Mein Anliegen, diese Studie zu beginnen, war zum einen von dem Motiv bestimmt, die Mikromechanismen ärztlichen Alltagshandelns zu verstehen und zu beschreiben und zum anderen von der Frage, inwieweit sich dieses Handeln technisch reproduzieren läßt, wie es die Instrumente der Künstlichen Intelligenz zum Beispiel in Form von medizinischen Expertensystemen versprechen.

Die Bedeutung von Metaphern für ärztliches Alltagshandeln spricht nicht gegen dessen technische Reproduzierbarkeit. Warum sollten Metaphern nicht auch eine Erzeugungsgrundlage für technische Instrumente bilden? Tatsächlich materialisiert die technische Logik als Wenn-Dann-Logik eine Metaphorik, die dem Schienenmodell entspricht. Diese erfaßt explizit benennbare Realität und lineare Zusammenhänge. Die ÄrztInnen, die ihre Praxis im Muster der Schiene organisieren, weisen jedoch darauf hin, daß sie sich zusätzlicher Schemata bedienen müssen, so zum Beispiel für die Entscheidung, welche Krankheitsschiene überhaupt verfolgt werden soll. Diffuse, schwer eingrenzbare und daher nicht exakt bestimmbare Wirklichkeiten sind bislang nur ungenügend technisch reproduzierbar. Die Bedeutung der Interaktion von Mensch zu Mensch, in der neben Gedanken auch körperliche Empfindungen und Emotionen wie Empathie mobilisiert werden, die sich in der ärztlichen Praxis als wichtige Erkenntnismedien erweisen, markiert eine grundsätzliche Grenze technischer Möglichkeiten. Einen Leib zu haben, der Signale aussendet und empfängt, eröffnet ungleich komplexere Erkenntnischancen, als sie ein technisches System jemals erreichen kann. Die Fähigkeit, sich emotional auf eine Situation einzulassen, um so mit dieser Situation vertraut zu werden, markiert eine weitere Differenz zwischen Mensch und Maschine. Erkennen und Handeln in der Medizin ist wesentlich in unserem In-der-Welt-Sein begründet. Daraus erwächst Verpflichtung, den medizinischen Fortschritt nicht nur in der Weiterentwicklung technischer Instrumente zu sehen, sondern vor allem auch in der Schulung von Kompetenzen, die ÄrztInnen befähigen, auf vielfältige Weise der Wirklichkeit verbunden zu sein, um der Komplexität von Krankheit und Gesundheit angemessen begegnen zu können.

Literatur

Anschütz, F. (1987), *Ärztliches Handeln, Grundlagen Möglichkeiten Grenzen Widersprüche*, Darmstadt: Wissenschaftliche Buchgesellschaft.

Badura, B. (1993), »Soziologische Grundlagen der Gesundheitswissenschaften«, in: Hurrelmann, K./U. Laasev (Hg.) *Gesundheitswissenschaften. Handbuch für Lehre, Forschung und Praxis*, Weinheim: Beltz, S. 63-90.

von Baeyer, W. (1969), »Der Begriff der Begegnung in der Psychiatrie«, in: Gerner, B. (Hg.), *Begegnung, Ein anthropologisch-pädagogisches Grundereignis*, Darmstadt: Wissenschaftliche Buchgesellschaft, S. 36-57.

Baumann, Z. (1992), *Moderne und Ambivalenz, Das Ende der Eindeutigkeit*, Hamburg: Junius.

Beck, U./W. Bonß (1989), Verwissenschaftlichung ohne Aufklärung?, in: Beck, U./W. Bonß (Hg.), *Weder Sozialtechnologie noch Aufklärung?* Frankfurt am Main: Suhrkamp, S. 7-45.

Benjamin, J. (1990), *Die Fesseln der Liebe*, Frankfurt am Main: Stroemfeld/Roter Stern.

Benner, P./Ch. Tanner/C. Chesla (1994 a), Expertise in Nursing Practice: Caring, Clinical Judgement and Ethics, San Francisco, Manuskript.

Benner, P. (1994 b), »The role of articulation in understanding practice and experience as sources of knowledge in clinical nursing«, in: Tully, T. (Hg.), *Philosophy in an age of pluralism*, Cambridge: Cambridge University Press.

– (1994 c), *Stufen zur Pflegekompetenz. From Novice to Expert*, Bern: Hans Huber.

Berger, P. L./Th. Luckmann (1990), *Die gesellschaftliche Konstruktion der Wirklichkeit, Eine Theorie der Wissenssoziologie*, Frankfurt am Main: Fischer.

Blom, R. (1980), *Alternative Heilmethoden, Naturheilmethoden, Natürliche Heilmethoden*, Berlin: Quintessenz.

Böhle, F./H. Schulze (1997), *Subjektivierendes Arbeitshandeln. Zur Überwindung einer gespaltenen Subjektivität*, in: Schachtner, Ch. (Hg.), Technik und Subjektivität, Das Wechselverhältnis zwischen Mensch und Computer aus interdisziplinärer Sicht, Frankfurt am Main: Suhrkamp, S. 26-46.

Böhle, F./M. Brater/A. Maurus (1996), Pflegearbeit als situatives Handeln. Ein zukunftweisendes Konzept zur Sicherung von Qualität und Effizienz der Altenpflege, unveröffentlichtes Manuskript, München.

Boothe, B. (1994), *Der Patient als Erzähler in der Psychotherapie*, Göttingen/Zürich: Vandenhoeck & Ruprecht.

Bourdieu, P. (1987) *Sozialer Sinn*, Frankfurt am Main: Suhrkamp.

Breuer, F. (1979), *Psychologische Beratung und Therapie in der Praxis*, Heidelberg: Quelle & Meyer.

Buchholz, M. (1993 a) (Hg.), *Metaphernanalyse*, Göttingen: Vandenhoeck & Ruprecht.

– (1993 b), »Supervision in (de)konstruktivistischer Absicht«, in: Buchholz, M. (Hg.) *Metaphernanalyse*, Göttingen: Vandenhoeck & Ruprecht.

– (1993 c), »Die Rolle der Prozeßphantasie«, in: *Journal für Psychologie*, Heft 4 (1993 c), S. 64-81.

– (1993 d), »Metaphern in der ›talking cure‹ – die Rhetorik der ›Arbeit am Widerstand‹«, in: Buchholz, M. (Hg.), *Metaphernanalyse*, Göttingen: Vandenhoeck & Ruprecht, S. 152-171.

Büttner, I. (1991), »Semiotik diagnostischer und prognostischer Untersuchungen«, in: Büttner, I., u. a. (Hg.), *Künstliche Intelligenz*, Darmstadt: GIT, S. 45-59.

Bundesminister für Gesundheit (1995), *Gesundheisstrukturgesetz, Bilanz nach 2 Jahren*, Bonn.

Carveth, D. L. (1993), »Die Metaphern des Analytikers. Eine dekonstruktionistische Perspektive«, in: Buchholz, M. (Hg.), *Metaphernanalyse*, Göttingen: Vandenhoeck & Ruprecht, S. 15-71.

Cohn, R. (1980), *Von der Psychoanalyse zur themenzentrierten Interaktion*, Stuttgart 1980.

Corbin, I./A. Strauss (1993 b), *Weiter leben lernen, Chronisch Kranke in der Familie*, München: Piper.

von Cranach, M./U. Kalbermatten/K. Indermühle/B. Gugler (1980), *Zielgerichtetes Handeln*, Bern: Huber.

von Cranach, M. (1994), »Die Unterscheidung von Handlungstypen. Ein Vorschlag zur Weiterentwicklung der Handlungspsychologie« in: Bergmann, B./P. Richter (Hg.), *Von der Praxis einer Theorie – Ziele, Tätigkeit und Persönlichkeit*, Göttingen: Hogrefe, S. 1-16.

Douglas, M. (1974), *Ritual, Tabu und Körpersymbolik*, Frankfurt am Main: Suhrkamp.

Dreyfus, H. im Gespräch mit Christina Schachtner. In: *Journal für Psychologie*, H. 2 (1995), S. 66-73.

Dreyfus, H./St. Dreyfus (1994), »The Relationship of Theory and Practice in the Acquisition of Skill« in: Benner, P./Ch. Tanner/C. Chesla (Hg.), Expertise in Nursing Practice: Caring, Clinical Judgement and Ethics, Manuskript, S. 1-42.

Duden (1992), *Das Wörterbuch medizinischer Fachausdrücke*, Mannheim: Dudenverlag.

Eckstein, L. (1937), *Psychologie des ersten Eindrucks*, Leipzig: Johann Ambrosius Barth.

Fischer, A./R. Münchmeier (1997), Die gesellschaftliche Krise hat die Jugend erreicht, Zusammenfassung der zentralen Ergebnisse der 12.

Shell-Jugendstudie, in: Jugendwerk der Deutschen Shell (Hg.), *Jugend '97, Zukunftsperspektiven, Gesellschaft, Engagement, Politische Orientierungen*, Opladen: Leske + Budrich, S. 11-23.

Fischer, G. (1987), Erkennen und Handeln – Lösungen und Konflikte im allgemeinärztlichen Entscheidungsweg, in: Iork, K./Schüffel, W. (Hg.), *Ärztliche Erkenntnis – Entscheidungsfindung mit Patienten*, Berlin/Heidelberg/New York: Springer, S. 60-80.

Fischer, W. (1978), Struktur und Funktion erzählter Lebensgeschichten, in: Kohli, M. (Hg) *Soziologie des Lebenslaufs*, Darmstadt/Neuwied, S. 311-336.

Fisher, S. (1989), Was Ärzte sagen – was Patientinnen sagen: Die Mikropolitik des Entscheidungsprozesses im medizinischen Gespräch, in: Trömmel-Plötz, S. (Hg.), *Gewalt durch Sprache*, Fischer, S. 143-162.

Flaake, K./John, C. (1992), Räume zur Aneignung des Körpers, Zur Bedeutung von Mädchenfreundschaften in der Adoleszenz, in: Flaake, K./King, V. (Hg.), *Weibliche Adoleszenz, Zur Sozialisation junger Frauen*, Frankfurt am Main: Campus, S. 199-212.

Floyd, Ch. (1991), »Experter Arzt oder experter Computer?« in: Büttner, I., u. a. (Hg.) *Künstliche Intelligenz*, Darmstadt: GIT, S. 24-34.

Fox Keller, E. (1986), *Liebe, Macht und Erkenntnis*, München/Wien: Hanser.

Freidson, E. (1979), *Der Ärztestand, Berufs- und Wissenssoziologische Durchleuchtung einer Profession*, Stuttgart: Enke.

Frey, D./W. Lilli (1993), »Die Hypothesentheorie der sozialen Wahrnehmung«, in: Frey, D. und Irle (Hg.), *Kognitive Theorien*, Band 1, Bern: Huber, S. 48-80.

Gadamer, H.-G. (1960), *Wahrheit und Methode*, Tübingen: J. C. B. Mohr (3. erw. Aufl. Tübingen: Mohr 1972).

– (1967), »Die Universitalität des hermeneutischen Problems«, in: Gadamer, H.-G. (Hg.), *Kleine Schriften I*, Tübingen: J. C. B. Mohr, S. 101 - 112.

– (1993), *Über die Verborgenheit der Gesundheit*, Frankfurt am Main: Suhrkamp.

Geertz, C. (1983), *Dichte Beschreibung, Beiträge zum Verstehen kultureller Systeme*, Frankfurt am Main: Suhrkamp .

Giddens, A. (1996), *Konsequenzen der Moderne*, Frankfurt am Main: Suhrkamp.

Goethe, J. W. von (1974), *Italienische Reise*, Autobiographische Schriften, Bd. 3, München.

Goffman, E. (1977), *Rahmen-Analyse*, Frankfurt am Main: Suhrkamp.

– (1994), *Interaktion und Geschlecht*, Frankfurt am Main: Campus.

Gross, P./R. Hitzler/A. Honer (1985), Zwei Kulturen? Diagnostische und therapeutische Kompetenz im Wandel, in: *Österreichische Zeitschrift für Soziologie*, H. 3 + 4, S. 146-192.

Hacker, W. (1983), Gibt es eine Grammatik des Handelns? Kognitive Regulation zielgerichteter Handlungen in: Hacker, W./W. Volpert/M. von Cranach (Hg.), *Kognitive und motivationale Aspekte der Handlung*, Bern/Stuttgart/Wien.

Hacker, W. (1992), *Experten – Können, Erkennen und Vermitteln*, Göttingen: Verlag für angewandte Physiologie.

Heidegger, M. (1963), *Sein und Zeit*, Tübingen: Max Niemeyer.

Hildenbrand, B. (1984), *Methodik der Einzelfallstudie, Theoretische Grundlagen, Erhebungs- und Auswertungsverfahren, vorgeführt an Fallbeispielen*, Kurseinheit an der Fernuniversität Hagen.

Hildenbrand, B./R. Welter-Enderlin (1992), »Ausbildung im Rahmen des Meilener Konzepts familientherapeutischen Wissens und Handelns«, in: *System Familie*, Heft 5, S. 197-206.

Huber, E., »*Wären Geistheiler eine Tablette, wären sie anerkannt*«, in: *Die Weltwoche* vom 5. Juni 1997.

Hurrelmann, K. (1994), *Sozialisation und Gesundheit, Somatische, psychische und soziale Risikofaktoren im Lebenslauf*, Weinheim/München: Juventus.

Hurrelmann, K./U. Laaser (1993), »Gesundheitswissenschaften als interdisziplinäre Herausforderung. Zur Entwicklung eines neuen wissenschaftlichen Arbeitsgebietes«, in: Hurrelmann, K., und U. Laaser (Hg.), *Gesundheitswissenschaft. Handbuch für Lehre, Forschung und Praxis*, Weinheim: Beltz, S. 63-90.

Keupp, H. (1994), *Perspektiven psychosozialen Handelns im Zeitalter der Entsolidarisierung*, Vortrag beim Hildesheimer Sozialpädagogik-Tag am 28. Jan. 1994.

Kirch, P. (1996), Zur Weiterentwicklung der Gesundheitsreform, in: Friedrich-Ebert-Stiftung (Hg.), *Weiterentwicklung der Gesundheitsreform*. Eine Tagung der Friedrich-Ebert-Stiftung am 29. Nov. 1995, Bonn, S. 23-52.

Knoblauch, H. A. (1994), »Erving Goffmans Reich der Interaktion«, in: Goffman, E. (Hg.), *Interaktion und Geschlecht*, Frankfurt am Main: Campus, S. 7-49.

Koch, R. (1924), *Das Als-Ob im ärztlichen Denken*, München: Rösl & Cie.

Kurz, G. (1993), *Metapher, Allegorie, Symbol*, Göttingen: Vandenhoeck & Ruprecht.

Labisch, A. (1992), *Homo Hygienicus, Gesundheit und Medizin in der Neuzeit*, Frankfurt am Main: Campus.

Lakoff, G./M. Johnson (1980), *Metaphors we live by*, Chicago: The University of Chicago Press.

Langer, S. (1965), *Philosophie auf neuen Wegen, Das Symbol im Denken, im Ritus und in der Kunst*, Frankfurt am Main: Fischer.

Leontjew, A. (1979), *Tätigkeit, Bewußtsein, Persönlichkeit*, Berlin: Volk und Wissen.

Lorenzer, A. (1973), *Zur Begründung einer materialistischen Sozialisationstheorie*, Frankfurt am Main: Suhrkamp.
– (1986), Tiefenhermeneutische Kulturanalyse, in: Lorenzer, A. (Hg.), *Kultur-Analysen*, Frankfurt am Main: Fischer, S. 11-98 .
Luckmann, Th. (1981), Lebenslauf und Sprache, in: Matthes, I./A. Pfeifenberger/M. Stosberg (Hg.), *Biographie in handlungswissenschaftlicher Perspektive*, Nürnberg: Verlag der Nürnberger Forschungsvereinigung e. V., S. 55-66.
Mechler, M. (1995), *Ein Verstehensprozeß in der Fallarbeit, Konzeptionelle Überlegungen zum Arbeitsmodell einer ›fallorientierten berufpädagogischen Fortbildung für betriebliche Ausbilder und Ausbilderinnen‹*, Manuskript.
Merleau-Ponty, M. (1966), *Phänomenologie der Wahrnehmung*, Berlin: Walter de Gruyter.
– (1967), *Das Auge und der Geist*, Hamburg: Meiner.
– (1976), *Die Struktur des Verhaltens*, Berlin/New York: Walter de Gruyter.
Merton, R. K. (1995), *Soziologische Theorie und soziale Struktur*, hg. von Meja, V., u. N. Stehr, Berlin/New York: Walter de Gruyter.
Meyer-Drawe, K. (1984), *Leiblichkeit und Sinnlichkeit*, München, Wilhelm Fink.
Nager, F., ›Wir halten ethisch-philosophisch nicht Schritt‹, in: *Die Weltwoche* vom 5. Sept. 1996.
Parsons, T. (1958), »Struktur und Funktion der modernen Medizin«, in: *Kölner Zeitschrift für Soziologie*, Sonderheft 3, S. 10-57.
Piaget, J. (1954), *Das moralische Urteil beim Kinde*, Zürich.
– (1983), *Meine Theorie der geistigen Entwicklung*, Frankfurt am Main: Suhrkamp.
Polanyi, M. (1985), *Implizites Wissen*, Frankfurt am Main: Suhrkamp.
Rappaport, I. (1985), »Ein Plädoyer für die Widersprüchlichkeit. Ein sozialpolitisches Konzept des ›empowerment‹ anstelle präventiver Ansätze«, in: *Verhaltenstherapie und psychosoziale Praxis*, H. 2, S. 257-278.
Schachtner, Ch. (1993), *Geistmaschine, Faszination und Provokation am Computer*, Frankfurt am Main: Suhrkamp.
– (1996), Die Ressourcen-Orientierung in der Pflege, Ein Beitrag zur Zukunft der Pflege in Theorie und Praxis, in: *Pflege*, H. 3, S. 198-206.
– (1996), Der ärztliche Erkenntnis- und Handlungsprozeß, Ausgewählte Ergebnisse einer empirischen Studie, in: *Journal für Psychologie*, H. 3, S. 59-74.
– (1996), Alter und Gesundheit, Ausgewählte Krankheitsdaten und Möglichkeiten der Gesundheitsförderung in: *Zeitschrift für Gesundheitswissenschaften*, H. 2, S. 132-151.
– (1998), Medizinische Diagnose im Zeichen von Metaphern, Ausge-

wählte Ergebnisse einer Studie zur Praxis niedergelassener ÄrztInnen, in: Psychosozial H. IV (1997), S. 95-120.

Scheler, M. (1960), *Die Wissensformen und die Gesellschaft*, München.

Schmitt, R. (1995), *Metaphern des Helfens*, Weinheim: Psychologie Verlagsunion.

- (1997), Metaphernanalyse als sozialwissenschaftliche Methode, Mit einigen Bemerkungen zur theoretischen ›Fundierung‹ psychosozialen Handelns, in: *Psychologie und Gesellschaftskritik*, H. 1, S. 57-86.

Schorre, W. (1996), Die Position der kassenärztlichen Vereinigungen zu weiteren Reformen im Gesundheitswesen, in: Friedrich-Ebert-Stiftung (Hg.), *Weiterentwicklung der Gesundheitsreform*. Eine Tagung der Friedrich-Ebert-Stiftung am 29. Nov. 1995, Bonn, S. 33-42.

Schüffel, W. (1990), Die Ausbildung zum Arzt, in: von Uexküll, Th. (Hg.), *Psychosomatische Medizin*, München/Wien/Baltimore: Urban & Schwarzenberg, S. 1245-1262.

Schütz, A. (1981), *Der sinnhafte Aufbau der sozialen Welt*, Frankfurt am Main: Suhrkamp.

Schulz von Thun, F. (1992), *Miteinander reden 1. Störungen und Klärungen*, Hamburg: Rowohlt.

Shorter, E. (1991), *Das Arzt-Patient-Verhältnis in der Geschichte und heute*, Wien: Picus.

Siegrist, I. (1977), *Lehrbuch der Medizinischen Soziologie*, München: Urban & Schwarzenberg.

Straub, I./R. Sichler (1989), Metaphorische Sprechweisen als Modi der interpretativen Repräsentation biographischer Erfahrungen in: Alheit, P./E. E. Hoerning (Hg.), *Biographisches Wissen. Beiträge zu einer Theorie lebensgeschichtlicher Erfahrung*, Frankfurt/New York: Campus, S. 221-237.

Strauss, A. (1968), *Spiegel und Masken. Die Suche nach Identität*, Frankfurt am Main: Suhrkamp.

- (1991), *Grundlagen qualitativer Sozialforschung*, München.

- (1993 a), *Continual Permutations of Action*, New York: Walter de Gruyter.

- (1995) im Gespräch mit H. Legewie und B. Schervier-Legewie, in: *Journal für Psychologie*, H. 1, S. 64-75.

Taylor, Ch. (1975), *Erklärung und Interpretation in den Wissenschaften vom Menschen*, Frankfurt am Main: Suhrkamp.

Thomas, W. J. (1928), *The Child in America*, New York.

von Uexküll, Th./W. Wesiack (1990), Wissenschaftstheorie und psychosomatische Medizin, ein bio-psycho-soziales Modell, in: von Uexküll, Th. (Hg.), *Psychosomatische Medizin*, München/Wien/Baltimore: Urban & Schwarzenberg, S. 5-38.

Volmerg, B. (1988), Erkenntnistheoretische Grundlagen interpretativer

Sozialforschung, in: Leithäuser, Th./B. Volmerg (Hg.), *Psychoanalyse in der Sozialforschung*, Opladen.

Volpert, W. (1994 a), »Das Modell der hierarchisch-sequentiellen Handlungsorganisation«, in: Volpert, W. (Hg.), *Wider die Maschinenmodelle des Handelns. Aufsätze zur Handlungsregulationstheorie*, Lengerich: Pabst Science Publishers, S. 15-37.

– (1994 b), Konturen eines einheitlichen Modells, in: Volpert, W. (Hg.), *Wider die Maschinenmodelle des Handelns. Aufsätze zur Handlungsregulationstheorie*, Lengerich: Pabst & Science, S. 123-146.

Welter-Enderlin, R./B. Hildenbrand (1997), *Systemische Therapie als Begegnung*, Stuttgart: Klett-Cotta.

Winograd, T./F. Fernando (1989), *Erkenntnis, Maschinen, Verstehen*, Berlin: Rotbuch.

suhrkamp taschenbücher wissenschaft
Wissenschaftsforschung

suhrkamp taschenbücher wissenschaft
Wissenschaftsforschung

Über sämtliche bis Mai 1992 erschienenen suhrkamp taschenbücher wissenschaft (stw) informiert Sie das Verzeichnis der Bände 1 – 1000 (stw 1000) ausführlich. Sie erhalten es in Ihrer Buchhandlung.

suhrkamp taschenbücher wissenschaft
Pädagogik

suhrkamp taschenbücher wissenschaft
Psychoanalyse, Psychologie, Sozialpsychologie

Über sämtliche bis Mai 1992 erschienenen suhrkamp taschenbücher wissenschaft (stw) informiert Sie das Verzeichnis der Bände 1 – 1000 (stw 1000) ausführlich. Sie erhalten es in Ihrer Buchhandlung.